Curso

SE05

*La diferencia entre aprobar
y sacar plaza*

Manual del Técnico/a en Farmacia

Accede a tu **Curso MAD360** y disfruta de los siguientes recursos:

- Técnicas de Memoria 360.
- Test *online*.
- Temario en formato digital.
- Planificación de estudio.
- Foro entre opositores.
- Recursos y novedades exclusivas.
- Consulta sobre la oposición y el proceso selectivo.
- Actualizaciones legislativas (Boletines Oficiales).

Para acceder al Curso MAD360* será necesaria la compra de todos los libros para esta especialidad de la edición 2023.

Valida los códigos que encuentras en la última página de tus libros y disfruta de la experiencia MAD360.

Infórmate en: mad.es/registro-campus

Manual del Técnico/a en Farmacia

Febrero, 2024

Manual del Técnico/a en Farmacia

Simulacros de examen comentados

Autores

ADELA EMILIA GÓMEZ AYALA
Licenciada en Farmacia

CARMEN ROSA JUNQUERA VELASCO
Diplomada Universitaria en Enfermería

LUIS SILVA GARCÍA
Diplomado Universitario en Enfermería
Recuperación De Urgencias

JUAN MANUEL GIL RAMOS
Licenciado en Medicina. Master en Salud Ambiental

MAGALÍ RIERA ROCA
Licenciada en Derecho

JOSÉ LUIS GARRIDO VELA
Licenciado en Derecho

ENCARNA ROJO FRANCO
Profesora de Derecho Público

FRANCISCO JESÚS TORRES FONSECA
Licenciado en Derecho

TERESA MARÍA TORRES FONSECA
Licenciada en Derecho

JUAN CARLOS USERO LÓPEZ
Licenciado en Derecho

ELENA GARCÍA FERNÁNDEZ
Licenciada en Derecho

JOSÉ MANUEL GONZÁLEZ RABANAL
Licenciado en Derecho

© 7 Editores Recursos para la Cualificación Profesional y el Empleo, S.L. (7 Editores)
© Los autores
Primera edición, febrero 2024 (294 páginas)
Derechos de edición reservados a favor de 7 Editores
IMPRESO EN ESPAÑA
Diseño Portada: 7 Editores
Edita: 7 Editores
Avda. San Francisco Javier, 9 · Edificio Sevilla 2 · Planta 11 · Módulos 25-27 · 41018 Sevilla
Teléfono: 954 784 411 · WEB: www.mad.es · e-mail: administracion@7editores.com
ISBN: 978-84-142-7757-7
© "Editorial Mad" y "Eduforma" son nombres comerciales registrados de
7 Editores Recursos para la Cualificación Profesional y el Empleo, S.L.

Índice

SIMULACRO N.º 1

1. Según el artículo 3 de la CE, el castellano es la lengua oficial del Estado y todos los españoles:

a) Tienen el deber de usar y el derecho de conocer el castellano.
b) Tienen el derecho y el deber de conocer el castellano.
c) Tienen el deber de conocer y el derecho de usar el castellano.
d) Tienen el derecho de conocer y usar el castellano.

2. El Preámbulo de la Constitución:

a) Tiene en sí carácter de norma jurídica.
b) Es una declaración de intenciones, destinada a interpretar lo que se quiere alcanzar con el contenido normativo de la Constitución.
c) Se trata de un texto sin fuerza jurídica de obligar.
d) Las respuestas b) y c) son correctas.

3. ¿En qué parte de la Carta Magna se establece la exposición de motivos que impulsan la norma constitucional y los objetivos que con ella se pretenden alcanzar?

a) En el Título Preliminar.
b) En el Preámbulo.
c) En el Título I.
d) En el Título II.

4. ¿Cuáles de los siguientes españoles de origen pueden ser privados de su nacionalidad?

a) Exclusivamente los miembros de grupos terroristas.
b) Los miembros de grupos terroristas y los que atenten contra el Rey u otro miembro de la Casa Real.
c) Los que atenten contra un miembro de la Familia Real o del Gobierno de la Nación.
d) Ningún español de origen podrá ser privado de su nacionalidad.

5. ¿En qué Título de la Ley General de Sanidad, se regula la estructura del sistema sanitario público?

a) En el Título I.
b) En el Título II.
c) En el Título III.
d) En el Título IV.

6. Los Consejos de Salud de Área estarán constituidos por organizaciones sindicales más representativas, en una proporción no inferior al:

a) 25 %.
b) 30 %.
c) 40 %.
d) 50 %.

7. ¿En cuántos niveles organizativos se divide el sistema sanitario español?

a) En tres: central, autonómico y Áreas de salud.
b) En dos: central y autonómico.
c) En el central, del que derivan el autonómico y local.
d) Únicamente en el central.

8. ¿Qué órgano crea la Ley General de Sanidad, como coordinador entre las Comunidades Autónomas y la Administración General del Estado?

a) Instituto de Información Sanitaria.
b) Consejo Interterritorial del Sistema Nacional de Salud.
c) Ministro de Sanidad.
d) Ninguna es correcta.

9. Los nombramientos del Personal Estatutario Temporal de los Servicios de Salud pueden ser:

a) Personal Estatutario Fijo.
b) Personal Estatutario Contratado.
c) De interinidad, de carácter eventual o de sustitución.
d) Personal Laboral.

10. Podrá concurrir a las pruebas selectivas, por el sistema de promoción interna, el personal estatutario fijo que se encuentre en servicio activo y con nombramiento como personal estatutario fijo, en la categoría de procedencia, durante al menos:

a) 2 años.
b) 3 años.

c) 4 años.
d) 5 años.

11. Según el Estatuto Marco, la selección de personal estatutario fijo se efectuará con carácter general a través del sistema de:

a) Oposición.
b) Concurso-oposición.
c) Concurso.
d) Pruebas selectivas.

12. Según el Estatuto Marco, siempre que la duración de la jornada exceda de seis horas continuadas, deberá establecerse un periodo de descanso durante la misma de al menos:

a) 10 minutos.
b) 15 minutos.
c) 20 minutos.
d) 30 minutos.

13. La labor de velar "por la seguridad e higiene en el trabajo", confiada a los poderes públicos, es un principio rector de la política social y económica, que establece la Constitución Española en su artículo:

a) 40.2.
b) 39.
c) 33.
d) 5.

14. En el ámbito de la Unión Europea se ha ido creando un acervo jurídico sobre la protección de la salud de los trabajadores en el trabajo. De las Directivas que lo configuran, la más significativa es:

a) La Directiva 92/85/CEE, relativa a la protección de la maternidad en el trabajo.
b) La Directiva 94/33/CEE, relativa a la protección de los jóvenes en el trabajo.
c) La Directiva 91/383/CEE, relativa al tratamiento de las relaciones de trabajo temporales.
d) La Directiva 89/391/CEE, relativa a la aplicación de medidas para promover la mejora de la seguridad y de la salud de los trabajadores en el trabajo.

15. La Ley de Garantías y Uso Racional de los Medicamentos y Productos Sanitarios hace referencia al régimen sancionador, en el:

a) Título VI.
b) Título I.
c) Título VIII.
d) Ninguna de las respuestas anteriores es correcta.

16. Todo componente de un medicamento distinto del principio activo y del material de acondicionamiento es un/una:

a) Materia prima.
b) Excipiente.
c) Sustancia activa.
d) Forma farmacéutica.

17. Los medicamentos de terapia génica y medicamentos de terapia celular somática, se conocen como:

a) Medicamentos de origen humano.
b) Vacunas y demás medicamentos biológicos.
c) Medicamentos de plantas medicinales.
d) Medicamentos de terapia avanzada.

18. Respecto a los medicamentos de especial control médico, señala la respuesta incorrecta:

a) Se regulan según el Real Decreto 1345/2007 de 11 de octubre.
b) Están destinados a pacientes ambulatorios, pero su uso puede producir reacciones adversas muy graves, lo que hace que solo puedan prescribirse por determinados especialistas.
c) Podían llevar en su cartonaje las siglas ECM hasta agotamiento de existencias.
d) Estos fármacos requieren una vigilancia especial durante el tiempo que dure el tratamiento.

19. Con relación a la clasificación ATC:

a) Fue un sistema de clasificación diseñado y adaptado por la OMS.
b) Los medicamentos son divididos en 17 grupos según el órgano o el sistema anatómico sobre el que actúan.
c) El tercer nivel hace referencia al subgrupo terapéutico o farmacológico.
d) Los medicamentos son ordenados según el uso terapéutico más importante de un principio activo.

20. ¿En qué año se aprobó el Decreto que aprueba el texto refundido de la Ley de garantías y uso racional de los medicamentos y productos sanitarios?

a) En 2015.
b) En 2006.
c) En 2018.
d) En 2021.

21. El uso compasivo del medicamento implica:

a) Uso en pacientes que padecen una enfermedad crónica o gravemente debilitante.
b) Uso en pacientes con una patología que no puede tratarse satisfactoriamente con un medicamento autorizado.
c) El medicamento en cuestión debe estar sujeto a una solicitud de autorización de comercialización.
d) Uso de un medicamento autorizado en España.

22. Cualquier sustancia que se utiliza para prevenir, diagnosticar o tratar la enfermedad se denomina:

a) Excipiente.
b) Medicamento.
c) Fármaco.
d) Receta.

23. La ciencia que engloba todos los procesos técnicos de la elaboración de medicamentos, así como los procesos analíticos y de control de calidad sobre el producto acabado, se conoce como:

a) Farmacocinética.
b) Farmacotecnia.
c) Farmacoterapéutica.
d) Farmacodinamia.

24. La mayor dosis tolerada sin que aparezcan efectos tóxicos se denomina:

a) Dosis mínima eficaz.
b) Dosis letal.
c) Dosis terapéutica.
d) Ninguna de las respuestas anteriores es correcta.

25. El denominado sistema de utilización de medicamentos, incluye:

a) Prescripción.
b) Dispensación.
c) Seguimiento.
d) Todas las respuestas anteriores son correctas.

26. Respecto al error en la medicación, señala la respuesta incorrecta:

a) Tiene carácter prevenible.
b) Se asocia únicamente a una utilización inadecuada de los medicamentos.
c) Los fármacos, cuando ocurre este error, pueden estar bajo el control del paciente.
d) El error puede ocurrir cuando el fármaco está bajo control del profesional de la salud.

27. De las siguientes afirmaciones, no es correcto que:

a) El proceso de acondicionamiento de un medicamento no incluye el embalaje para su distribución.
b) El prospecto y la ficha técnica incluyen la misma información.
c) El etiquetado son las informaciones del medicamento que constan en el embalaje exterior.
d) Todas son correctas.

28. Señala la respuesta incorrecta. Cuando nos referimos a las principales funciones del acondicionamiento de un medicamento, estamos hablando de:

a) Protección.
b) Degradación.
c) Identificación.
d) Información.

29. El reenvasado de medicamentos se aplica a fórmulas farmacéuticas:

a) Gaseosas.
b) Semisólidas.
c) Líquidas.
d) Todas son correctas.

30. ¿Cuáles, de los siguientes, se consideran riesgos a la hora de realizar un reenvasado?

a) Contaminación cruzada.
b) Contaminación de flujo laminar.
c) Contaminación lineal.
d) Todas son correctas.

31. ¿Qué ley distingue dentro de la Asistencia Sanitaria, dos modalidades (Atención Primaria y Atención especializada)?

a) Ley General de Sanidad 4/1986.
b) Ley General de Sanidad 14/1977.
c) Ley General de Sanidad 4/1976.
d) Ley General de Sanidad 14/1986.

32. ¿Cuál de las siguientes prestaciones no se ofrece en Atención Primaria?

a) Salud buco-dental.
b) Hospitalización a domicilio.
c) Atención de urgencia.
d) Atención a la mujer.

33. Dentro de las características de la Atención primaria, no se encuentra:

a) La atención integral.
b) Atiende al paciente de una manera individual.
c) Realiza prevención y rehabilitación.
d) Es la puerta de entrada al Sistema de Salud.

34. No es cierto que la Atención Primaria:

a) Realiza promoción y rehabilitación de la salud.
b) Se organiza por un sistema de cupo y Zonas médicas.
c) Su atención es integral.
d) Su asistencia es colectiva.

35. Dentro de los múltiples objetivos de la Atención Primaria de Salud, no se encuentra:

a) Diagnósticos puntuales de salud en la Zona de Salud.
b) Vigilancia epidemiológica.
c) Investigación.
d) Docencia.

36. ¿En qué artículo de la Ley General de Sanidad se delimitan y constituyen las denominadas Áreas de Salud?

a) Art. 55.
b) Art. 56.
c) Art. 65.
d) Art. 67.

37. Las Áreas de Salud, para conseguir mayor operatividad, se dividen a su vez en:

a) Áreas Especializadas.
b) Áreas Subespecializadas.
c) Zonas Básicas de Salud.
d) Todas son correctas.

38. Como regla general, el Área de Salud extenderá su acción a una población no superior a:

a) 200.000 habitantes.
b) 250.000 habitantes.
c) 300.000 habitantes.
d) 150.000 habitantes.

39. ¿Cuál de las siguientes tipos de asistencia no corresponde a la que se presta en Atención Primaria?

a) Colectiva.
b) Especializada.
c) Domiciliaria.
d) Individual.

40. ¿De cuántas camas debe disponer un hospital para contar de forma obligatoria con un Servicio de Farmacia Hospitalario?

a) De 150 camas.
b) De 200 camas.
c) De 100 camas.
d) Ninguna es correcta.

41. De las siguientes afirmaciones, ¿cuál no es correcta?

a) Es obligatorio el establecimiento de un depósito de medicamentos en los hospitales que dispongan de menos de cien camas.
b) Los depósitos de medicamentos de centros públicos no estarán vinculados a un servicio de farmacia hospitalaria.
c) El Servicio de Farmacia Hospitalaria define los procedimientos para la selección, adquisición, recepción, almacenamiento y distribución de medicamentos.
d) Los depósitos de medicamentos de centros de titularidad privada estarán vinculados a un servicio de farmacia o a una oficina de farmacia, preferentemente de la misma Zona Farmacéutica o municipio.

42. De los siguientes criterios para seleccionar productos de alimentación artificial que se precisan en el hospital, no es adecuado el de:

a) Equidad.
b) Eficacia.
c) Economía.
d) Calidad.

43. ¿Cómo se denomina el conjunto de artículos y materiales que posee un establecimiento de farmacia, a la espera de su utilización posterior, en las diferentes secciones o unidades de la misma?

a) Gasto corriente.
b) Office.
c) Almacén o depósito.
d) Consumo estándar.

44. Cuando se realiza un pedido en un almacén de farmacia, el proveedor nos enviará los productos solicitados junto con la documentación correspondiente. ¿Cómo se denomina la documentación de entrega, que acompaña a los artículos?

a) Albarán.
b) Factura.
c) Factura proforma.
d) Recibí.

45. En un almacén de farmacia, los *stocks* pueden ser clasificados atendiendo a diferentes criterios. ¿Cuál de los siguientes criterios es el menos utilizado?

a) Según el valor del producto.
b) Según su peligrosidad.
c) Según las exigencias del almacenamiento.
d) Según el uso del producto.

46. Dentro de los múltiples sistemas de dispensación de medicamentos, ¿cómo definirías el Sistema de dispensación de medicamentos en dosis unitaria?

a) Sistema automatizado de dispensación de medicamentos.
b) Sistema tradicional de distribución intrahospitalaria.
c) Sistemas de distribución extrahospitalaria.
d) Puede ser cualquiera de los tres anteriores.

47. ¿Cómo se denomina el sistema de dispensación de medicamentos que consiste en establecer en la unidad clínica correspondiente, un almacén de medicamentos controlados por personal de enfermería, con cantidades pactadas de las especialidades farmacéuticas que habitualmente son utilizadas en dicha unidad?

a) Sistemas automatizados de dispensación centralizada.
b) Sistema de dispensación de medicamentos en dosis unitaria.
c) Sistema de dispensación por reposición y paciente.
d) Sistema de dispensación por *stock* en unidad de enfermería.

48. ¿Cómo se denomina el sistema de dispensación de medicamentos que consiste en establecer depósitos controlados por el personal de enfermería que permiten la administración de medicamentos con anterioridad a la solicitud por paciente, con reposición diaria y petición individualizada al servicio de farmacia para cada uno de los pacientes?

a) Sistema de dispensación por reposición y paciente.
b) Sistema de dispensación de medicamentos en dosis unitaria.
c) Sistema de dispensación por *stock* en unidad de enfermería.
d) Sistemas automatizados de dispensación centralizada.

49. ¿Cuál de los siguientes enunciados no es correcto, en relación con los Hospitales de Día?

a) Consiguen beneficios económicos (disminución de costes de estancia hospitalaria).
b) Consiste en una asistencia ambulatoria, en régimen hospitalario.
c) A través de ellos se administra el 85 % de los tratamientos oncológicos.
d) Consiguen una mejor calidad de vida de los pacientes.

50. ¿Cuál es la principal vía de administración de la quimioterapia?

a) La vía intratecal.
b) La vía oral.
c) La vía intraósea.
d) La vía intravenosa.

51. ¿A qué enunciado corresponde la siguiente definición? Proliferación excesiva caracterizada por la pérdida de la organización normal de los tejidos y de la arquitectura celular. Suele ser reversible, pero puede sufrir una transformación carcinogénica:

a) Metaplasia.
b) Anaplasia.
c) Displasia.
d) Hiperplasia.

52. ¿Cómo se denominan los tumores que se desarrollan a partir de células epiteliales?

a) Sarcomas.
b) Linfoma.
c) Leucemias.
d) Carcinomas.

53. ¿Cómo se denomina el tumor que proviene de un vaso sanguíneo?

a) Lipoma.
b) Hemangioma.
c) Melanoma.
d) Adenoma.

54. ¿A qué hace referencia el término "Sala Blanca", utilizado en los servicios de farmacia?

a) Salas donde pueden guardarse los objetos personales de los trabajadores, sin temor a que se contagien.
b) Salas de documentos y planificación de las actividades diarias.

c) Salas especiales en las que se trabaja con cabinas de flujo laminar, en condiciones de esterilidad.

d) Salas de descanso, esparcimiento y refrigerio.

55. ¿Cómo se clasifican las salas blancas, atendiendo al tipo de flujo del aire?

a) De flujo multidireccional (o turbulento) y de flujo unidireccional (o laminar).

b) Sin flujo de aire, con flujo estanco y con flujo laminar.

c) Flujo estándar, flujo a presión y flujo controlado.

d) De flujo estanco y de flujo controlado.

56. ¿Qué consecuencias puede acarrear en un paciente que no puede emplear la alimentación convencional un estado de malnutrición?

a) Exclusivamente mayor retraso en la recuperación de su enfermedad.

b) Exclusivamente mayor riesgo de morbilidad.

c) Mayor riesgo de complicaciones, retraso en la recuperación de su enfermedad y una mayor mortalidad.

d) Nada de lo anterior.

57. ¿Qué pacientes deben recibir soporte nutricional especializado?

a) Aquellos que no consumen porcentualmente de sus requerimientos más del 60 %.

b) Aquellos que no consumen porcentualmente de sus requerimientos más del 70 %.

c) Aquellos que no consumen porcentualmente de sus requerimientos más del 80 %.

d) Aquellos que no consumen porcentualmente de sus requerimientos más del 90 %.

58. ¿Cuándo no está indicada la nutrición parenteral?

a) Para prevenir o corregir los efectos adversos de la desnutrición en pacientes que no son capaces de obtener aportes suficientes por vía oral o enteral por un periodo de tiempo superior a 5-7 días.

b) Para prevenir o corregir los efectos adversos de la desnutrición en pacientes por un periodo anterior a 5-7 días, si el mismo ya está previamente desnutrido.

c) En pacientes con buen estado nutricional, y sin riesgo a una malnutrición a corto plazo.

d) Está indicado en todos los casos anteriores.

59. ¿Qué organismo concede la autorización del laboratorio farmacéutico?

a) El Ministerio de Sanidad.

b) El Ministerio de Industria.

c) El Colegio Oficial de Farmacéuticos.

d) El Colegio Oficial de Médicos.

60. El laboratorio galénico debe constar de una superficie de trabajo:

a) De fácil limpieza y desinfección pero rugosa.
b) Lisa e impermeable, de fácil limpieza y desinfección.
c) De fácil limpieza y desinfección pero permeable y rugosa.
d) Rugosa y permeable.

61. ¿Qué norma española regula las características generales que debe tener el utillaje de los laboratorios farmacéuticos?

a) Real Decreto 824/2010.
b) Real Decreto 175/2001.
c) Real Decreto Legislativo 1/2015.
d) Real Decreto 1689/2007.

62. ¿Qué nombre recibe el procedimiento donde la transformación de un líquido en vapor permite la separación de dos o más líquidos?

a) Tamización.
b) Destilación.
c) Pulverización.
d) Evaporación.

63. ¿Qué operaciones físicas de éstas no requieren la presencia de líquidos?

a) Lixiviación.
b) Diálisis.
c) Infusión.
d) Tamización.

64. ¿Qué técnica de estas es exclusivamente de naturaleza mecánica de separación entre sólido y líquido?

a) Secado.
b) Decantación.
c) Destilación.
d) Fusión.

65. Todo lo que se expone de la unidad de farmacotecnia es cierto, excepto:

a) Posee la función de proporcionar, en cualquier momento y con independencia de las disponibilidades del mercado, formas de dosificación adecuadas a las necesidades específicas del hospital, o de determinados pacientes, manteniendo un nivel de calidad apropiado.
b) La unidad de Farmacotecnia es una parte fundamental del Servicio de Farmacia Hospitalaria.

c) Nunca se preparan en esta unidad fórmulas no disponibles en el comercio.

d) Una de sus actividades es el reenvasado de especialidades comerciales para su adecuación a los sistemas de distribución propios del hospital.

66. ¿Qué funciones de las que se nombran se realizan en la unidad de farmacotecnia?

a) Realizar las operaciones de reenvasado de especialidades comerciales para su adecuación a los sistemas de distribución propios del hospital.

b) Proporcionar, en cualquier momento y con independencia de las disponibilidades del mercado, formas de dosificación adecuadas a las necesidades específicas del hospital, o de determinados pacientes, manteniendo un nivel de calidad apropiado.

c) Son ciertas a) y b).

d) Son inciertas a) y b).

67. ¿Quién es el responsable máximo sobre las preparaciones que se realicen en su oficina de farmacia o en los servicios farmacéuticos a su cargo a nivel hospitalario?

a) Técnico de farmacia.

b) Farmacéutico responsable del área de farmacotecnia.

c) Farmacéutico jefe de Servicio.

d) Farmacéutico residente.

68. ¿Qué se entiende por el ofrecimiento de los productos para el que los quisiera comprar?

a) Compra.

b) Venta.

c) Dispensación.

d) Concesión.

69. ¿A qué grupo de productos de parafarmacia pertenecen los acaricidas?

a) Dermofarmacia.

b) Dietética y alimentación.

c) Desinfectantes y biocidas para la higiene humana.

d) Productos sanitarios y de diagnóstico *in vitro*.

70. ¿Cuál de los siguientes productos de parafarmacia pertenece al grupo de productos sanitarios y de diagnóstico *in vitro*?

a) Vendas.

b) Fotoprotectores.

c) Leches maternizadas en polvo.

d) Repelentes.

Preguntas de reserva

1. Tal y como dispone la Constitución Española en relación con el sostenimiento de los gastos públicos:

a) Todos contribuirán de acuerdo con el volumen de sus ingresos.
b) Se realizará mediante un sistema tributario justo.
c) El sistema tributario estará inspirado en el principio de recaudación intensiva.
d) El sistema recaudatorio tendrá en determinados casos alcance confiscatorio.

2. Las Áreas de Salud contarán, según lo dispuesto en la Ley 14/1986, de 25 de abril, General de Sanidad, con el siguiente órgano de participación:

a) La Comisión de Dirección de Área.
b) El Consejo de Dirección de Área.
c) El Gerente de Área.
d) El Consejo de Salud de Área.

3. La provisión de plazas del personal estatutario NO se realizará:

a) Por los sistemas de selección de personal.
b) Por los procedimientos de concurso y de libre designación con convocatoria pública.
c) Por reingreso al servicio activo en los supuestos y mediante el procedimiento que en cada servicio de salud se establezcan.
d) Por los sistemas de promoción interna y de movilidad.

4. El órgano que tiene la competencia de ordenar la paralización inmediata de los trabajos cuando se advierta la existencia de riesgo grave e inminente para la seguridad o salud de los trabajadores es:

a) La Inspección de Trabajo y Seguridad Social.
b) La Comisión Nacional de Seguridad y Salud en el Trabajo.
c) El Instituto Nacional de Seguridad e Higiene en el Trabajo.
d) El Comité de Seguridad y Salud.

5. Respecto a los postulados éticos de los ensayos clínicos, señala la respuesta incorrecta:

a) El sujeto que participa en el ensayo prestará su consentimiento libremente y por escrito tras haber sido informado de las características de dicho ensayo.
b) Todo ensayo clínico requiere un informe previo favorable efectuado por un Comité Ético de Investigación Clínica.
c) Los Comités Éticos están formados exclusivamente por profesionales sanitarios.
d) Para evitar investigaciones obsoletas o repetitivas, solo se podrán iniciar ensayos clínicos para demostrar seguridad y eficacia de las modificaciones terapéuticas propuestas.

Solución al simulacro n.º 1

1. **c) Tienen el deber de conocer y el derecho de usar el castellano.**

   La fundamentación legal de esta pregunta la encontramos en el artículo 3.1 de la Constitución Española, conforme al cual:

   1. El castellano es la lengua española oficial del Estado. Todos los españoles tienen el deber de conocerla y el derecho a usarla.

2. **d) Las respuestas b) y c) son correctas.**

   La fundamentación legal de esta pregunta la encontramos en el Preámbulo de la Constitución Española, que dispone:

   El Preámbulo de la Constitución Española de 1978 es un texto sin fuerza jurídica de obligar, aunque con un gran valor declaratorio-político, constituyendo, en cuanto declaración solemne de intenciones que formula colectivamente el poder constituyente, un factor decisivo o de la mayor importancia a la hora de interpretar rectamente el contenido normativo de nuestra Ley política fundamental.

3. **b) En el Preámbulo.**

   El Preámbulo es muy breve, pero constituye una declaración solemne y de gran fuerza política. Se trata de un texto sin fuerza jurídica de obligar, aunque con un gran valor declaratorio-político.

4. **d) Ningún español de origen podrá ser privado de su nacionalidad.**

   La fundamentación legal de esta pregunta la encontramos en el artículo 11.2 de la Constitución Española, conforme al cual:

   2. Ningún español de origen podrá ser privado de su nacionalidad.

5. **c) En el Título III.**

   El Título III de la Ley General de Sanidad regula la estructura del Sistema Sanitario Público (artículos 44 a 87) y se compone de los siguientes Capítulos:

   – Capítulo I. De la organización general del sistema sanitario.
   – Capítulo II. De los servicios de salud de las Comunidades Autónomas.
   – Capítulo III. De las Áreas de Salud.

- – Capítulo IV. De la coordinación general sanitaria.
- – Capítulo V. De la financiación.
- – Capítulo VI. Del personal.

6. a) 25 %.

Dispone el artículo 58.2 de la Ley General de Sanidad que los Consejos de salud de Área estarán constituidos por:

a) La representación de los ciudadanos a través de las Corporaciones Locales comprendidas en su demarcación, que supondrá el 50 % de sus miembros.

b) Las organizaciones sindicales más representativas, en una proporción no inferior al 25 %, a través de los profesionales sanitarios titulados.

c) La Administración sanitaria del Área de Salud.

7. a) En tres: central, autonómico y Áreas de salud.

En el sistema sanitario español, en la actualidad, pueden identificarse tres niveles organizativos: *central, autonómico y áreas de salud.* El órgano fundamental de la administración central del Estado es el Ministerio responsable de Sanidad, la ordenación territorial de los servicios sanitarios es competencia de las Comunidades Autónomas mientras que las Áreas de salud son las estructuras fundamentales del sistema sanitario, responsables de la gestión unitaria de los centros y establecimientos del servicio de salud de la Comunidad Autónoma en su demarcación territorial y de las prestaciones sanitarias y programas sanitarios por ellos desarrollados.

8. b) Consejo Interterritorial del Sistema Nacional de Salud.

La Ley General de Sanidad ha creado el Consejo Interterritorial del Sistema Nacional de Salud como órgano coordinador entre las Comunidades Autónomas y la Administración General del Estado, para fomentar el consenso, la difusión de experiencias y el aprendizaje mutuo entre niveles de gobierno.

9. c) De interinidad, de carácter eventual o de sustitución.

El segundo párrafo del artículo 9.1 del Estatuto Marco señala que los nombramientos de personal estatutario temporal podrán ser de interinidad, de carácter eventual o de sustitución.

10. a) 2 años.

Según el artículo 34.4 del Estatuto Marco, para participar en los procesos selectivos para la promoción interna será requisito ostentar la titulación requerida y estar en servicio activo, y con nombramiento como personal estatutario fijo durante, al menos, dos años en la categoría de procedencia.

11. b) Concurso-oposición.

El primer párrafo del artículo 31.1 del Estatuto Marco indica que, la selección del personal estatutario fijo se efectuará con carácter general a través del sistema de concurso-oposición.

12. b) 15 minutos.

El artículo 50 del Estatuto Marco determina que, siempre que la duración de una jornada exceda de seis horas continuadas, deberá establecerse un período de descanso durante la misma de duración no inferior a 15 minutos.

13. a) 40.2.

La Exposición de Motivos de la LPRL expresa que el artículo 40.2 de la Constitución Española encomienda a los poderes públicos, como uno de los principios rectores de la política social y económica, velar por la seguridad e higiene en el trabajo.

Este es el principal reconocimiento constitucional a la seguridad y salud laboral de las personas trabajadoras, y esa encomienda o mandato a los poderes públicos tiene su principal desarrollo legislativo en la Ley de Prevención de Riesgos Laborales, aunque esta proceda directamente de la transposición de una Directiva Europea.

En definitiva, la propia Exposición de Motivos, en el último párrafo del apartado 1, pone de manifiesto que el mandato constitucional contenido en el artículo 40.2 de nuestra ley de leyes y la comunidad jurídica establecida por la Unión Europea en esta materia configuran el soporte básico en que se asienta la Ley de Prevención de Riesgos Laborales. Junto a ello, nuestros propios compromisos contraídos con la Organización Internacional del Trabajo a partir de la ratificación del Convenio 155, sobre seguridad y salud de los trabajadores y medio ambiente de trabajo, enriquecen el contenido del texto legal al incorporar sus prescripciones y darles el rango legal adecuado dentro de nuestro sistema jurídico.

14. d) La Directiva 89/391/CEE, relativa a la aplicación de medidas para promover la mejora de la seguridad y de la salud de los trabajadores en el trabajo.

De la presencia de España en la Unión Europea se deriva, por consiguiente, la necesidad de armonizar nuestra política con la naciente política comunitaria en esta materia, preocupada, cada vez en mayor medida, por el estudio y tratamiento de la prevención de los riesgos derivados del trabajo. Consecuencia de todo ello ha sido la creación de un acervo jurídico europeo sobre protección de la salud de los trabajadores en el trabajo. De las Directivas que lo configuran, la más significativa es, sin duda, la 89/391/CEE, relativa a la aplicación de las medidas para promover la mejora de la seguridad y de la salud de los trabajadores en el trabajo, que contiene el marco jurídico general en el que opera la política de prevención comunitaria. Así lo expresa el apartado 1 de la Exposición de Motivos de la LPRL.

15. d) Ninguna de las respuestas anteriores es correcta.

La respuesta apropiada es la d) pues el Título que hace referencia al régimen sancionador es el IX. Los títulos VI, I y VIII hacen referencia a Registro de laboratorios farmacéuticos y fabricantes, importadores o distribuidores de principios activos; Garantías y obligaciones generales; Financiación pública de los medicamentos y productos sanitarios, respectivamente.

16. b) Excipiente.

La respuesta apropiada es la b) ya que el excipiente es el componente del medicamento que se emplea por razones tecnológicas, pero carece de actividad farmacológica y tampoco es el material de acondicionamiento.

17. d) Medicamentos de terapia avanzada.

La respuesta apropiada es la d) pues este tipo de medicamentos se incluyen entre las opciones farmacoterapéuticas más avanzadas.

18. a) Se regulan según el Real Decreto 1345/2007 de 11 de octubre.

La publicación del Real Decreto 717/2019, de 5 de diciembre, por el que se modifica el Real Decreto 1345/2007, de 11 de octubre, por el que se regula el procedimiento de autorización, registro y condiciones de dispensación de los medicamentos de uso humano fabricados industrialmente, elimina el párrafo c) del apartado 3 del artículo 24 de dicho Real Decreto relativo a la clasificación de los medicamentos como Medicamentos de Especial Control Médico.

19. b) Los medicamentos son divididos en 17 grupos según el órgano o el sistema anatómico sobre el que actúan.

La respuesta apropiada es la b), pues los medicamentos son divididos en 14 grupos considerando el órgano o sistema anatómico sobre el que actúan.

20. a) En 2015.

La respuesta apropiada es la a) ya que este decreto es el que refunde la mencionada Ley sobre medicamentos y productos sanitarios, que fue aprobada en 2006.

21. d) Uso de un medicamento autorizado en España.

La respuesta apropiada es la d) pues entre las características que definen el uso compasivo se incluye que el medicamento no esté autorizado en España.

22. c) Fármaco.

La respuesta correcta es la c), ya que el fármaco es una sustancia que se emplea con una de las finalidades indicadas.

23. b) Farmacotecnia.

La respuesta correcta es la b), ya que la farmacotecnia o farmacia galénica es el área de conocimiento encargada de los procesos técnicos de elaboración de los medicamentos y de los controles de calidad.

24. d) Ninguna de las respuestas anteriores es correcta.

La respuesta correcta es la d), pues la mayor dosis tolerada sin que aparezcan efectos tóxicos, se corresponde con la dosis terapéutica máxima.

25. d) Todas las respuestas anteriores son correctas.

La respuesta correcta es la d) ya que el denominado sistema de utilización de medicamentos incluye varios procesos tales como selección, prescripción, validación y seguimiento, con la finalidad de asegurarse una terapia correcta para cada paciente, lo que no siempre se logra.

26. b) Se asocia únicamente a una utilización inadecuada de los medicamentos.

La respuesta correcta es la b) ya que el error de medicación se asocia a una utilización inadecuada del medicamento o también puede causar daño al paciente.

27. b) El prospecto y la ficha técnica incluyen la misma información.

El prospecto es un documento que contiene información del fármaco destinada al paciente o usurario, mientras que la ficha técnica contiene las características específicas, principios activos, proceso de elaboración, etc., del producto, así como las condiciones de uso y está orientado a informar a los profesionales sanitarios.

28. b) Degradación.

Las funciones del acondicionamiento de un medicamento son la protección y la información e identificación del mismo, y que tienen como objetivo mantenerlo en las condiciones óptimas de calidad, seguridad y eficacia para su uso.

29. c) Líquidas.

El reenvasado se aplica solamente a formas farmacéuticas orales, sólidas y líquidas.

30. a) Contaminación cruzada.

La contaminación cruzada por contaminantes imprevistos, junto con la generación de aerosoles y, la confusión al colocar de forma equivocada las etiquetas en los envases, son los principales riesgos del reenvasado de medicación.

31. d) Ley General de Sanidad 14/1986.

La Ley General de Sanidad 14/1986, de 25 de abril, distingue dentro de la Asistencia Sanitaria, dos modalidades: la Atención Primaria y la Atención Especializada.

32. b) Hospitalización a domicilio.

La hospitalización a domicilio entra dentro de las múltiples prestaciones que se dan en el ámbito sanitario de la Atención Especializada.

33. b) Atiende al paciente de una manera individual.

La Atención Primaria atiende al individuo, la familia y la comunidad en sus problemas de salud, relativos a la promoción de la salud, prevención de la enfermedad, tratamiento, curación y rehabilitación, y todo ello lo hace desde una perspectiva integral y no individual.

34. b) Se organiza por un sistema de cupo y Zonas médicas.

Los Centros de Atención Primaria, sustituyen a los antiguos Ambulatorios y consultorios. Dentro de sus principios esta la promoción de la salud, la prevención de la enfermedad, la curación y la rehabilitación.

35. a) Diagnósticos puntuales de salud en la Zona de Salud.

El diagnostico de salud de la Zona de salud es realizado permanentemente para detectar los cambios que se producen en tiempo real y así poder realizar un Plan de salud actualizado permanentemente.

36. b) Art. 56.

En el artículo 56, las Comunidades Autónomas delimitan y constituyen en su territorio demarcaciones territoriales denominadas Áreas de Salud, atendiendo a criterios geográficos, de densidad de población etc.

37. c) Zonas Básicas de Salud.

Para conseguir la máxima operatividad y eficacia en el funcionamiento de la atención primaria, las Áreas de Salud se dividen en Zonas Básicas de Salud. Pero son Las Áreas de Salud el marco donde se desarrollan la Atención primaria y la Atención Especializada.

38. b) 250.000 habitantes.

Como regla general, y sin perjuicio de las excepciones a que hubiera lugar, el Área de Salud extenderá su acción a una población no inferior a 200.000 habitantes ni superior a 250.000. Se exceptúan de la regla anterior las Comunidades Autónomas de Baleares y Canarias y las ciudades de Ceuta y Melilla, que podrán acomodarse a sus específicas peculiaridades. En todo caso, cada provincia tendrá, como mínimo, un Área.

39. b) Especializada.

La Atención Especializada se realiza en los hospitales y Centros de Especialidades, que son considerados el tercer escalón de la atención.

40. c) 100 camas.

Es obligatorio el establecimiento de un servicio de farmacia hospitalaria en todos los hospitales que dispongan de cien o más camas. En aquellos hospitales de menos de cien camas que, en función de la tipología y volumen de actividad asistencial que implique una especial cualificación en el empleo de medicamentos se podrá autorizar un servicio de farmacia hospitalaria, tanto en los hospitales de menos de cien camas como en los centros de atención especializada que así se considere necesario por la complejidad o cantidad de medicación que se utilice en el centro.

41. b) Los depósitos de medicamentos de centros públicos no estarán vinculados a un servicio de farmacia hospitalaria.

Todos los depósitos de medicamentos de centros públicos deben estar vinculados a un servicio de farmacia hospitalaria, y los de titularidad privada se vincularán también a un servicio de farmacia o a una oficina de farmacia.

42. a) Equidad.

El proceso de selección tanto de medicamentos como de productos para alimentación artificial debe regirse bajo criterios de eficacia, seguridad, calidad y economía.

43. c) Almacén o depósito.

El conjunto de artículos y materiales farmacéuticos de un Centro Asistencial, se guardan en lo que se conoce como almacén o depósito, desde donde se distribuirá para su uso en las diferentes secciones del centro.

44. a) Albarán.

El documento que acompaña a los productos que se entregan se denomina albarán y en él figuran numerosos datos como: identificación del proveedor, la fecha, la cantidad de producto… Aunque no es imprescindible, lo habitual es firmarlo a modo de confirmación de la recepción del producto.

45. b) Según su peligrosidad.

El material que se encuentra en el almacén puede ser clasificado según múltiples criterios: peligrosidad, modo de uso, utilidad… pero los más habituales son: se-gún el valor del producto, según el uso y según las exigencias del almacenamiento.

46. b) Sistema tradicional de distribución intrahospitalaria.

Los sistemas tradicionales de distribución intrahospitalaria de medicamentos son tres:

Sistema de dispensación por *stock* en unidad de enfermería, sistema de dispensación por reposición y paciente y sistema de dispensación de medicamentos en dosis unitaria (SDMDU).

47. d) Sistema de dispensación por stock en unidad de enfermería.

Uno de los sistemas tradicionales de distribución intrahospitalaria de medicamentos es el sistema de dispensación por *stock* en unidad de enfermería (conocido coloquialmente como botiquín). El sistema que requiere muy poca inversión se caracteriza por establecer en la unidad clínica correspondiente un almacén de medicamentos controlados por personal de enfermería, con cantidades pactadas de las especialidades farmacéuticas que habitualmente son **utilizadas en dicha unidad.**

48. a) Sistema de dispensación por reposición y paciente.

El sistema de dispensación por reposición y paciente es uno de los sistemas tradicionales de distribución intrahospitalaria de medicamentos y consiste en establecer depósitos controlados por el personal de enfermería que permiten la administración de medicamentos con anterioridad a la solicitud por paciente, con reposición diaria y petición **individualizada al servicio de farmacia para cada uno de los pacientes.**

49. b) Consiste en una asistencia ambulatoria, en régimen hospitalario.

El Hospital de día es una asistencia hospitalaria de régimen ambulatorio, de manera que el paciente puede recibir una atención especializada y técnicamente cualificada sin necesidad de ingreso hospitalario. De esta manera no solo se consiguen beneficios económicos (disminución de costes de estancia hospitalaria), sino también una mejor calidad de vida de los pacientes. Estos dispositivos suponen sobre el 85 % de los tratamientos oncológicos.

50. d) La vía intravenosa.

Para la administración de la QT existe la posibilidad de diferentes vías de administración en función de las características del citostático a administrar o de la intención de tratamiento. La principal vía de administración es la intravenosa, seguida de la vía oral; le siguen otras vías como la intratecal, intraarterial, intracavitaria e incluso la tópica.

51. c) Displasia.

Entre las células normales y las cancerosas existe un abanico de condiciones morfológicas diferentes. La conocida como displasia corresponde con la proliferación excesiva caracterizada por la pérdida de la organización normal de los tejidos y de la arquitectura celular. Suele ser reversible, pero puede sufrir una transformación carcinogénica.

52. d) Carcinomas.

Los carcinomas derivan de células epiteliales, y suponen más del 80 % de los cánceres. Los más frecuentes son: pulmón, mama, colon, próstata, páncreas y estómago.

53. b) Hemangioma.

Los hemangiomas se caracterizan por ser tumores que se originan de células que provienen de un vaso sanguíneo.

54. c) Salas especiales en las que se trabaja con cabinas de flujo laminar, en condiciones de esterilidad.

Las salas blancas son salas especiales en las que se trabaja con cabinas de flujo laminar, en condiciones de esterilidad. Se ubican en un lugar aislado del servicio para evitar pasar cercar si no hay necesidad.

55. a) De flujo multidireccional (o turbulento) y de flujo unidireccional (o laminar).

Por el tipo de flujo, las salas blancas se agrupan en flujo multidireccional y unidireccional. En el primero el régimen de movimiento del aire es turbulento mientras que en el segundo es laminar.

56. c) Mayor riesgo de complicaciones, retraso en la recuperación de su enfermedad y una mayor mortalidad.

Las alimentaciones artificiales, se emplean cuando la convencional no es posible o no cubre los requerimientos nutricionales. Todas ellas tienen el mismo objetivo: mantener o restaurar el estado nutricional, ya que la malnutrición implica *mayor riesgo de complicaciones, retraso en la recuperación de su enfermedad y una mayor mortalidad*.

57. a) Aquellos que no consumen porcentualmente de sus requerimientos más del 60 %.

Las guías de las sociedades más importantes coinciden en que deben recibir soporte nutricional especializado los pacientes que no consumen *>60 %* de sus requerimientos.

58. c) En pacientes con buen estado nutricional, y sin riesgo a una malnutrición a corto plazo.

La nutrición parenteral está indicada en general para prevenir o corregir los efectos adversos de la desnutrición en pacientes que no son capaces de obtener aportes suficientes por vía oral o enteral por un periodo de tiempo superior a 5-7 días, o antes si el paciente ya está previamente desnutrido. Por tanto, no estará indicada en aquellos con *buen estado nutricional, y sin riesgo a una malnutrición a corto plazo*.

59. a) El Ministerio de Sanidad.

El organismo español que concede la autorización del laboratorio farmacéutico. El Ministerio de Sanidad. El laboratorio farmacéutico se define como: "toda persona física o jurídica que se dediquen a la fabricación de especialidades farmacéuticas o a cualquiera de los procesos que esta pueda comprender, incluso los de envasado, acondicionamiento y presentación para la venta, que cuente con la autorización del *Ministerio de Sanidad*."

60. b) Lisa e impermeable, de fácil limpieza y desinfección.

Entre otras cuestiones el laboratorio galénico debe constar de una superficie de trabajo *lisa e impermeable, de fácil limpieza y desinfección*, con una amplitud suficiente e inatacable por los colorantes y sustancias corrosivas pudiendo ser de acero inoxidable, revestimiento de plástico, etc.

61. b) Real Decreto 175/2001.

La normativa española que regula las características generales que debe tener el utillaje de los laboratorios farmacéuticos es el *Real Decreto 175/2001*, de 23 de febrero, por el que se aprueban las normas de correcta elaboración y control de calidad de fórmulas magistrales y preparados oficinales. En el Capítulo II, artículo 2.2 se recogen las *Características generales del utillaje*, del laboratorio farmacéutico. Esta norma fue publicada en el BOE número 65, de 16 de marzo de 2001, en sus páginas 9746 a 9755.

62. b) Destilación.

El procedimiento donde la transformación de un líquido en vapor permite la separación de dos o más líquidos, se denomina *destilación*. Es una técnica de laboratorio utilizada en la separación de sustancias miscibles (mezcladas completamente). La destilación es una operación que consiste en calentar un producto hasta que su tensión de vapor sobrepasa la presión atmosférica, con lo cual en este momento este líquido hervirá y los vapores que se originan como consecuencia han de conducirse a un recinto de paredes frías que puede ser un refrigerante, para que se condensen y se recuperen al estado líquido.

63. d) Tamización.

La operación **física de las enunciadas en la pregunta que no requiere la presencia de líquidos es la** *tamización*, ya que con esta manejamos polvo (sólido), para seleccionar aquellos del mismo calibre (mediante un tamiz). En las otras operaciones se emplean líquidos de alguna manera u otra.

64. b) Decantación.

La *decantación* es un procedimiento físico, concretamente de índole mecánica, en el que se separa un sólido o líquido provisto de mayor densidad de otro que, al tener menor densidad, ocupa la parte superior de una mezcla heterogénea. Se entiende que es un procedimiento mecánico ya que está basado en la diferencia de las densidades de sus componentes. Sin embargo, el secado, la destilación y la fusión son procedimientos exclusivamente físicos.

65. c) Nunca se preparan en esta unidad fórmulas no disponibles en el comercio.

Las opciones que son ciertas se corresponden con las deletreadas como a), b) y d). Siendo falsa, la opción c) *Nunca se preparan en esta unidad fórmulas no disponibles en el comercio*, ya que en la unidad de farmacotecnia generalmente se preparan fórmulas no disponibles en el comercio.

66. c) Son ciertas a) y b).

Son funciones de la unidad de farmacotecnia la de proporcionar, en cualquier momento y con independencia de las disponibilidades del mercado, formas de dosificación adecuadas a las necesidades específicas del hospital, o de determinados pacientes, manteniendo un nivel de calidad apropiado, así como las operaciones de reenvasado de especialidades comerciales para su adecuación a los sistemas de distribución propios del hospital. Que ambas se corresponden con la opción c) *Son ciertas a y b.*

67. c) Farmacéutico jefe de Servicio.

El farmacéutico tiene responsabilidad sobre las preparaciones que se realicen en su oficina de farmacia o en los servicios farmacéuticos a su cargo a nivel hospitalario, siendo el responsable final el *Farmacéutico jefe de Servicio*.

68. b) Venta.

La dispensación es el acto profesional de poner un producto de parafarmacia a disposición del cliente por parte de un profesional, informando, aconsejando e instruyendo al cliente sobre su correcta utilización. La venta es la transacción o acuerdo comercial entre varias personas o, dicho de otra manera, es el ofrecimiento de los productos para el que los quisiera comprar. Y la concesión es el acto de la dispensar u otorgar.

69. c) Desinfectantes y biocidas para la higiene humana.

Los acaricidas pertenecen a los productos de parafarmacia del grupo de desinfectantes y biocidas para la higiene humana, junto a plaguicidas, repelentes y atrayentes para la higiene humana.

70. a) Vendas.

De los productos de parafarmacia expuestos, el único que pertenece al grupo de productos sanitarios y de diagnóstico *in vitro* son las vendas, ya que los fotoprotectores son de dermofarmacia, las leches maternizadas en polvo, al de dietética y alimentación y los repelentes, al grupo de desinfectantes y biocidas para la higiene humana.

Preguntas de reserva

1. **b) Se realizará mediante un sistema tributario justo.**

   Tal y como dispone el artículo 31.1 de la Constitución Española: *"Todos contribuirán al sostenimiento de los gastos públicos de acuerdo con su capacidad económica mediante un sistema tributario justo inspirado en los principios de igualdad y progresividad que, en ningún caso, tendrá alcance confiscatorio".*

2. **d) El Consejo de Salud de Área.**

   De acuerdo con lo dispuesto en el artículo 57 de la Ley 14/1986, de 25 de abril, General de Sanidad, que establece que:

   "Las Áreas de Salud contarán, como mínimo, con los siguientes órganos:

   1.º De participación: el Consejo de Salud de Área.

   2.º De dirección: el Consejo de Dirección de Área.

   3.º De gestión: el Gerente de Área."

3. **b) Por los procedimientos de concurso y de libre designación con convocatoria pública.**

   En base al artículo 29.2 de la Ley 55/2003, de 16 de diciembre, del Estatuto Marco del personal estatutario de los servicios de salud.

   Efectivamente, el referido precepto establece que la provisión de plazas del personal estatutario se realizará por los sistemas de selección de personal, de promoción interna y de movilidad, así como por reingreso al servicio activo en los supuestos y mediante el procedimiento que en cada servicio de salud se establezcan.

   Por otro lado, el artículo 29.3 de la referida ley, también dispone que en cada servicio de salud se determinarán los puestos que puedan ser provistos mediante libre designación.

4. **a) La Inspección de Trabajo y Seguridad Social.**

   El artículo 9 de la LPRL encomienda a la Inspección de Trabajo y Seguridad Social diferentes funciones en materia de vigilancia y control sobre prevención de riesgos laborales. En el desarrollo de dichas funciones, contempla en su apartado 1, letra f), la función de ordenar la paralización inmediata de trabajos cuando, a juicio del inspector, se advierta la existencia de riesgo grave e inminente para la seguridad o salud de los trabajadores.

5. **c) Los Comités Éticos están formados exclusivamente por profesionales sanitarios.**

   La respuesta apropiada es la c), ya que los Comités Éticos de Investigación Clínica siempre incluyen profesionales sanitarios y como mínimo, un experto en derecho.

SIMULACRO N.º 2

1. ¿Cuál de los siguientes es considerado por la CE como uno de los valores superiores del ordenamiento jurídico?

a) La jerarquía normativa.
b) El pluralismo político.
c) La publicidad normativa.
d) La equidad.

2. El artículo 1 de la Constitución Española:

a) Establece en su primer apartado el tipo de Estado en que se constituye.
b) No contiene el tipo de Estado en que se constituye, esto se recoge más adelante, en el artículo 5, dado que no es lo más relevante.
c) No contiene el tipo de Estado en que se constituye porque todo el mundo ya lo sabe, no es necesario especificarlo.
d) Dispone que España es un Estado completamente liberal.

3. El derecho a la propiedad en nuestra Constitución es un derecho:

a) Inherente a la condición humana.
b) Absoluto.
c) Está limitado por la función social de la misma.
d) Ninguna de las respuestas anteriores es correcta.

4. ¿Cuál de las siguientes es una de las características de nuestra Constitución de 1978?

a) Consensuada.
b) Corta.
c) Conservadora.
d) Originalidad.

5. ¿Quién realiza las acciones de coordinación y cooperación de las Administraciones Públicas sanitarias?

a) El Consejo Interterritorial.
b) La Alta Inspección.

c) Son correctas las respuestas a) y b).
d) Ninguna es correcta.

6. Según la Ley General de Sanidad, las estructuras fundamentales del sistema sanitario, responsabilizadas de la gestión unitaria de los centros y establecimientos del servicio de salud de la Comunidad Autónoma en su demarcación territorial y de las prestaciones sanitarias y programas sanitarios a desarrollar, se denominan:

a) Servicio de Salud.
b) Sistema Nacional de Salud.
c) Zona Básica de Salud.
d) Área de Salud.

7. El Consejo Interterritorial del Sistema Nacional de Salud, como órgano coordinador del Sistema Nacional de Salud, está compuesto por:

a) El Ministro competente en materia de sanidad, que ostentará su Presidencia.
b) Los Consejeros competentes en materia de sanidad de las Comunidades Autónomas, de entre los que se elegirá al Presidente.
c) Por el Ministro de Sanidad y los Presidente de las Comunidades Autónomas con competencia en materia de salud.
d) Por un presidente a propuesta del Ministro de Sanidad y Consumo y ratificado por el mismo Consejo.

8. Según la Ley General de Sanidad, la financiación de la asistencia sanitaria se realiza con cargo a:

a) Las cotizaciones procedentes de la Seguridad Social exclusivamente.
b) Los Presupuestos de las Comunidades Autónomas, en el ámbito de sus respectivas competencias, únicamente.
c) Las aportaciones de las Comunidades Autónomas y de las Corporaciones Locales, tasas por la prestación de determinados servicios, Tributos estatales cedidos, transferencias del Estado y cotizaciones sociales.
d) Los Presupuestos Generales del Estado, sin participación de la Seguridad Social, dado que ha desaparecido la obligación de financiarla con las cotizaciones procedentes de esta.

9. Las sanciones disciplinarias firmes que se impongan al personal estatutario se anotarán en su expediente personal. Las anotaciones por sanciones impuestas por faltas leves se cancelarán de oficio, desde el cumplimiento de la sanción, a:

a) Los 3 meses.
b) Los 6 meses.
c) El año.
d) Los 2 años.

10. La especial dificultad técnica, dedicación, responsabilidad, incompatibilidad, peligrosidad o penosidad de algunos puestos de trabajo del Personal Estatutario, se retribuye a través del:

a) Complemento de destino.
b) Complemento de atención continuada.
c) Complemento específico.
d) Complemento de productividad.

11. Para poder obtener la excedencia voluntaria por interés particular es necesario haber prestado servicios efectivos en cualquiera de las Administraciones Públicas durante:

a) Los cinco años inmediatamente anteriores.
b) Los cuatro años inmediatamente anteriores.
c) El año inmediatamente anterior.
d) No se exige periodo mínimo de prestación efectiva de servicios.

12. Las Comunidades Autónomas, en el ámbito de sus competencias, determinarán la limitación máxima de la jornada a tiempo parcial respecto a la jornada completa, con el límite máximo del:

a) Setenta y cinco por ciento de la jornada ordinaria, en cómputo anual.
b) Veinticinco por ciento de la jornada ordinaria, en cómputo anual.
c) Sesenta por ciento de la jornada ordinaria, en cómputo anual.
d) Cincuenta por ciento de la jornada ordinaria, en cómputo anual.

13. El pilar fundamental del desarrollo de la Constitución Española sobre la necesidad de contemplar una política de protección de la salud de los trabajadores mediante la prevención de los riesgos derivados de su trabajo, viene constituido por:

a) El Texto Refundido de la Ley del Estatuto de los Trabajadores.
b) El Texto Refundido de la Ley General de la Seguridad Social.
c) La Ley 31/1995, de 8 de noviembre, de Prevención de Riesgos Laborales.
d) Ninguna de las anteriores respuestas es correcta.

14. El ámbito de aplicación de la regulación actual en materia de seguridad y salud en el trabajo:

a) Únicamente se aplica a las relaciones laborales reguladas por el Texto Refundido de la Ley del Estatuto de los Trabajadores.
b) Se aplica a las relaciones laborales reguladas por el Texto Refundido de la Ley del Estatuto de los Trabajadores, pero no a las relaciones de carácter administrativo o estatutario del personal civil al servicio de las Administraciones Públicas.

c) Se aplicará, sin particularidad alguna, en los centros y establecimientos militares, y en los establecimientos penitenciarios.

d) Se aplica a las relaciones laborales reguladas por el Texto Refundido de la Ley del Estatuto de los Trabajadores, así como a las relaciones de carácter administrativo o estatutario del personal civil al servicio de las Administraciones Públicas.

15. Todo medicamento que tenga la misma composición cualitativa y cuantitativa en principios activos y la misma forma farmacéutica, cuya bioequivalencia con el medicamento de referencia haya sido demostrada por estudios adecuados de biodisponibilidad, es un:

a) Producto de cuidado personal.
b) Medicamento en investigación.
c) Medicamento genérico.
d) Preparado oficinal.

16. Respecto al abastecimiento y dispensación de medicamentos, señala la respuesta incorrecta:

a) Los responsables de producción, distribución, venta y dispensación de medicamentos deben respetar el principio de continuidad.

b) Laboratorios farmacéuticos, servicios de farmacia de hospitales y centros de salud, están obligados a suministrar o a dispensar los medicamentos que se les soliciten de acuerdo con la normativa legal.

c) La venta a domicilio y cualquier tipo de venta indirecta al público de medicamentos, está prohibida.

d) La venta por correspondencia y por procedimientos telemáticos de fármacos de uso humano, está permitida para todos los medicamentos siempre que haya por medio una farmacia autorizada.

17. Respecto a la nomenclatura de los medicamentos, de los 5 tipos de denominación, las siglas IUPAC se corresponden con:

a) Código anatómico terapéutico químico.
b) Nombre genérico.
c) Nombre comercial.
d) Nombre químico sistemático.

18. Los medicamentos sujetos a prescripción médica de dispensación restringida pueden ser:

a) De especial control médico.
b) De uso hospitalario.
c) De prescripción especial.
d) De diagnóstico hospitalario.

19. En relación con la clasificación de los productos farmacéuticos según su patente, indica qué nombre reciben los medicamentos que aparecen en el mercado una vez caducada la patente de los medicamentos originales:

a) Copias.
b) Licencias.
c) Medicamento genérico.
d) Ninguna de las respuestas anteriores es correcta.

20. Respecto al acceso a medicamentos en condiciones diferentes de las autorizadas, señala la respuesta incorrecta:

a) Su uso está limitado a situaciones en las que se carece de una alternativa terapéutica autorizada para un determinado paciente.
b) La Agencia podrá elaborar recomendaciones de uso cuando se prevea razonablemente un riesgo para los pacientes derivado de la utilización de un medicamento en condiciones no contempladas en la ficha técnica.
c) La utilización de medicamentos autorizados en condiciones distintas a las establecidas en la ficha técnica, se realizará siempre que sea necesario, pensando en el bienestar del paciente.
d) El médico responsable del tratamiento debe justificar convenientemente en la historia clínica, la necesidad del uso del fármaco.

21. Respecto a las especialidades farmacéuticas estupefacientes, señala la respuesta incorrecta:

a) Cada dispensación de una especialidad farmacéutica estupefaciente debe registrarse en el libro recetario.
b) Únicamente se requiere la receta para su dispensación.
c) Cuando la farmacia compra a proveedores sustancias o especialidades farmacéuticas estupefacientes, se ha de registrar la entrada en el libro de estupefacientes.
d) Una vez registrada la dispensación del medicamento en el libro recetario, debemos anotar el movimiento de especialidades en el libro de estupefacientes.

22. En lo referente a los mecanismos de transporte a través de membranas celulares, señala qué modalidad de proceso no implica la intervención de transportadores:

a) Difusión pasiva.
b) Transporte activo.
c) Difusión facilitada.
d) Todas las respuestas anteriores son correctas.

23. Respecto a la distribución de un fármaco en el organismo, señala la opción incorrecta:

a) Una vez que el fármaco es absorbido y distribuido hasta llegar al órgano diana también llega a otros órganos en los que se producen otros procesos que tienen que ver con su metabolización, excreción...

b) Solo el fármaco libre es capaz de atravesar barreras y difundir a los tejidos, lo que implica que es la única forma del fármaco que es activa farmacológicamente.

c) Los fármacos por la sangre viajan libremente o unidos a proteínas plasmáticas.

d) Las proteínas transportadoras no se ven afectadas por la cantidad de fármaco presente, con independencia de que se hayan administrado uno o varios fármacos a la vez.

24. Los fármacos se metabolizan mayoritariamente en:

a) Plasma.

b) Hígado.

c) Pulmón.

d) Sistema nervioso central.

25. La prevención de los errores de medicación no incluyen:

a) Enfocar el análisis de los errores desde la perspectiva de que estos son debidos a fallos en el sistema.

b) Deben crearse sistemas sanitarios y resistentes a los errores humanos.

c) Penalizar la incompetencia del personal para que este se centre en su trabajo.

d) La mejor forma de optimizar los sistemas y prevenir los errores se basa en analizar los propios errores de medicación.

26. Los errores de medicación pueden deberse a:

a) Conocimiento incompleto de los nombres de los medicamentos.

b) Confusión por la caligrafía ilegible de la fórmula.

c) Falta de evaluaciones rigurosas antes de la aprobación de los nombres para las sustancias nuevas.

d) Productos con mucho tiempo en el mercado.

27. No se considera un riesgo ambiental cuando se trata de la protección de la estabilidad e integridad de un medicamento de:

a) El crecimiento de hongos o bacterias.

b) Humedad.

c) Fotodegradación.

d) Temperaturas extremas.

28. Toda la información del medicamento sobre sus aspectos toxicológicos, farmacológicos, etc., deben ir en:

a) El prospecto.

b) El etiquetado.

c) En el acondicionamiento secundario.

d) Todas son correctas.

29. ¿Cuáles son los medicamentos más fáciles de reenvasar?

a) Sólidos.
b) Semisólidos.
c) Líquidos.
d) Las respuestas a) y b) son correctas.

30. En el texto de las Buenas Prácticas de Manufactura de Productos Farmacéuticos "BPM", se exigen varias condiciones para su cumplimiento, entre las cuales no se encuentra:

a) El almacenamiento y trasporte.
b) La infraestructura.
c) El reciclaje.
d) Materiales y envases.

31. ¿Cuál de los siguientes no es un criterio para delimitar las Áreas de Salud?

a) Dotación de vías.
b) Medios de comunicación.
c) Factores laborales.
d) Todas son correctas.

32. ¿En qué Real Decreto se establece el marco territorial del Área de Salud denominada Zona Básica de Salud?

a) RD 137/84.
b) RD 137/82
c) RD 127/84.
d) RD 127/82.

33. De las siguientes afirmaciones sobre la Zona Básica de Salud (ZBS), no es correcto señalar que:

a) De forma general, su población estará comprendida entre 5.000 y 25.000 habitantes.
b) La ZBS no delimita una Zona Medica.
c) Para delimitar las ZBS debe tenerse en cuenta las isócronas.
d) Todas son correctas.

34. ¿Cuál de los siguientes profesionales no pertenece al EAP?

a) Dentista.
b) Matrona.
c) Funcionarios Técnicos del Estado al Servicio de la Sanidad Local.
d) Todas son correctas.

35. El Equipo de Atención Primaria EAP no participa en:

a) Actividades asistenciales pre-alta hospitalaria.
b) Actividades de formación pregraduada y posgraduada.
c) Evaluación de actividades y resultados.
d) Realización del diagnóstico de salud de la ZBS.

36. La atención integral y continuada se garantiza mediante:

a) Educación sanitaria a la población.
b) Coordinación con los servicios sociales.
c) Evaluación de los resultados de las actividades.
d) Todas son correctas.

37. De los integrantes del EAP, ¿quién es el responsable de la relación con los demás Servicios e Instituciones sanitarias y con la población?

a) Director Médico del Equipo.
b) Subdirector Médico del Equipo.
c) Coordinador Médico del Equipo.
d) Supervisor Médico del Equipo.

38. ¿Dónde se realizan las actividades de prevención, promoción, curación y rehabilitación de la población?

a) En el Área de Salud.
b) En el Distrito de Salud.
c) En el Centro de Salud.
d) En la Zona Básica de Salud.

39. Cuando se habla de acciones como la detección precoz, la educación sanitaria o la rehabilitación en Atención Primaria, nos estamos refiriendo a:

a) Prevención.
b) Promoción.
c) Restauración.
d) Protección.

40. Los programas de farmacocinética clínica desarrollados en el hospital sirven para:

a) Ahorro de costes.
b) Generalización de tratamientos.
c) Fomentar la investigación.
d) Individualizar las dosis de medicamentos.

41. Los Servicios Farmacéuticos Hospitalarios, dispensarán medicamentos:

a) Al propio hospital.
b) A las Zonas Básicas de Salud.
c) Extrahospitalariamente.
d) Las respuestas a) y c) son correctas.

42. Con el fin de recabar la información necesaria para el mejor control terapéutico del paciente, el farmacéutico hospitalario puede utilizar:

a) La Historia clínica.
b) La entrevista personal con el paciente.
c) Las guías farmacológicas.
d) Los ensayos clínicos.

43. ¿Cómo se denomina a la clasificación de *stocks* de productos farmacéuticos según el valor del producto?

a) Método ABC.
b) Método de Pareto.
c) Método Contable.
d) Las respuestas a) y b) son correctas.

44. ¿Cómo se definen los "productos perecederos" en el almacén de farmacia?

a) Aquellos que tienen un periodo de caducidad inferior a tres meses, desde la fecha de fabricación.
b) Aquellos que tienen un periodo de caducidad inferior a 12 meses, desde la fecha de fabricación.
c) Aquellos que tienen un periodo de caducidad inferior a dos años, desde la fecha de fabricación.
d) Aquellos que tienen un periodo de caducidad inferior a cinco años, desde la fecha de fabricación.

45. Al almacenar productos farmacéuticos, clasificándolos según las exigencias del almacenamiento, se habla en ocasiones de "materiales peligrosos". ¿Cuál de los siguientes enunciados corresponde a uno de estos "materiales peligrosos"?

a) Productos tóxicos.
b) Productos explosivos.
c) Productos inflamables.
d) Todos son considerados materiales peligrosos.

46. De los siguientes sistemas de dispensación de medicamentos, ¿cuál consideras que ofrece la mayor oportunidad para el seguimiento a la terapia, el más seguro para el paciente, el más eficiente desde el punto de vista económico, y el que con más efectividad utiliza los recursos?

a) Sistemas automatizados de dispensación centralizada.
b) Sistema de dispensación de medicamentos en dosis unitaria.
c) Sistema de dispensación por reposición y paciente.
d) Sistema de dispensación por *stock* en unidad de enfermería.

47. ¿Cuál de los siguientes enunciados no es correcto, al referirse al Sistema de distribución de medicamentos en dosis unitaria?

a) Los medicamentos se preparan y distribuyen en cajetines individuales.
b) No se recomienda en algunos servicios hospitalarios, como urgencias o unidades de cuidado intensivo.
c) Implica entregar a la unidad de enfermería las dosis unitarias necesarias para 72 horas de tratamiento.
d) Permite integrar al farmacéutico en el equipo asistencial en la atención al paciente.

48. ¿Cómo definirías el sistema de dispensación de medicamentos conocido como "Armarios de Dispensación Omnicell"?

a) Sistema automatizado de dispensación descentralizado.
b) Sistema de distribución de medicamentos en dosis unitaria.
c) Sistemas automatizados de dispensación centralizada.
d) Sistema de dispensación por reposición y paciente.

49. ¿Cuál de las siguientes vías de administración de medicamentos, no es habitual en quimioterapia?

a) Oral.
b) Intraósea.
c) Intratecal.
d) Intraarterial.

50. ¿Qué tipo de catéter venoso para administración de quimioterapia son los sistemas implantables con reservorios subcutáneos tipo Port-aCath?

a) Catéteres venosos centrales de inserción periférica.
b) Catéteres venosos periféricos.
c) Catéteres venosos centrales de inserción directa.
d) Los reservorios subcutáneos no son catéteres venosos.

51. ¿Cuál cree que fue la mortalidad por cáncer en España en el año 2020?

a) 46.300 casos.
b) 72.315 casos.
c) 113.000 casos.
d) 145.000 casos.

52. ¿Cuál de los siguientes enunciados no es correcto, en relación con las estadísticas del INE, sobre la situación de los tumores en nuestro país?

a) De forma general, la mortalidad por cáncer en España ha experimentado un fuerte descenso en las últimas décadas.
b) En ambos sexos disminuye el cáncer de pulmón.
c) El cáncer de páncreas ha aumentado en ambos sexos.
d) En los varones, a pesar de la pandemia, los tumores han seguido siendo la principal causa de mortalidad.

53. ¿Cómo se denomina el tipo de quimioterapia que se aplica como primera medida frente al cáncer, es decir, como tratamiento primario?

a) Quimioterapia adyuvante.
b) Quimioterapia paliativa.
c) Quimioterapia neoadyuvante.
d) Quimioterapia concomitante.

54. ¿Cuál de los siguientes enunciados no es correcto, al referirnos a la estructura de una sala blanca?

a) La limpieza del suelo se realizará diariamente con una fregona de uso exclusivo, con agua e hipoclorito sódico (al 0,1 %).
b) Toda el área mantendrá presión positiva, para que el aire entre en la zona.
c) El recinto estará provisto de filtros HEPA, para la limpieza del aire.
d) Se puede utilizar aire acondicionado, si está provisto de filtros de alta eficacia y no interfiere con el flujo laminar.

55. ¿Qué tipo de cabina de seguridad se caracteriza por ser una cámara cerrada con una abertura al frente para permitir el acceso de los brazos del operador?

a) Las de clase I.
b) Las de clase II.
c) Las de clase III.
d) Todas las anteriores.

56. Todo lo que se expone de la nutrición parenteral es cierto, excepto:

a) Aporta nutrientes a pacientes incapacitados para tolerar la alimentación gastrointestinal.
b) Se puede administrar a través de vía periférica o de un catéter central.

c) Los nutrientes pasan por el filtro hepático.

d) El aporte de nutrientes al organismo se realiza por una vía venosa.

57. ¿Qué vía de las que se exponen de nutrición artificial es más fisiológica?

a) Nutrición parenteral central.

b) Nutrición parenteral periférica.

c) Nutrición enteral.

d) Nutrición parenteral central y parenteral periférica.

58. ¿En qué situación de las que se exponen está indicada la nutrición parenteral debido a necesidades nutricionales aumentadas?

a) Malabsorción severa.

b) Íleo intestinal.

c) Pancreatitis aguda grave.

d) Grandes quemados.

59. ¿Qué aparato de medida dentro del utillaje del laboratorio farmacéutico, se aconseja especialmente antes de iniciar cualquier operación, efectuar una verificación del mismo?

a) Pehachímetro.

b) Pipeta Pasteur.

c) Pipeta.

d) Balanza.

60. ¿Qué material suele poseer la estructura del mortero empleado en los laboratorios farmacéuticos?

a) Vidrio o/y plástico.

b) Vidrio o/y porcelana.

c) Metal o/y porcelana.

d) Metal o/y plástico.

61. ¿Qué útil de los que se nombran no se incluye en el equipamiento general de un laboratorio farmacéutico?

a) Centrífuga.

b) Agitador.

c) Balanza.

d) Mortero.

62. ¿Qué procedimiento de naturaleza mecánica es capaz de separar entre sólidos y líquidos?

a) Pulimento.
b) Esterilización.
c) Filtración.
d) Tamizado.

63. ¿Cómo se denomina el proceso mediante el cual se transforman las partículas de polvo en agregados sólidos de mayor tamaño?

a) Granulación.
b) Esterilización.
c) Pulverización.
d) Desecación.

64. ¿Qué elemento de la parte posterior de una balanza electrónica de precisión es el marcado con una X en esta imagen?

a) Interfaz de datos.
b) Toma de corriente.
c) Interruptor de acceso al menú.
d) Indicador de nivel.

65. ¿En qué tipo de responsabilidad se puede incurrir en el Servicio de Farmacia Hospitalaria en general y en la unidad de farmacotecnia en particular? Responsabilidad...

a) Penal y civil.
b) Penal, civil, disciplinario, deontológico o patrimonial de las administraciones públicas.
c) Disciplinaria y civil.
d) Penal, civil, disciplinaria, deontológica o patrimonial de las administraciones públicas.

66. ¿Quiénes pueden realizar la elaboración de cualquier preparado en el SFH?

a) El personal técnico y los DUEs.
b) El farmacéutico y el auxiliar de clínica.
c) El personal técnico y el auxiliar de clínica.
d) El farmacéutico o, bajo su control directo, otra persona cualificada, con formación técnica necesaria.

67. ¿Quién será el encargado de elaborar las fórmulas tipificadas, preparados oficiales y preparaciones estériles definidas previamente por el farmacéutico de acuerdo con las técnicas y procedimientos escritos?

a) El DUE.
b) El farmacéutico residente.
c) El TCAE.
d) El Técnico en Farmacia.

68. ¿Qué requisito básico es necesario para que un producto de parafarmacia esté incluido en la financiación del Sistema Nacional de Salud (SNS)?

a) Estar incluidos en la cartera de servicios del SNS.
b) Han de ser prescritos por el servicio médico pertinente, según cada caso.
c) Deben cumplir los requisitos legales para su expedición.
d) Son ciertas todas las respuestas anteriores.

69. ¿Qué afirmación es incorrecta respecto al Código Nacional de los productos de parafarmacia?

a) Su concesión implica garantía de calidad.
b) Facilita la comunicación informática entre la Distribución y los Farmacéuticos de Oficina.
c) Este código está compuesto por siete números, estando el último separado por un punto.
d) Es un número que identifica cada una de las presentaciones comerciales de los productos de parafarmacia, que pueden entrar en el canal de distribución farmacéutica.

70. ¿Quién asigna el Código Nacional de los productos de parafarmacia?

a) Ministerio de Industria, y en su defecto, por competencias cedidas, la Consejería análoga de la Comunidad Autónoma.
b) Ministerio de Sanidad, y en su defecto, por competencias cedidas, la Consejería análoga de la Comunidad Autónoma.
c) El Consejo General de Colegios Oficiales de Farmacéuticos.
d) El Comité de Expertos del Código Nacional.

Preguntas de reserva

1. La farmacovigilancia no es aplicable a:

a) Productos sanitarios.
b) Radiofármacos.
c) Medicamentos publicitarios.
d) Gases medicinales.

2. En cuanto a los envases clínicos, no es correcto que:

a) Es un acondicionamiento secundario.
b) No precisa prospecto.
c) Suprime el cupón precinto del SNS.
d) Incluye la leyenda "Envase clínico, prohibida su venta al detalle".

3. Cuando un laboratorio farmacéutico quiere fabricar un medicamento o una fórmula magistral, ¿en qué documento tiene que buscar la descripción de materias primas que lo componen?

a) Catálogo de especialidades.
b) Guía de prescripción.
c) Real farmacopea Española.
d) Guía Farmacoterapéutica.

4. ¿Por qué se recomienda usar en el interior de las cabinas de flujo laminar lámparas de rayos ultravioletas con una longitud de onda de aproximadamente 243,7 nm?

a) Por su efecto bactericida.
b) Por el calor homogéneo que provocan.
c) Por la luz uniforme que emiten.
d) Todas son correctas.

5. ¿Qué grado de protección tienen en la CE los principios rectores de la política social y económica?

a) Reserva de ley orgánica solo.
b) Tutela ante los Tribunales ordinarios, y en su caso, recurso de amparo, y reserva de ley orgánica.
c) Reserva de ley y tutela mediante procedimiento especial ante los Tribunales ordinarios.
d) Su vinculación a los poderes públicos y reserva de ley.

Solución al simulacro n.º 2

1. **b) El pluralismo político.**

   La fundamentación legal de esta pregunta la encontramos en el artículo 1 de la Constitución Española, según el cual:

   España se constituye en un Estado social y democrático de Derecho, que propugna como valores superiores de su ordenamiento jurídico la libertad, la justicia, la igualdad y el pluralismo político.

2. **a) Establece en su primer apartado el tipo de Estado en que se constituye.**

   El primer apartado del artículo 1 recoge que *"España se constituye en un Estado social y democrático de Derecho".*

3. **c) Está limitado por la función social de la misma.**

   La fundamentación legal de esta pregunta la encontramos en el artículo 33.1 de la Constitución Española, que dispone:

   1. Se reconoce el derecho a la propiedad privada y a la herencia.

4. **a) Consensuada.**

   El texto constitucional se caracteriza por:

   1. Es una constitución escrita, forma parte del derecho positivo. Es una Ley codificada y cerrada. Se encuentra dividida en Títulos, capítulos y secciones.

   2. Extensa, cuenta con 169 artículos, 4 disposiciones adicionales, 9 transitorias, 1 derogatoria y 1 final.

   3. Es rígida, solo ha sufrido dos reformas, en 1992 y 2011.

   4. Es una constitución monárquica, la forma política del Estado español es una monarquía parlamentaria.

   5. Integradora y consensuada. Su elaboración implicó el compromiso entre las distintas fuerzas políticas.

   6. En ella se constitucionalizan los derechos fundamentales con carácter inherente e inviolable.

   7. Democrática.

   8. Derivada, ya que muchos de sus artículos están inspirados en otras constituciones

5. c) Son correctas las respuestas a) y b).

El Capítulo X de la Ley 16/2003, de 28 de mayo, de cohesión y calidad del Sistema Nacional de Salud (artículos 69 a 75) define el Consejo Interterritorial del Sistema Nacional de Salud como el órgano permanente de coordinación, cooperación, comunicación e información de los servicios de salud entre ellos y con la Administración del Estado, que tiene como finalidad promover la cohesión del Sistema Nacional de Salud a través de la garantía efectiva y equitativa de los derechos de los ciudadanos en todo el territorio del Estado.

6. d) Área de Salud.

Se consideran Áreas de salud a las estructuras fundamentales del sistema sanitario, responsables de la gestión unitaria de los centros y establecimientos del servicio de salud de la Comunidad Autónoma en su demarcación territorial y de las prestaciones sanitarias y programas sanitarios por ellos desarrollados.

7. a) El Ministro competente en materia de sanidad, que ostentará su Presidencia.

El Consejo Interterritorial del Sistema Nacional de Salud está constituido por el Ministro competente en materia de Sanidad, que ostentará su presidencia, y por los Consejeros competentes en materia de sanidad de las Comunidades Autónomas. La vicepresidencia de este órgano la desempeñará uno de los Consejeros competentes en materia de sanidad de las Comunidades Autónomas, elegido por todos los Consejeros que lo integran. Asimismo, contará con una Secretaría, órgano de soporte permanente del Consejo, cuyo titular será propuesto por el Ministro de Sanidad y Consumo y ratificado por el mismo Consejo, y asistirá a las sesiones con voz y sin voto. Cuando la materia de los asuntos a tratar así lo requiera podrán incorporarse al Consejo otros representantes de la Administración General del Estado o de las Comunidades Autónomas.

8. c) Las aportaciones de las Comunidades Autónomas y de las Corporaciones Locales, tasas por la prestación de determinados servicios, Tributos estatales cedidos, transferencias del Estado y cotizaciones sociales.

El artículo 79.1 LGS dispone que la financiación de la asistencia prestada se realizará con cargo a:

a) Cotizaciones sociales.

b) Transferencias del Estado, que abarcaran:

–   La participación en la contribución de aquel al sostenimiento de la Seguridad Social.

–   La compensación por la extensión de la asistencia sanitaria de la Seguridad Social a aquellas personas sin recursos económicos.

–   La compensación por la integración, en su caso, de los hospitales de las Corporaciones Locales en el Sistema Nacional de Salud.

c) Tasas por la prestación de determinados servicios.

d) Por aportaciones de las Comunidades Autónomas y de las Corporaciones Locales.

e) Tributos estatales cedidos.

9. b) Los 6 meses.

Según el artículo 73.5 del Estatuto Marco, las sanciones disciplinarias firmes que se impongan al personal estatutario se anotarán en su expediente personal. Las anotaciones se cancelarán de oficio conforme a los siguientes periodos, computados desde el cumplimiento de la sanción:

– Seis meses para las sanciones impuestas por faltas leves.

– Dos años para las sanciones impuestas por faltas graves.

– Cuatro años para las sanciones impuestas por faltas muy graves.

10. c) Complemento específico.

El artículo 43.2 del Estatuto Marco, al describir las retribuciones complementarias, señala que, el complemento específico está destinado a retribuir las condiciones particulares de algunos puestos en atención a su especial dificultad técnica, dedicación, responsabilidad, incompatibilidad, peligrosidad o penosidad.

11. a) Los cinco años inmediatamente anteriores.

Según el artículo 67.1.a) del Estatuto Marco:

Podrá concederse la excedencia voluntaria al personal estatutario cuando lo solicite por interés particular.

Para obtener el pase a esta situación será preciso haber prestado servicios efectivos en cualquiera de las Administraciones Públicas durante los cinco años inmediatamente anteriores.

12. a) Setenta y cinco por ciento de la jornada ordinaria, en cómputo anual.

Según el artículo 60.2 del Estatuto Marco, las comunidades autónomas, en el ámbito de sus competencias, determinarán la limitación máxima de la jornada a tiempo parcial respecto a la jornada completa, con el límite máximo del 75 % de la jornada ordinaria, en cómputo anual, o del que proporcionalmente corresponda si se trata de nombramiento temporal de menor duración.

13. c) La Ley 31/1995, de 8 de noviembre, de Prevención de Riesgos Laborales.

La Exposición de Motivos de la LPRL considera que el mandato constitucional contenido en el artículo 40.2 de la Constitución Española, conlleva la necesidad de desarrollar una política de protección de la salud de los trabajadores mediante la prevención de los riesgos derivados de su trabajo y encuentra en la presente ley su pilar fundamental.

14. d) Se aplica a las relaciones laborales reguladas por el Texto Refundido de la Ley del Estatuto de los Trabajadores, así como a las relaciones de carácter administrativo o estatutario del personal civil al servicio de las Administraciones Públicas.

El artículo 3 de la LPRL dispone que 1. Esta Ley y sus normas de desarrollo serán de aplicación tanto en el ámbito de las relaciones laborales reguladas en el texto refundido de la Ley del Estatuto de los Trabajadores, como en el de las relaciones de carácter administrativo o estatutario del personal al servicio de las Administraciones Públicas, con las peculiaridades que, en este caso, se contemplan en la presente ley o en sus normas de desarrollo.

15. c) Medicamento genérico.

La respuesta apropiada es la c), el medicamento genérico es cuantitativa y cualitativamente "igual" al medicamento de marca, lo que quiere decir que es un fármaco que equivale al fármaco inicial, pudiendo sustituir a este, pues esa bioequivalencia se ha demostrado en estudios de calidad. A diferencia de un medicamento en investigación, la cual puede estar más o menos avanzada (fase experimental, ensayo clínico), el genérico puede usarse de inmediato.

16. d) La venta por correspondencia y por procedimientos telemáticos de fármacos de uso humano, está permitida para todos los medicamentos siempre que haya por medio una farmacia autorizada.

La respuesta apropiada es la d), ya que actualmente solo es posible este tipo de venta en medicamentos no sujetos a prescripción y tiene que ser a través de una farmacia. Medicamentos y productos sanitarios sujetos a prescripción, no pueden venderse por vía telemática.

17. d) Nombre químico sistemático.

La respuesta apropiada es la d), pues las siglas IUPAC se corresponden con el nombre químico sistemático, clasificación que se apoya exclusivamente en la estructura química del fármaco.

18. c) De prescripción especial.

La respuesta apropiada es la c), ya que los fármacos de dispensación restringida incluyen solo uso hospitalario, diagnóstico hospitalario y especial control médico, mientras que los de prescripción especial hacen referencia a estupefacientes o psicótropos.

19. a) Copias.

La respuesta apropiada es la a), pues las copias de un medicamento original solo pueden ponerse en el mercado cuando ha expirado la patente de este.

20. c) La utilización de medicamentos autorizados en condiciones distintas a las establecidas en la ficha técnica, se realizará siempre que sea necesario, pensando en el bienestar del paciente.

La respuesta apropiada es la c) pues el uso de medicamentos en condiciones diferentes a las autorizadas en la ficha técnica, tiene carácter totalmente excepcional, limitado a situaciones en las que no hay alternativa terapéutica adecuada para ese paciente en concreto.

21. b) Únicamente se requiere la receta para su dispensación.

La respuesta apropiada es la b), ya que para la dispensación de un estupefaciente se requiere la receta médica junto con la presentación del DNI de la persona que retira el medicamento para anotar sus datos en el reverso de dicha receta.

22. a) Difusión pasiva.

La respuesta correcta es la a), ya que es el único mecanismo de transporte donde no intervienen transportadores; en los otros 2 sí intervienen tales estructuras independientemente de que el transporte sea a favor o en contra del gradiente.

23. d) Las proteínas transportadoras no se ven afectadas por la cantidad de fármaco presente, con independencia de que se hayan administrado uno o varios fármacos a la vez.

La respuesta correcta es la d), ya que las proteínas transportadoras son saturables y si se administran varios fármacos que son afines a esas proteínas, el compuesto de mayor afinidad desplazará al menos afín, el cual circulará libre por la sangre, lo que repercutirá en su acción farmacológica; surgen así las interacciones.

24. b) Hígado.

La respuesta correcta es la b), ya que el hígado es el órgano donde tienen lugar numerosas reacciones químicas que afectan a sustancias muy diversas: fármacos, alimentos…, los cuales se transforman en este órgano, bien con objeto de facilitar su excreción, o su almacenamiento.

25. c) Penalizar la incompetencia del personal para que este se centre en su trabajo.

La respuesta correcta es la c), ya que el error es inherente al ser humano y penalizar la incompetencia no ayuda a modificar los defectos latentes del sistema.

26. d) Productos con mucho tiempo en el mercado.

La respuesta correcta es la d), ya que los errores de medicación son más comunes cuando hay productos nuevos en el mercado.

27. a) El crecimiento de hongos o bacterias.

El crecimiento de hongos y bacterias entra dentro de los riesgos biológicos, las demás respuestas pertenecen a los riesgos ambientales.

28. d) Todas son correctas.

Toda la información tanto desde el punto de vista sanitario como industrial debe venir recogida en el etiquetado del acondicionamiento primario y secundario, en el prospecto y en la ficha técnica. Dicha información forma parte de la autorización del medicamento, necesitando la aprobación de la Agencia Española de Medicamentos y Productos Sanitarios (AEMPS).

29. d) Las respuestas a) y b) son correctas.

La Sociedad Española de Farmacia Hospitalaria recomienda reenvasar aquellos medicamentos sólidos y líquidos para administrar por vía oral que en su forma original no se presentan en dosis unitarias. Siendo estas dos formas las más fáciles de reenvasar.

30. c) El reciclaje.

La Sociedad Española de Farmacia Hospitalaria establece que se exista un sistema que haga posible la retirada de cualquier producto farmacéutico hospitalario, pero no concreta su reciclaje.

31. d) Todas son correctas.

Las Áreas de Salud se delimitarán teniendo en cuenta factores geográficos, socioeconómicos, demográficos, laborales, epidemiológicos, culturales, climatológicos y de dotación de vías y medios de comunicación, así como las instalaciones sanitarias del Área.

32. a) RD 137/84.

En el RD 137/84 se establece como marco territorial de la Atención Primaria de Salud, la Zona Básica de Salud, definiéndola como la demarcación poblacional y geográfica fundamental, delimitada a una determinada población, siendo accesible desde todos los puntos y capaz de proporcionar una atención de salud continuada, integral y permanente, con el fin de coordinar las funciones sanitarias afines.

33. b) La ZBS no delimita una Zona Médica.

La Zona Básica de Salud delimita una Zona Médica, y está constituida por un solo Partido Médico, sin separación en distritos.

34. d) Todas son correctas.

Los profesionales que integran el EAP son: Médicos de Familia, Pediatras, Diplomados o Grados en enfermería, Técnicos Auxiliares de Enfermería, Funcionarios Técnicos del Estado al Servicio de la Sanidad Local, adscritos a los Cuerpos de Médicos, Matronas,

Farmacéuticos y Veterinarios titulares radicados en la Zona que podrán integrarse en el EAP aplicando criterios operativos y de colaboración en la forma en que se determine, Trabajadores Sociales o Asistentes Sociales, Odontólogos, Fisioterapeutas y Administrativos. En la medida en que se vaya desarrollando el equipo podrán incorporarse otros profesionales.

35. a) Actividades asistenciales pre-alta hospitalaria.

Una de las múltiples actividades que realiza el EAP es el seguimiento de los pacientes que han sido dados de alta en el hospital. Dicho seguimiento puede realizarse bien en el Centro de Salud o en el domicilio del paciente si lo precisa y, podrán efectuarse procedimientos médicos (que sean posibles en el ámbito domiciliario), como las técnicas de enfermería que necesite para su total recuperación.

36. a) Educación sanitaria a la población.

La atención continuada e integral de la población se garantiza mediante el desarrollo de métodos preventivos de investigaciones epidemiológicas, la educación sanitaria, determinando el diagnóstico y tratamiento temprano de las enfermedades, la asistencia curativa y rehabilitadora de procesos patológicos que no precisen de hospitalización y los que se encuentren en periodo de posinternamiento, tanto a nivel ambulatorio como a través de la visita domiciliaria, la aplicación de métodos de diagnóstico y tratamiento para evitar hospitalizaciones innecesarias, vigilancia sanitaria del medio y finalmente la utilización sistemática de la historia clínico-social individual y familiar.

37. c) Coordinador Médico del Equipo.

Además de la relación con los demás Servicios e Instituciones sanitarias y con la población, el Coordinador Médico será el encargado de la armonización de los criterios organizativos del conjunto de profesionales sanitarios y no sanitarios, tengan estos vinculación estatutaria o funcionarial por su pertenencia a los Cuerpos Técnicos del Estado al Servicio de la Sanidad Local.

38. c) En el Centro de Salud.

Es en el Centros de Salud donde se desarrollan de forma integrada y mediante el trabajo en equipo todas las actividades encaminadas a la promoción, prevención, curación y rehabilitación de la salud, tanto individual como colectiva, de los habitantes de la Zona básica.

39. a) Prevención.

La prevención de la enfermedad incluye acciones que intentan impedir la aparición de la enfermedad (educación sanitaria), prevención primaria (vacunas), prevención secundaria (detección precoz) y prevención terciaria (rehabilitación).

40. a) Individualizar las dosis de medicamentos.

Los programas de farmacocinética clínica están encaminados a la individualización posológica, en función de los parámetros farmacocinéticos estimados para aquellos pacientes y medicamentos que así lo requieran.

41. d) Las respuestas a) y c) son correctas.

Los servicios farmacéuticos así como los depósitos de medicamentos de los hospitales, únicamente dispensarán medicamentos para su aplicación en el propio establecimiento, pero también aquellos otros tratamientos extrahospitalarios que exijan una particular vigilancia, supervisión y control del equipo multidisciplinar de atención a la salud.

42. a) La Historia clínica.

Entre las funciones que pueden influir en el mejor uso y control de los medicamentos y productos sanitarios, está el desarrollo de protocolos de utilización de los medicamentos, así como el control terapéutico mediante el acceso facultativo a la historia clínica.

43. d) Las respuestas a) y b) son correctas.

En los almacenes de farmacia, el material puede clasificarse atendiendo a diferentes criterios. Uno de los más utilizados es la clasificación de stocks según el valor del producto que también se conoce como método ABC, o método de Pareto.

44. d) Aquellos que tienen un periodo de caducidad inferior a cinco años, desde la fecha de fabricación.

Al clasificar el material de farmacia atendiendo a las exigencias del almacenamiento, se considera como producto perecedero aquel que tiene un periodo de caducidad inferior a cinco años desde la fecha de fabricación. Esta característica, vendrá indicada en su embalaje, con un símbolo similar a un reloj de arena.

45. d) Todos son considerados materiales peligrosos.

Se consideran "Materiales peligrosos", todos aquellos que presentan algún riesgo particular y también aquellos otros que deben tener un seguimiento administrativo especial. **Productos explosivos, inflamables, tóxicos, irritantes, corrosivos, radiactivos… Habitualmente** la peligrosidad se identifica en el embalaje del producto, mediante pictogramas.

46. b) Sistema de dispensación de medicamentos en dosis unitaria.

El sistema de distribución de medicamentos en dosis unitaria, es el sistema que mejor ofrece la oportunidad para efectuar un adecuado seguimiento a la terapia medicamentosa del paciente, siendo el más seguro para él, el más eficiente desde el punto de vista económico, y el método que más efectivamente **utiliza los recursos.**

47. c) Implica entregar a la unidad de enfermería las dosis unitarias necesarias para 72 horas de tratamiento. Almacén o depósito.

El SDMDU **implica entregar a la unidad de enfermería o sala de hospitali**zación, las dosis unitarias necesarias para 24 horas de tratamiento, según la prescripción médica a cada paciente.

48. a) Sistema automatizado de dispensación descentralizado.

Los armarios automatizados de dispensación de medicamentos, son sistemas automatizados de dispensación descentralizado. El Armario de Dispensación Omnicell®, distribuidos por Palex, es uno de los tipos más usado.

49. b) Intraósea.

La principal vía de administración de quimioterapia es la intravenosa, seguida de la vía oral; le siguen otras vías como la intratecal, intraarterial, intracavitaria e incluso la tópica.

50. c) Catéteres venosos centrales de inserción directa.

Hay varios tipos de accesos venosos centrales directos. Tipo Arrow, Hickman (tunelizado) y sistemas implantables con reservorios subcutáneos tipo Port-aCath (muy utilizados en terapias ambulatorias). Son instaurados por profesionales médicos. La técnica de colocación difiere según sea la vena por la cual se accede (vena subclavia, yugular o femoral) y el tipo de catéter.

51. c) 113.000 casos.

En España, se estima que la mortalidad por cáncer se incrementará de 113.000 casos en 2020 a más de 160.000 en 2040.

52. b) En ambos sexos disminuye el cáncer de pulmón.

En general ha disminuido la mortalidad por cáncer, pero ese descenso no es uniforme ni en todos los tipos de tumores; el cáncer de páncreas ha aumentado, y no se manifiesta igual en ambos sexos. En varones, por ejemplo, disminuye el cáncer de pulmón, mientras que en mujeres experimenta un aumento.

53. c) Quimioterapia neoadyuvante.

Quimioterapia neoadyuvante. Es la que se aplica como primera medida frente al cáncer, es decir, como tratamiento primario. Se aplica antes de la intervención quirúrgica o con radioterapia.

54. b) Toda el área mantendrá presión positiva, para que el aire entre en la zona.

El área debe tener una presión negativa, para que el aire entre en esta zona, evitando posibles contaminaciones.

55. a) Las de clase I.

Las cabinas de seguridad de clase I son cámaras cerradas con una abertura al frente para permitir el acceso de los brazos del operador. El aire penetra por este frontal, atraviesa la zona de trabajo y todo él sale al exterior a través de un filtro HEPA.

56. c) Los nutrientes pasan por el filtro hepático.

La nutrición parenteral se puede administrar a través de vía periférica o de un catéter central, aportando nutrientes de forma intravenosa a pacientes incapacitados para tolerar la alimentación gastrointestinal. Dicho aporte entra al organismo por una vía venosa, y por tanto los nutrientes entran directamente al torrente sanguíneo, sin proceso digestivo *ni paso por el filtro hepático*.

57. c) Nutrición enteral.

Siempre que sea posible, la *vía enteral* deberá ser siempre la vía de elección debido a que es más fisiológica, y permite mantener la integridad del tracto gastrointestinal, conlleva menor riesgo de infecciones y supone una menor carga asistencial y un menor coste económico.

58. d) Grandes quemados.

La nutrición parenteral está indicada en todos los casos mencionados en las opciones test, pero debido a necesidades nutricionales aumentadas sólo en el el supuesto de *grandes quemados* (al igual que en politraumatismos y traumatismo craneoencefálico, sepsis y fracaso renal o/y hepático). Siendo su indicación por incapacidad de utilización del tubo digestivo en malabsorción severa e íleo intestinal, y por necesidad de reposo del tubo digestivo en el caso de pancreatitis aguda grave.

59. d) Balanza.

Según el Real Decreto 175/2001, en el Capítulo II, artículo 2.2.4 se establece que el utillaje del laboratorio farmacéutico debe Estar diseñado de forma que pueda ser fácilmente lavado, desinfectado e incluso esterilizado si fuese necesario. Ninguna de las superficies que puedan entrar en contacto con el producto ha de ser susceptible de afectar a la calidad del medicamento o de sus componentes. Los controles serán periódicos, así como la verificación del buen funcionamiento de los aparatos, especialmente de las *balanzas*, antes de comenzar cualquier operación.

60. b) Vidrio o/y porcelana.

El mortero del laboratorio farmacéutico suelen poseer la estructura de *porcelana o de vidrio*, ya que estos materiales son más resistentes al calor y a la corrosión química. Todo ello los hace más apropiados para las funciones de trituración y mezcla de una variada gama de sustancias.

61. a) Centrífuga.

Dentro del equipamiento general entran el agitador, la balanza, el mortero, aparatos de medida de volúmenes (matraces, pipetas…), sistema de baño, espátula, termómetro, etc., siendo la *centrífuga* un equipo que se emplea como material específico en laboratorios de nivel I.

62. c) Filtración.

Al igual que en el caso anterior la *filtración* es el procedimiento de naturaleza mecánica es capaz de separar entre sólidos y líquidos. Esta separación se consigue utilizando un material poroso llamado filtro (separa así las partículas sólidas del líquido).

63. a) Granulación.

El proceso mecánico utilizado para cambiar las propiedades físicas de un polvo o una mezcla de polvos, haciendo que se transformen las partículas de polvo en agregados sólidos de mayor tamaño, se denomina *granulación*. Se granulan sólidos secos y húmedos para modificar sus propiedades físicas. Las características de flujo, la densidad y el tamaño de las partículas son los principales parámetros en los que influye este proceso.

64. a) Interfaz de datos.

El elemento que en la imagen está marcado con una X es la *interfaz de datos* de la balanza electrónica (WLAN). Situada en la parte trasera de este equipo, y ocupa una dimensión mayor que otros elementos y se encuentra en balanzas digitales. Las partes del circuito electrónico en la balanza son: celda de carga, acondicionador de señal, microcontrolador Atmega16, teclado, pantalla LCD, conversor TTL a RS232 y fuentes de voltaje. El sistema también tiene una interfaz gráfica en la computadora que puede ser usada para generar una factura e ingresar o modificar la base de datos de los productos.

65. d) Penal, civil, disciplinaria, deontológica o patrimonial de las administraciones públicas.

La responsabilidad en la que se puede incurrir en el Servicio de Farmacia Hospitalaria en general y en la unidad de farmacotecnia en particular, es de tipo *penal, civil, disciplinario, deontológico o patrimonial de las administraciones públicas*.

66. d) El farmacéutico o, bajo su control directo, otra persona cualificada, con formación técnica necesaria.

Respecto a la cualificación del personal implicado en la elaboración de cualquier preparado, en farmacotecnia exponer que solo puede realizarla un *farmacéutico o, bajo su control directo, otra persona cualificada, con formación técnica necesaria*, es decir, un Técnico en Farmacia o Parafarmacia o en su defecto DUE y en algunos casos Auxiliares.

67. d) El Técnico en Farmacia.

Respecto a la organización del trabajo en farmacotecnia, el *Técnico en Farmacia* será el encargado de elaborar las fórmulas tipificadas, preparados oficinales y preparaciones estériles definidas previamente por el farmacéutico de acuerdo con las técnicas y procedimientos escritos.

68. d) Son ciertas todas las respuestas anteriores.

Algunos de los productos que incluye la cartera de servicios comunes son productos de parafarmacia. Para cada uno, la normativa detalla las condiciones y cuantías de la financiación. Son requisitos básicos de los productos para ser financiados: estar incluidos en la cartera de servicios del SNS y han de ser prescritos por el servicio médico pertinente, según cada caso y cumpliendo los requisitos legales. Por tanto la respuesta correcta es son ciertas todas las anteriores.

69. a) Su concesión implica garantía de calidad.

Código Nacional: es un número que identifica cada una de las presentaciones comerciales de los productos de parafarmacia, que pueden entrar en el canal de distribución farmacéutica. La asignación del Código Nacional por parte del Consejo General requiere, el cumplimiento de los requisitos exigidos por la legislación vigente para cada tipo de producto. Su concesión no implica, por tanto, garantía de calidad. Entre las funciones del Código Nacional está la de facilitar la comunicación informática entre la Distribución y los Farmacéuticos de Oficina, y en concreto, la referente a los pedidos de la Oficina de Farmacia a la Distribución. Este código está compuesto por siete números, estando el último separado por un punto.

70. c) El Consejo General de Colegios Oficiales de Farmacéuticos.

El Consejo General de Colegios Oficiales de Farmacéuticos asigna el Código Nacional de Parafarmacia a un producto, cuando se comprueba que el envase, material de acondicionamiento, composición, publicidad, etc., se ajusta a la legalidad vigente en España para esa materia. Una vez asignado el Código Nacional se incluye en la base de datos del Consejo general y en la siguiente edición anual del Catálogo de Parafarmacia correspondiente. Esta información se mantiene mientras tenga vigencia el código asignado.

Preguntas de reserva

1. a) Productos sanitarios.

La respuesta correcta es la a), ya que las labores de farmacovigilancia son aplicables a medicamentos de distintos tipos, pero no a aquellos productos que no tengan esta consideración, como serían los productos sanitarios.

2. **b) No precisa prospecto.**

En los envases clínicos se incluyen el número de prospectos suficientes dependiendo del número de unidades del envase clínico.

3. **c) Real farmacopea Española.**

Cuando un laboratorio farmacéutico, un servicio de farmacia o una oficina de farmacia quiere fabricar un medicamento o una fórmula magistral, tiene que buscar en la RFE la descripción de las materias primas que lo componen y, antes de fabricarlo, debe analizar su pureza mediante métodos también descritos en la RFE.

4. **a) Por su efecto bactericida.**

Las lámparas ultravioletas emiten una radiación con una longitud de onda de aproximadamente 243,7 nm que es la región del espectro electromagnético que se encuentra más cercano al pico en el cual la radiación tiene un mejor efecto bactericida.

5. **d) Su vinculación a los poderes públicos y reserva de ley.**

El art. 53.3 de la CE manifiesta que *"el reconocimiento, el respeto y la protección de los principios reconocidos en el Capítulo Tercero informarán la legislación positiva, la práctica judicial y la actuación de los poderes públicos."*

Incardinados por la doctrina en un tercer y último nivel de protección constitucional, los principios rectores de la política social y económica no son considerados como derechos en sí mismos, sino como fuentes programáticas de la actuación de los poderes públicos.

SIMULACRO N.º 3

1. ¿Qué quedará excluido de extradición?

a) Los delitos criminales.
b) Los delitos políticos.
c) Los actos de terrorismo.
d) Ninguno.

2. Las primeras elecciones democráticas celebradas en España tras la muerte de Franco tuvieron lugar en:

a) 1975.
b) 1976.
c) 1977.
d) 1978.

3. La ponencia encargada de redactar el borrador de la Constitución se constituyó en el:

a) Senado.
b) Senado y Congreso de los Diputados.
c) Congreso de los Diputados.
d) Gobierno de la Nación.

4. El principio en virtud del cual el ciudadano está amparado por una legislación no sujeta a continuos vaivenes es el de:

a) Legalidad.
b) Publicidad normativa.
c) Seguridad jurídica.
d) Jerarquía normativa.

5. Según dispone el artículo 51.2 LGS, la ordenación territorial de los servicios será competencia de:

a) El Ministerio de Sanidad.
b) Las Comunidades Autónomas.

c) Las Corporaciones Locales.
d) Todas las Administraciones Públicas.

6. Como regla general, y sin perjuicio de las excepciones a que hubiera lugar, atendidos los factores geográficos, socioeconómicos, demográficos, laborales, epidemiológicos, culturales, climatológicos y de dotación de vías y medios de comunicación, el Área de Salud extenderá su acción a una población:

a) No inferior a 50.000 habitantes ni superior a 150.000.
b) No inferior a 100.000 habitantes ni superior a 250.000.
c) No inferior a 200.000 habitantes ni superior a 250.000.
d) No inferior a 250.000 habitantes ni superior a 400.000.

7. La Ley General de Sanidad tiene por objeto:

a) La regulación de todas las acciones que permitan hacer efectivo el derecho a la protección de la salud.
b) La regulación general de todas las acciones que permitan hacer efectivo el derecho a la protección de la salud reconocido en la Constitución Española.
c) La regulación de las acciones concretas que permitan hacer efectivo el derecho a la protección de la salud reconocido en la Constitución Española.
d) La regulación general de las acciones específicas que permiten hacer efectivo el derecho a la protección de la salud reconocido en la Constitución Española.

8. El artículo de la Constitución Española que regula esencialmente el derecho a la protección de la salud es el:

a) 23.
b) 33.
c) 43.
d) 53.

9. Cuando de un procedimiento de movilidad se derive cambio del servicio de salud de destino, el Estatuto Marco establece un plazo posesorio de:

a) Un mes.
b) Treinta días.
c) Quince días.
d) Diez días.

10. De acuerdo con el régimen disciplinario del personal estatutario, se considera muy grave:

a) El abandono del servicio.
b) El abuso de autoridad en el ejercicio de sus funciones.

c) Falta de obediencia debida a los superiores.

d) La incorrección con los superiores, compañeros, subordinados o usuarios.

11. Es objeto de la Ley 55/2003, de 16 de diciembre, del Estatuto Marco del personal estatutario de los servicios de salud:

a) Determinar el régimen jurídico del personal laboral al servicio del Sistema Nacional de Salud.

b) Establecer las bases reguladoras de la relación funcionarial especial del personal estatutario de los servicios de salud que conforman el Sistema Nacional de Salud.

c) Establecer las bases del régimen estatutario de los funcionarios del sector público estatal incluidos en su ámbito de aplicación.

d) Determinar las normas aplicables al personal laboral al servicio de las Administraciones Públicas.

12. La Ley 55/2003, de 16 de diciembre, determina la relación del personal estatutario de los servicios de salud como:

a) Laboral especial.

b) Funcionarial convencional.

c) Contractual asimilada.

d) Funcionarial especial.

13. La regulación actual contenida en la Ley de Prevención de Riesgos Laborales:

a) Tiene por objeto promover la seguridad y la salud de los trabajadores mediante la promoción pero no mediante la aplicación de las medidas y el desarrollo de las actividades necesarias para la prevención de los riesgos derivados del trabajo.

b) Establece los principios generales relativos a la prevención de los riesgos profesionales, sin regular la información, la consulta, la participación y formación de los trabajadores en materia preventiva, por ser materias del ámbito de las relaciones laborales.

c) Tiene el carácter de Derecho necesario mínimo indisponible, pudiendo ser mejoradas y desarrolladas en los convenios colectivos.

d) Regula las actuaciones de los empresarios en materia pero de las Administraciones Públicas.

14. Las disposiciones contenidas en la Ley de Prevención de Riesgos Laborales:

a) Carecen del carácter de Derecho necesario mínimo indisponible.

b) Pueden ser mejoradas y desarrolladas mediante la negociación colectiva.

c) A pesar de su carácter de indisponibilidad, sí es posible que los trabajadores pacten sobre su renuncia a los derechos que contiene.

d) Son de obligado cumplimiento para los empresarios pero no contienen obligaciones para los trabajadores.

15. En relación con la garantía de independencia, señala la respuesta correcta:

a) El ejercicio clínico de la medicina, odontología, veterinaria y otras profesiones sanitarias con potestad para prescribir o indicar un medicamento es incompartible con el ejercicio como titular de oficina de farmacia.

b) La pertenencia a los Comités Éticos de Investigación no impide el tener intereses derivados de la fabricación de medicamentos.

c) Cualquier profesional sanitario implicado en la prescripción y dispensación de medicamentos puede compatibilizar esta tarea con la labor como agente informador de los laboratorios farmacéuticos.

d) Todas las respuestas anteriores son correctas.

16. Según el Título II de la Ley de garantías de uso racional de medicamentos y productos sanitarios, las garantías sanitarias de las fórmulas magistrales y preparados oficinales, se recogen en:

a) Capítulo VI.

b) Capítulo IV.

c) Capítulo I.

d) Capítulo II.

17. Respecto a las características de los excipientes, señala la respuesta incorrecta:

a) Los excipientes son inocuos.

b) Su cantidad o volumen se expresa con las siglas cts.

c) Los excipientes son sustancias que tienen actividad farmacológica.

d) Son sustancias que permiten o facilitan la administración del principio activo.

18. Con relación al origen y la naturaleza química de los fármacos:

a) Se distingue entre medicamentos de origen animal y medicamentos de origen vegetal.

b) Los taninos son sustancias que se obtienen por destilación de las partes de las plantas que los contienen con agua hirviendo.

c) El primer antibiótico fue descubierto en 1929 por Alexander Fleming.

d) Los medicamentos de origen animal incluyen anticuerpos y vacunas.

19. Respecto al nombre genérico o denominación común de un medicamento, señala la respuesta incorrecta:

a) Permite a los profesionales disponer de una denominación simple.

b) Indica el parentesco entre sustancias que pertenecen al mismo grupo farmacológico.

c) No pueden utilizar prefijos o sufijos.

d) Deben ser un nombre conciso, inequívoco, de uso general y accesible.

20. Las especialidades farmacéuticas psicotrópicas:

a) Requieren receta médica para su dispensación, así como la presentación del DNI de la persona que va a retirar la medicación.
b) Se identifican por su correspondiente signo en el cartonaje.
c) Incluyen sustancias contenidas en el anexo II o en las listas II, III y IV del anexo I del Convenio Internacional sobre sustancias psicotrópicas de Viena de 1971.
d) Algunos ejemplos de medicamentos de este grupo incluyen Termalgin, Dalsy, Voltaren.

21. Un ensayo clínico donde ni el sujeto, ni el investigador conoce el estatus exposición, se corresponde con la siguiente modalidad:

a) Triple ciego.
b) Simple ciego.
c) Doble ciego.
d) Ninguna de las respuestas anteriores es correcta.

22. Respecto a un fármaco, el concepto de aclaramiento tiene que ver con su:

a) Transporte.
b) Absorción.
c) Excreción.
d) Metabolización.

23. Cuando se administra un fármaco, la fracción de dosis administrada que llega hasta el lugar en que debe efectuar su actividad, se denomina:

a) Absorción.
b) Solubilidad.
c) Metabolización.
d) Biodisponibilidad.

24. El tiempo transcurrido desde la administración del medicamento hasta que se inicia el efecto farmacológico se denomina:

a) Intensidad del efecto.
b) Semivida.
c) Periodo de latencia.
d) Intervalo posológico.

25. Los errores producidos con lesión, incluyen:

a) Categoría E.
b) Categoría C.
c) Categoría D.
d) Categoría B.

26. Respecto a los tipos de errores de medicación, según la clasificación ASHP, la administración al paciente de un medicamento no prescrito se corresponde con:

a) Forma farmacéutica errónea.
b) Medicamento no prescrito.
c) Error de prescripción.
d) Error de dosificación.

27. El envase primario es aquel que está en contacto directo con el medicamento y debe cumplir los siguientes requisitos salvo:

a) Asegurar la estabilidad.
b) Ser impermeable.
c) Tener resistencia química.
d) Todas son correctas.

28. Según la Real farmacopea Española, el recipiente cerrado por fusión del material que lo compone, se denomina:

a) Sellado.
b) Bien cerrado.
c) Hermético.
d) Con cierre inviolable.

29. No es un requisito para que un medicamento se considere envasado como dosis unitaria:

a) Contener la identificación de la composición.
b) Contener la identificación del paciente.
c) Contener el número de lote y caducidad.
d) Contener la cantidad de medicamento para una sola toma.

30. La evaluación organoléptica de un medicamento es:

a) La verificación de los materiales de acondicionamiento.
b) La confirmación de la denominación del principio activo.
c) El control de los datos que se anotarán en el etiquetado.
d) Ninguna es correcta.

31. Dentro de las funciones generales que se desarrollan dentro del Centro de salud se encuentran:

a) Servir como centro de reunión entre la comunidad y los profesionales sanitarios.
b) Realizar asistencia preventiva de enfermedades.
c) Efectuar educación sanitaria para la salud de la población.
d) Todas son correctas.

32. Respecto a los Puntos de Atención Continuada PAC, no es correcto señalar que:

a) Prestan atención fuera del horario habitual de consulta.
b) Se estima que el 20 % de las consultas que se presentan se resuelven en este nivel de atención.
c) Se pueden coordinar con el Centro Regulador del 112.
d) Funciona los 365 días del año.

33. ¿Cómo se denomina la atención urgente domiciliaria que recibe el usuario fuera del horario habitual de consulta?

a) Atención continuada.
b) Atención urgente.
c) Atención emergente.
d) Atención puntual.

34. ¿Cuál de las siguientes consideraciones respecto a la Atención Primaria y Especializada, es correcta?

a) Tanto la AP como la Atención Especializada prestan atención en régimen ambulatorio y de urgencias.
b) La Atención Especializada solamente atiende a los pacientes cuyo problema de salud no ha podido ser resuelto en AP.
c) En Atención Especializada no existe la atención de consulta urgente.
d) Todas son incorrectas.

35. No es correcto afirmar que la asistencia especializada puede prestarse en régimen de:

a) Hospitalización domiciliaria.
b) Asistencia domiciliaria.
c) Asistencia hospitalaria de urgencias.
d) Todas son correctas.

36. ¿Cómo se denomina el proceso mediante el cual se integran en un único dispositivo Atención Primaria y Atención Hospitalaria?

a) Jerarquización.
b) Fusión.
c) Coordinación.
d) Centralización.

37. Se consideran Servicios quirúrgicos:

a) Anestesia y reanimación.
b) Angiología y Cirugía vascular.

c) Medicina intensiva.
d) Todas son correctas.

38. ¿Qué centros sanitarios están sometidos a la administración, control e inspección de las Administraciones sanitarias correspondientes?

a) Centros públicos.
b) Centros concertados.
c) Centros privados.
d) Todas son correctas.

39. Uno de los siguientes objetivos de la Atención Primaria no es correcto:

a) Vigilancia epidemiológica.
b) Investigación.
c) Reinserción social.
d) Cirugía Mayor Ambulatoria.

40. ¿Quién custodia y dispensa los productos en fase de investigación clínica?

a) El laboratorio farmacéutico.
b) El área de investigación clínica.
c) El Servicio de Farmacia Hospitalaria.
d) Ninguna es correcta.

41. El Servicio de Farmacia Hospitalaria depende de:

a) El Director farmacéutico hospitalario.
b) El Jefe de servicio de farmacia.
c) El Director médico.
d) El Jefe de servicios centrales hospitalarios.

42. ¿Cuántos años son necesarios para que un farmacéutico obtenga la especialidad de Farmacia Hospitalaria?

a) 2 años.
b) 3 años.
c) 4 años.
d) Ninguna es correcta.

43. ¿Cuál de los siguientes enunciados no corresponde con alguno de los artículos incluidos habitualmente en los denominados "pedidos de reposición diaria"?

a) Productos termolábiles.
b) Productos estupefacientes.

c) Analgésicos.
d) Vacunas individualizadas.

44. Cuando en un almacén de farmacia decidimos aplicar criterios de ordenación por funcionalidad, ¿cuáles serían las recomendaciones para reponer un almacenaje eficiente?

a) De atrás hacia delante, de abajo arriba y de izquierda a derecha.
b) De delante hacia atrás, de abajo arriba y de izquierda a derecha.
c) De atrás hacia delante, de arriba abajo y de izquierda a derecha.
d) De delante hacia atrás, de abajo arriba y de derecha a izquierda.

45. Las estanterías son parte del mobiliario de los almacenes de farmacia, que permiten aprovechar el espacio, colocando los materiales en varios niveles de altura. Para una organización eficiente, ¿qué material se pondrá en la parte más alta de las mismas?

a) El material de menos peso.
b) El material que menos se utiliza.
c) El material próximo a caducar.
d) El material que más se utiliza.

46. ¿Qué Real Decreto aprobó el texto refundido de la Ley de garantías y uso racional de los medicamentos y productos sanitarios?

a) RD 4/2001, de 24 de julio.
b) RD 1/2005, de 20 de marzo.
c) RD Legislativo 1/2009, de 15 de agosto.
d) RD Legislativo 1/2015, de 24 de julio.

47. La Dirección General de Farmacia y Productos Sanitarios especificó las condiciones de uso de las especialidades hospitalarias. ¿Cuál de los siguientes enunciados no es correcto?

a) Deben ser prescritas por un médico adscrito a los Servicios de un Hospital.
b) En el material de acondicionamiento aparecerá el símbolo "H" indicativo del Uso Hospitalario.
c) Las Oficinas de Farmacia pueden suministrarlas a los Hospitales.
d) Para suministrarlas al público, la receta deberá estar visada.

48. ¿Cómo definirías el concepto de "paciente ambulatorio"?

a) Paciente que no requiere cuidado hospitalario, pero sí medicación.
b) Paciente que requiere cuidados hospitalarios, aunque no hospitalización.
c) Paciente que no requiere cuidados hospitalarios, ni hospitalización.
d) Paciente que requiere cuidados hospitalarios, y hospitalización.

49. ¿Cuál de los siguientes tipos de bomba de infusión disponen de un infusor electrónico y de un equipo de perfusión extraíble, con una cámara de bombeo?

a) Las bombas volumétricas.
b) Las bombas elastoméricas.
c) Las bombas peristálticas.
d) Las bombas de jeringa.

50. ¿Qué significa cuando se afirma que en los Hospitales de Día se presta una asistencia hospitalaria en régimen ambulatorio?

a) Esta afirmación no es correcta.
b) Que se trata al paciente dentro de las instalaciones del hospital, pero que no tiene que quedarse ingresado.
c) Que se trata al paciente con medicación diseñada en el hospital exclusivamente para él/ella.
d) Que son centros coordinados y supervisados desde el hospital, lo que supone una seguridad añadida.

51. ¿Cuáles son las principales vías de contaminación en el personal sanitario durante la manipulación de citostáticos?

a) Vía inhalatoria y vía cutánea.
b) Vía parenteral y vía oral.
c) Vía oral y vía inhalatoria.
d) Vía cutánea y vía parenteral.

52. Según la Nota Técnica de Prevención (NTP) del Instituto Nacional de Seguridad y Salud en el Trabajo n.º 1051 sobre "exposición laboral a compuestos citostáticos: sistemas seguros para su preparación", ¿cuál de los siguientes enunciados coincide con uno de los orígenes más habituales de contaminación por citostáticos?

a) La falta de cualificación de los manipuladores.
b) La eliminación sin protocolos de los viales usados.
c) La utilización de jeringas estándar.
d) La ausencia de campanas de flujo laminar.

53. ¿Cuál de las siguientes características no es propia de los sistemas cerrados de transferencia de fármacos, utilizados con los compuestos citostáticos?

a) Prevención de exposición al fármaco.
b) Mejora en los efectos secundarios del paciente.
c) Protección microbiológica del contenido.
d) Mejora la seguridad del personal sanitario.

54. ¿Cuál de los siguientes enunciados no es correcto, en relación con los tipos de salas blancas de los servicios de farmacia?

a) En ellas se controla la concentración de partículas contenidas en el aire.
b) Se ajustan a la norma UNE-En ISO 146644-1.
c) Se pueden controlar parámetros como: temperatura, humedad y presión.
d) Todos son correctos.

55. ¿Qué tipo de campana de seguridad presenta el inconveniente de no proporcionar protección al material con el que se trabaja, no evitando por tanto que el aire se pueda contaminar?

a) Las de clase I.
b) Las de clase II.
c) Las de clase III.
d) Las de clase IV.

56. ¿A partir de que osmolaridad de la mezcla se emplea siempre la nutrición parenteral central?

a) A partir de una mezcla superior a 300 mOsm/l.
b) A partir de una mezcla superior a 700 mOsm/l.
c) A partir de una mezcla superior a 900 mOsm/l.
d) A partir de una mezcla superior a 1500 mOsm/l.

57. ¿Qué catéteres se emplearán en nutrición parenteral central si se prevé una duración de más de dos meses?

a) Catéteres tunelizados tipo Hickman.
b) Catéteres implantados.
c) Son ciertas las respuestas a) y b).
d) Son inciertas las respuestas a) y b).

58. La composición de la nutrición parenteral central (NPC) con una osmolaridad superior 900 mOsm/l incluye siempre una solución de:

a) Colesterina y aminoácidos.
b) Glucosa, lípidos y aminoácidos.
c) Fructosa, glicerol y aminoácidos.
d) Fructosa, glicerol y péptidos.

59. ¿De qué equipo será necesario disponer, además del equipamiento general de un laboratorio farmacéutico, si se elaboran preparados estériles?

a) De máquina de comprimir.
b) De mezcladora.

c) De autoclave.
d) De liofilizador.

60. ¿Qué precisión debe tener la balanza de los laboratorios farmacéuticos?

a) Precisión de 0,1 mg.
b) Precisión de 1 mg.
c) Precisión de 1 cg.
d) Precisión de 1 dg.

61. ¿Qué útil del equipamiento específico de un laboratorio farmacéutico se empleará en las formas farmacéuticas en polvo para separar el polvo grueso, fino y muy fino?

a) Mezcladora.
b) Tamices.
c) Bombo de grageado.
d) Compresor.

62. ¿Qué elemento de una balanza mide la masa de un cuerpo o sustancia química mediante medio de comparación?

a) Los brazos en equilibrio.
b) La fuerza de gravedad que ejerce el cuerpo.
c) Los desfase del cuerpo en la pesada.
d) Todo lo anterior es cierto.

63. ¿Qué balanzas son las más empleadas en un laboratorio farmacéutico?

a) Balanza no electrónica monoplato de carga lateral.
b) Balanza no electrónica monoplato de carga superior.
c) Balanza electrónica monoplato de carga superior.
d) Balanza electrónica de platos dobles de carga superior y lateral.

64. ¿Cada cuánto tiempo se realiza la calibración periódica de una balanza electrónica de precisión? Se hace cada...

a) Dos o tres meses.
b) Dos o tres semanas.
c) Semana.
d) Dos o tres días.

65. ¿Quién es el responsable en Farmacia Hospitalaria de validar la fórmula magistral o/y el preparado oficinales?

a) El farmacéutico.
b) El TCAE.

c) El Técnico en Farmacia.
d) El DUE.

66. ¿Qué normativa de España establece que las materias primas utilizadas en la preparación de fórmulas magistrales, y preparados oficinales deben ser sustancias de acción e indicación reconocidas legalmente?

a) Ley 29/2006.
b) Real Decreto 175/2001.
c) Real Decreto legislativo 1/2015.
d) Ley 50/1997.

67. ¿Qué requisitos de los que se nombran deben cumplir las Fórmulas Magistrales, como cualquier otro medicamento? Deben cumplir los requisitos de...

a) Eficiencia, efectividad y solvencia.
b) Eficacia, solvencia, coste adecuado, identificación correcta e información debida.
c) Identificación correcta, información debida, solvencia y coste adecuado.
d) Eficacia, seguridad, calidad, identificación correcta e información debida.

68. Todo lo que se expone del Código Nacional de los productos de parafarmacia es cierto, excepto que:

a) El número deberá ir precedido de las siglas CN, para identificar que corresponde al código nacional.
b) Se situará preferentemente encima del código de barras del producto.
c) Está comprendido entre los números 150.000 y 399.999.
d) Está compuesto por seis números, estando el último separado por un punto.

69. ¿A qué colección pertenece el catálogo de Parafarmacia del CGCOF?

a) Pertenece a la colección Catálogo de Medicamentos.
b) Pertenece a la colección Consejo Plus.
c) Pertenece a la colección Catálogo de Plantas Medicinales.
d) Pertenece a la colección Panorama actual del Medicamento.

70. ¿Para qué productos de parafarmacia se emplea la sigla DF?

a) Dentífrico.
b) Dietético Financiable.
c) Producto de Disturbios Fecales.
d) Producto de Desfallecimientos.

Preguntas de reserva

1. Las Áreas de Salud contarán, conforme a lo dispuesto en la Ley 14/1986, de 25 de abril, General de Sanidad, con el siguiente órgano de dirección:

a) La Comisión de Dirección de Área.
b) El Consejo de Dirección de Área.
c) El Gerente de Área.
d) El Consejo de Salud de Área.

2. La selección del personal estatutario fijo se efectuará, con carácter periódico, en el ámbito que en cada servicio de salud se determine, a través de convocatoria pública y mediante procedimientos que garanticen los principios constitucionales de igualdad, mérito y capacidad, así como el de:

a) Publicidad.
b) Transparencia.
c) Competencia.
d) Eficiencia.

3. La Comisión Nacional de Seguridad y Salud en el Trabajo está integrada por:

a) Un representante de cada provincia española, un representante de cada Comunidad Autónoma y un representante de cada organización sindical y empresarial.

b) El Secretario General del Instituto Nacional de Seguridad e Higiene en el Trabajo, los Secretarios Generales de las organizaciones empresariales y sindicales, y el Ministro de Trabajo y Seguridad Social.

c) Un representante de las Comunidades Autónomas y por igual número de miembros de la Administración General del Estado y, paritariamente con todos los anteriores, por representantes de las organizaciones empresariales y sindicales más representativas.

d) Un representante de las Comunidades Autónomas con trasferencias en la competencia de seguridad y salud laborales, un representante de la Administración General del Estado, y un presentante de las organizaciones empresariales y sindicales más representativas.

4. Para el cumplimiento de los objetivos que la Ley de prevención de Riesgos Laborales prevé, las Administraciones Públicas competentes en materia laboral desarrollaran diferentes funciones entre las que no se encuentra:

a) Promover la prevención y el asesoramiento, incluidas la asistencia y cooperación técnica, información, divulgación, formación e investigación en materia preventiva, así como el seguimiento de las actuaciones preventivas que se realicen en las empresas.

b) Velar por el cumplimiento de la normativa sobre prevención de riesgos laborales mediante las actuaciones de vigilancia y control.

c) Sancionar el incumplimiento de la normativa de prevención de riesgos laborales por los sujetos responsables de su aplicación.

d) Elaborar la planificación preventiva de las empresas una vez que estas hayan realizado la evaluación de los riesgos laborales presentes en sus centros de trabajo.

5. Indica quién de los siguientes profesionales pueden instaurar un tratamiento con un fármaco sujeto a prescripción médica:

a) Fisioterapeuta.
b) Podólogo.
c) Enfermero.
d) Todas las respuestas anteriores son correctas.

Solución al simulacro n.º 3

1. **b) Los delitos políticos.**

    La fundamentación legal de esta pregunta la encontramos en el artículo 13.3 de la Constitución Española, conforme al cual:

    3. La extradición solo se concederá en cumplimiento de un tratado o de la ley, atendiendo al principio de reciprocidad. Quedan excluidos de la extradición los delitos políticos, no considerándose como tales los actos de terrorismo.

2. **c) 1977.**

    La fundamentación histórica de esta pregunta la encontramos en el hecho acaecido en la historia de nuestro país, el 15 de junio de 1977, fecha en la que tuvieron lugar las elecciones a que hace referencia esta pregunta.

3. **c) Congreso de los Diputados.**

    La fundamentación a esta pregunta la encontramos en el hecho histórico acaecido en el seno de la Comisión de Asuntos Constitucionales del Congreso de los Diputados. En ella, se designó una Ponencia Constitucional encargada de redactar el Proyecto de Constitución.

4. **c) Seguridad jurídica.**

    La fundamentación legislativa la encontramos en el artículo 9.3 de la Constitución:

    3. La Constitución garantiza el principio de legalidad, la jerarquía normativa, la publicidad de las normas, la irretroactividad de las disposiciones sancionadoras no favorables o restrictivas de derechos individuales, la seguridad jurídica, la responsabilidad y la interdicción de la arbitrariedad de los poderes públicos.

5. **b) Las Comunidades Autónomas.**

    El artículo 51.2 de la Ley 14/1986, de 25 de abril, General de Sanidad, establece que la ordenación territorial de los servicios será competencia de las Comunidades Autónomas y se basará en la aplicación de un concepto integrado de atención a la salud.

6. c) No inferior a 200.000 habitantes ni superior a 250.000.

Según dispone expresamente el artículo 56.5 LGS, como regla general, y sin perjuicio de las excepciones a que hubiera lugar, atendidos los factores geográficos, socioeconómicos, demográficos, laborales, epidemiológicos, culturales, climatológicos y de dotación de vías y medios de comunicación, el área de salud extenderá su acción a una población no inferior a 200.000 habitantes ni superior a 250.000. Se exceptúan de la regla anterior las Comunidades Autónomas de Baleares y Canarias y las ciudades de Ceuta y Melilla, que podrán acomodarse a sus específicas peculiaridades. En todo caso, cada provincia tendrá, como mínimo, un área.

7. b) La regulación general de todas las acciones que permitan hacer efectivo el derecho a la protección de la salud reconocido en la Constitución Española.

El artículo 1.1 de la Ley 14/1986, de 25 de abril, General de Sanidad, en adelante LGS, dispone tal y como se recoge en la opción b), que el objeto o propósito de la Ley General de Sanidad no es otro que regular de forma general todas las acciones que permitan hacer efectivo el derecho a la protección de la salud reconocido en la Constitución Española, en adelante CE.

Se trata la LGS de una norma que aspira a plasmar preceptos amplios y genéricos que se desarrollen, concreten y especifiquen posteriormente por el resto de normativa, nacional y autonómica, con el fin primordial de que ese derecho constitucional sea real y efectivo y no una mera formulación teórica.

8. c) 43.

El mismo artículo 1.1 de la LGS se remite expresamente al artículo 43 de la CE, 43 y concordantes exactamente.

Este artículo 43 dispone:

"1. Se reconoce el derecho a la protección de la salud.

2. Compete a los poderes públicos organizar y tutelar la salud pública a través de medidas preventivas y de las prestaciones y servicios necesarios. La ley establecerá los derechos y deberes de todos al respecto.

3. Los poderes públicos fomentarán la educación sanitaria, la educación física y el deporte. Así mismo, facilitarán la adecuada utilización del ocio."

9. a) Un mes.

Según el artículo 37.3 del Estatuto Marco, cuando de un procedimiento de movilidad se derive cambio en el servicio de salud de destino, el plazo de toma de posesión será de un mes a contar desde el día del cese en el destino anterior, que deberá tener lugar en los tres días siguientes a la notificación o publicación del nuevo destino adjudicado.

10. a) El abandono del servicio.

Según el artículo 72.2 del Estatuto Marco, son **faltas muy graves**:

a) El incumplimiento del deber de respeto a la Constitución o al respectivo Estatuto de Autonomía en el ejercicio de sus funciones.

b) Toda actuación que suponga discriminación por razones ideológicas, morales, políticas, sindicales, de raza, lengua, género, religión o circunstancias económicas, personales o sociales, tanto del personal como de los usuarios, o por la condición en virtud de la cual estos accedan a los servicios de las instituciones o centros sanitarios.

c) El quebranto de la debida reserva respecto a datos relativos al centro o institución o a la intimidad personal de los usuarios y a la información relacionada con su proceso y estancia en las instituciones o centros sanitarios.

d) El abandono del servicio.

e) La falta de asistencia durante más de cinco días continuados o la acumulación de siete faltas en dos meses sin autorización ni causa justificada.

f) El notorio incumplimiento de sus funciones o de las normas reguladoras del funcionamiento de los servicios.

g) La desobediencia notoria y manifiesta a las órdenes o instrucciones de un superior directo, mediato o inmediato, emitidas por este en el ejercicio de sus funciones, salvo que constituyan una infracción manifiesta y clara y terminante de un precepto de una ley o de otra disposición de carácter general.

h) La notoria falta de rendimiento que comporte inhibición en el cumplimiento de sus funciones.

i) La negativa a participar activamente en las medidas especiales adoptadas por las Administraciones públicas o servicios de salud cuando así lo exijan razones sanitarias de urgencia o necesidad.

j) El incumplimiento de la obligación de atender los servicios esenciales establecidos en caso de huelga.

k) La realización de actuaciones manifiestamente ilegales en el desempeño de sus funciones, cuando causen perjuicio grave a la Administración, a las instituciones y centros sanitarios o a los ciudadanos.

l) El incumplimiento de las normas sobre incompatibilidades, cuando suponga el mantenimiento de una situación de incompatibilidad.

m) La prevalencia de la condición de personal estatutario para obtener un beneficio indebido para sí o para terceros, y especialmente la exigencia o aceptación de compensación por quienes provean de servicios o materiales a los centros o instituciones.

n) Los actos dirigidos a impedir o coartar el libre ejercicio de los derechos fundamentales, las libertades públicas y los derechos sindicales.

ñ) La realización de actos encaminados a coartar el libre ejercicio del derecho de huelga o a impedir el adecuado funcionamiento de los servicios esenciales durante la misma.

o) La grave agresión a cualquier persona con la que se relacionen en el ejercicio de sus funciones.

p) El acoso sexual, cuando suponga agresión o chantaje.

q) La exigencia de cualquier tipo de compensación por los servicios prestados a los usuarios de los servicios de salud.

r) La utilización de los locales, instalaciones o equipamiento de las instituciones, centros o servicios de salud para la realización de actividades o funciones ajenas a dichos servicios.

s) La inducción directa, a otro u otros, a la comisión de una falta muy grave, así como la cooperación con un acto sin el cual una falta muy grave no se habría cometido.

t) El exceso arbitrario en el uso de autoridad que cause perjuicio grave al personal subordinado o al servicio.

u) La negativa expresa a hacer uso de los medios de protección disponibles y seguir las recomendaciones establecidas para la prevención de riesgos laborales, así como la negligencia en el cumplimiento de las disposiciones sobre seguridad y salud en el trabajo por parte de quien tuviera la responsabilidad de hacerlas cumplir o de establecer los medios adecuados de protección.

Damos como correcta la opción a) de la pregunta, sustentada en la letra d) de este artículo.

11. b) Establecer las bases reguladoras de la relación funcionarial especial del personal estatutario de los servicios de salud que conforman el Sistema Nacional de Salud.

El artículo 1 de la Ley 55/2003, de 16 de diciembre, dispone que la misma "…tiene por objeto establecer las bases reguladoras de la relación funcionarial especial del personal estatutario de los servicios de salud que conforman el Sistema Nacional de Salud, a través del Estatuto Marco de dicho personal."

La Ley General de Sanidad, en su artículo 84, estableció que un estatuto marco regularía la normativa básica aplicable al personal estatutario en todos los servicios de salud, normas básicas específicas y diferenciadas de las generales de los funcionarios públicos. La conveniencia de una normativa propia para este personal deriva de la necesidad de que su régimen jurídico se adapte a las específicas características del ejercicio de las profesiones sanitarias y del servicio sanitario-asistencial, así como a las peculiaridades organizativas del Sistema Nacional de Salud. Este último aspecto, la adecuación del estatuto marco a los peculiares principios organizativos del Sistema Nacional de Salud merece ser resaltado por cuanto constituye una de las piezas angulares de la nueva regulación del personal.

12. d) Funcionarial especial.

El artículo 1 de la Ley 55/2003, de 16 de diciembre, determina que su objeto se encuentra en "establecer las bases reguladoras de la relación funcionarial especial del personal estatutario de los servicios de salud que conforman el Sistema Nacional de Salud, a través del Estatuto Marco de dicho personal."

El Capítulo I de la norma establece con nitidez el carácter funcionarial de la relación estatutaria, sin perjuicio de sus peculiaridades especiales, que se señalan en la propia ley y que deberán ser desarrolladas por cada una de las comunidades autónomas respecto de su propio personal.

13. c) Tiene el carácter de Derecho necesario mínimo indisponible, pudiendo ser mejoradas y desarrolladas en los convenios colectivos.

El artículo 2 de la LPRL incluye tanto la promoción como la aplicación de las medidas y desarrollo de actividades necesarias, por eso no es correcta la pregunta a). Para ello establece los principios generales para la protección de la seguridad y la salud, pero regulando la información, la consulta, la participación y la formación de los trabajadores (por eso no es correcta la respuesta b).

El apartado 2 del artículo 2 sí dispone expresamente que las disposiciones de carácter laboral contenidas en la LPRL y en sus normas reglamentarias tendrán en todo caso el carácter de Derecho necesario mínimo indisponible, pudiendo ser mejoradas y desarrolladas en los convenios colectivos, lo que quiere decir que se admiten mejoras a través de los acuerdos convencionales pero no se puede regular o acordar medidas por debajo de los mínimos marcados por la LPRL. Además, también se aplica a las actuaciones a desarrollar por las Administraciones Públicas, como indica el tercer párrafo del apartado 1 del artículo 2 que comentamos; de ahí que no sea correcta la respuesta d).

14. b) Pueden ser mejoradas y desarrolladas mediante la negociación colectiva.

El apartado 2 del artículo 2 de la LPRL contempla expresamente que las disposiciones de carácter laboral contenidas en esta ley y en sus normas reglamentarias tendrán en todo caso el carácter de Derecho necesario mínimo indisponible, pudiendo ser mejoradas y desarrolladas en los convenios colectivos.

15. a) El ejercicio clínico de la medicina, odontología, veterinaria y otras profesiones sanitarias con potestad para prescribir o indicar un medicamento es incompatible con el ejercicio como titular de oficina de farmacia.

La respuesta apropiada es la a), ya que la garantía de independencia pretende asegurar que la prescripción, dispensación o administración de medicamentos no tenga ninguna relación con otras actividades que puedan incentivar la venta, la fabricación o el consumo de ciertos fármacos o de más medicamentos de los necesarios en base a satisfacer unos intereses económicos.

16. b) Capítulo IV.

La respuesta apropiada es la b), pues este capítulo es el que se encarga de analizar las garantías de este tipo de productos; los distintos capítulos de este Título están dedicados a asegurar la calidad y el buen uso de los distintos tipos de compuestos con actividad farmacológica.

17. c) Los excipientes son sustancias que tienen actividad farmacológica.

La respuesta apropiada es la c), puesto que los excipientes son compuestos que no tienen actividad farmacológica y se añaden al medicamento para facilitar su manipulación y su administración.

18. b) Los taninos son sustancias que se obtienen por destilación de las partes de las plantas que los contienen con agua hirviendo.

La respuesta apropiada es la b), ya que los taninos no se obtienen por destilación; los que sí se obtienen de esta forma son los aceites esenciales.

19. c) No pueden utilizar prefijos o sufijos.

La respuesta apropiada es la c), puesto que el nombre genérico o denominación común, además de las características anteriores, puede usarse con prefijos o sufijos.

20. d) Algunos ejemplos de medicamentos de este grupo incluyen Termalgin, Dalsy, Voltaren.

La respuesta apropiada es la d), ya que ninguna de las especialidades farmacéuticas citadas son psicotrópicas; todas ellas comparten su carácter analgésico.

21. c) Doble ciego.

La respuesta apropiada es la c), ya que el ensayo clínico doble ciego es aquel en el cual ni paciente ni sanitario conocen la sustancia que están administrando.

22. c) Excreción.

La respuesta correcta es la c), ya que el aclaramiento definido como la cantidad de plasma que a su paso por el riñón es depurado de fármaco por unidad de tiempo, es un concepto que tiene que ver con el proceso de eliminación de fármaco del organismo.

23. d) Biodisponibilidad.

La respuesta correcta es la d) ya que cuando se administra un fármaco se sabe que no todo el principio activo del mismo va a llegar a su lugar de acción y va a ser efectivo; la biodisponibilidad está íntimamente ligada con la dosis de fármaco necesaria para que sea efectivo.

24. c) Periodo de latencia.

La respuesta correcta es la c), ya que cuando se administra un fármaco, desde que se administra un compuesto hasta que hace efecto ha de pasar un tiempo necesario para su absorción, distribución... Esto es válido para casi todas las vías de administración, a excepción de la IV).

25. a) Categoría E.

La respuesta correcta es la a), ya que aquí se incluyen las circunstancias o eventos que tienen capacidad para producir error con lesión (categorías E, F, G, H, I), como puede ser el haber contribuido o haber provocado un daño temporal al paciente y que requiere intervención.

26. b) Medicamento no prescrito.

La respuesta correcta es la b), ya que cuando un paciente recibe un medicamento que le ha sido prescrito, el error se corresponde con "error por medicamento no prescrito".

27. c) Tener resistencia química.

Entre los requisitos que debe cumplir el envase primario están: tener resistencia física, asegurar la identidad, estabilidad, potencia y calidad del preparado, ser impermeable y proporcionar protección frente agentes externos entre otros.

28. a) Sellado.

La Real Farmacopea clasifica los envases en 6 tipos de recipientes: multidosis, bien cerrados, herméticos, sellados y con cierre inviolable.

29. b) Contener la identificación del paciente.

La identificación del paciente, que incluye nombre y apellidos, número de Historia clínica, localización del mismo (número de cama), etc., no forma parte de los requisitos imprescindibles que se deben cumplir cuando un medicamento se envasa como dosis unitaria.

30. d) Ninguna es correcta.

La evaluación organoléptica es la comprobación del olor, color, apariencia física etc., del medicamento que se va a reenvasar, así como también el examen de los envases originales para evidenciar posibles daños, contaminación u otros efectos de deterioro.

31. a) Servir como centro de reunión entre la comunidad y los profesionales sanitarios.

También alberga la estructura física de las consultas y los recursos materiales, facilita el trabajo en equipo y mejora la organización administrativa.

32. b) Se estima que el 20 % de las consultas que se presentan se resuelven en este nivel de atención.

Los Puntos de Atención Continuada (PAC) tienen una alta capacidad resolutiva. El 90 % de las consultas que se atienden son resueltas directamente, de forma independiente o en coordinación con el Centro Regulador del 112.

33. b) Atención urgente.

Se define como atención urgente aquella que se realiza siempre que el usuario tenga un problema de salud fuera del horario habitual de consulta que precise atención urgente tanto en el centro como en el domicilio.

34. a) Tanto la AP como la Atención Especializada prestan atención en régimen ambulatorio y de urgencias.

Al igual que la AP, la Atención Especializada se presta en régimen ambulatorio y de urgencias, pero a diferencia de aquella solo la Atención Especializada ofrece la asistencia en régimen de internamiento.

35. d) Todas son correctas.

A todos estos regímenes se deben de añadir: el ambulatorio, el de internamiento en los hospitales y hospital de día.

36. a) Jerarquización.

La jerarquización es un proceso mediante el cual se integran en un único dispositivo los dos regímenes asistenciales de la Atención Especializada, la ambulatoria y la hospitalaria, mediante la integración de las Instituciones abiertas y los Médicos Especialistas de Cupo de las mismas, en la estructura jerarquizada del Hospital correspondiente.

37. b) Angiología y Cirugía vascular.

Los Servicios sanitarios de la Atención especializada pueden ser: Servicios médicos, Servicios quirúrgicos (dentro de los cuales está el Servicio de angiología y cirugía vascular) y Servicios generales clínicos.

38. d) Todas son correctas.

Todos los Centros y establecimientos sanitarios, incluidos los privados, estarán sometidos a la administración, control e inspección de las Administraciones sanitarias correspondientes.

39. d) Cirugía Mayor Ambulatoria.

La Cirugía Mayor Ambulatoria pertenece al radio de acción de la Atención Especializada.

40. c) El Servicio de Farmacia Hospitalaria.

Entre las funciones del Servicio de Farmacia Hospitalaria está custodiar y dispensar los productos en fase de investigación clínica que se realicen en centro.

41. c) Del Director médico.

El Servicio de Farmacia Hospitalario forma parte de los Servicios Centrales del hospital, y por tanto, depende del director médico.

42. b) 3 años.

Tanto los jefes de servicio, los de sección y los adjuntos deber ser licenciados o doctores en farmacia, y haber cursado los tres años académicos necesarios para obtener la especialidad de Farmacia Hospitalaria.

43. c) Analgésicos.

Los analgésicos, por su gran consumo durante todo el año, son considerados como "pedido de reposición masiva".

44. a) De atrás hacia delante, de abajo arriba y de izquierda a derecha.

La forma correcta que debería seguir todos los profesionales al almacenar y reponer es de atrás hacia delante, de abajo arriba y de izquierda a derecha. Así al dispensar se cogerá primero el producto que está más adelante, el de más arriba o el de más a la derecha, que corresponderá siempre con el más antiguo.

45. b) El material que menos se utiliza.

Para un uso eficiente de las estanterías, el material que menos se usa se pondrá en la parte más alta y se repondrán los materiales con caducidad más larga situándolos detrás, para usar primero los más próximos a caducar. Se recomienda la utilización de estanterías metálicas que se deterioran menos, tienen mayor resistencia y no son inflamables.

46. d) RD Legislativo 1/2015, de 24 de julio.

El Real Decreto Legislativo 1/2015, de 24 de julio, aprobó el texto refundido de la Ley de garantías y uso racional de los medicamentos y productos sanitarios.

47. d) Para suministrarlas al público, la receta deberá estar visada.

La Dirección General de Farmacia y Productos Sanitarios, especificó en las circulares (11/91 y 12/91), las condiciones de las especialidades hospitalarias indicando que "... las especialidades de uso hospitalario deben ser prescritas por un médico adscrito a los Servicios de un Hospital y las Oficinas de Farmacia pueden suministrarlas a los Hospitales pero no dispensarlas al público, figurando en el material de acondicionamiento el símbolo "H" indicativo del Uso Hospitalario y sin cupón precinto de la ASSS…". La prohibición efectiva de dispensación de las especialidades de uso hospitalario en oficinas de farmacia se produjo el día 1 de octubre de 1991 (circular 22/91).

48. b) Paciente que requiere cuidados hospitalarios, aunque no hospitalización.

Paciente ambulatorio, es el paciente que requiere cuidados hospitalarios, aunque no hospitalización. El paciente que acude al Hospital de Día para recibir tratamientos especiales y controlados por el Hospital tales como: tratamiento citostático, radio-diagnóstico, tratamiento con inmunoglobulinas, etc.

49. a) Las bombas volumétricas.

Las bombas de perfusión volumétricas disponen de un infusor electrónico y de un equipo de perfusión extraíble con una cámara de bombeo.

50. b) Que se trata al paciente dentro de las instalaciones del hospital, pero que no tiene que quedarse ingresado.

El Hospital de día es una asistencia hospitalaria de régimen ambulatorio, de manera que el paciente puede recibir una atención especializada y técnicamente cualificada sin necesidad de ingreso hospitalario.

51. a) Vía inhalatoria y vía cutánea.

Hay diversas vías de posible contaminación del personal, durante la manipulación de citostáticos:

- Vía cutánea, a través de la piel y las mucosas por contacto directo, que produce los riesgos conocidos como la irritación de piel y mucosas.

- Vía oral, al ingerir el producto de manera involuntaria por bebidas, alimentos, cigarrillos, morderse las uñas.

- Vía parenteral, de manera accidental por pinchazos, roturas de viales…

- Vía inhalatoria, inhalación por los aerosoles o microgotas que producen algunos citostáticos. Esta, junto a la vía cutánea (piel y mucosas) son las dos principales vías de contaminación en el personal sanitario, durante la manipulación de citostáticos.

52. c) La utilización de jeringas estándar.

Según la NTP: 1051 "exposición laboral a compuestos citostáticos: sistemas seguros para su preparación", uno de los orígenes más habituales de contaminación por citostáticos, tanto durante la reconstitución, como en la administración, es la utilización de jeringas estándar cuyas agujas, en el momento de ser extraídas del recipiente a través del septum, generan un aerosol. También se forma un aerosol al ser expulsado al exterior el producto contenido en las paredes internas de la jeringa (tanto con aguja como sin aguja) al retirar el émbolo. Para evitar este tipo de contaminación se recomienda la utilizaciónde conectores llamados sistemas cerrados de transferencia de fármacos y los robots que realizan esta operación de manera automática y con escasa intervención humana.

53. b) Mejora en los efectos secundarios del paciente.

Los sistemas cerrados de transferencia de fármacos son dispositivos que de forma mecánica impiden tanto la transferencia de contaminantes ambientales al sistema, como la liberación al entorno de vapor contaminado o partículas del fármaco.

Entre las características comunes a todos ellos, se pueden citar la prevención de exposición al fármaco, la reducción de la contaminación de la superficie, la disminución de los restos de fármacos, la protección microbiológica del contenido, la reducción de las pérdidas y la mejora en la seguridad del personal sanitario.

54. d) Todos son correctos.

Según la norma UNE-En ISO 146644-1, una "sala blanca" es un local en el que se controla la concentración de partículas contenidas en el aire y, además, su construcción y utilización se realiza de forma que el número de partículas introducidas o generadas y existentes en el interior del local sea lo menor posible y en la que también se puedan controlar otros parámetros como: temperatura, humedad y presión.

55. a) Las de clase I.

Las cámaras de seguridad de Clase I, son cámaras cerradas con una abertura al frente para permitir el acceso de los brazos del operador. El aire penetra por este frontal, atraviesa la zona de trabajo y sale al exterior a través de un filtro HEPA. El inconveniente que presentan es que no proporcionan protección al material con el que se trabaja, no evitando por tanto que este aire se pueda contaminar.

No deben estar situadas cerca de puertas o ventanas, o en corrientes de aire. Son de uso general y se encuentran en la mayoría de los laboratorios para uso común.

56. c) A partir de una mezcla superior a 900 mOsm/l.

Cuando la osmolaridad de la mezcla es superior a los *900 mOsm/l* habrá que infundir la nutrición parenteral en una vía central (subclavia).

57. c) Son ciertas las respuestas a) y b).

Si se prevé una duración de la LP central más larga; más de dos meses se debe recurrir a *catéteres tunelizados tipo Hickman* o Broviac o *implantados*, colocados mediante técnicas radiológicas. La colocación y cuidados del catéter debe hacerse siguiendo normas estrictas de asepsia (esterilidad).

58. b) Glucosa, lípidos y aminoácidos.

La composición de la NPC con una osmolaridad superior 900 mOsm/l, incluye siempre una solución de *glucosa, lípidos y aminoácidos*. Sin la limitación de osmolaridad, la composición de la NPC puede ser muy variable y por ello se adapta a distintas situaciones y pacientes.

59. c) De autoclave.

Los laboratorios farmacéuticos de nivel III, son aquellos laboratorios galénicos que preparan formas farmacéuticas estériles, tales como preparados oftálmicos, inyectables, colirios, etc., y necesitan de un equipamiento específico que depende del tipo de forma farmacéutica que se pretende elaborar. Entre este equipamiento específico se requiere de *autoclave*.

60. b) Precisión de 1 mg.

Una buena balanza ha de ser exacta, precisa y sensible. Será tanto más exacta cuanto más se aproxime el valor medido al verdadero. Según su sensibilidad las balanzas pueden ser: de precisión, analíticas y microbalanzas. Una balanza debe tener una precisión de 1 mg.

61. b) Tamices.

Los *tamices* son unos utensilios fabricados mediante mallas metálicas que están sujetas a un aro conocido como cedazo o tamiz. Se emplean para pruebas de laboratorio, y tienen la peculiaridad de separar las formas farmacéuticas en polvo, en partes muy finas, finas de las gruesas con gran exactitud. Por ello las mallas que lo componen deben ser perfectas. Se utilizan en pruebas de granulometría.

62. b) La fuerza de gravedad que ejerce el cuerpo.

La balanza es un instrumento de laboratorio que mide la masa de un cuerpo o sustancia química, utilizando como medio de comparación *la fuerza de la gravedad que actúa sobre el cuerpo*.

63. c) Balanza electrónica monoplato de carga superior.

De las balanzas las más usadas en el laboratorio de farmacia son *balanzas electrónicas monoplato de carga superior*, introducidas al final de la década de 1960. Utiliza una fuente electromagnética para contrabalancear la carga colocada en el platillo.

64. a) Dos o tres meses.

Cuando se instala una balanza es necesario calibrarla, para que no dé fallos de medida. También es necesario hacer su calibración periódicamente cada *dos o tres meses*.

65. a) El farmacéutico.

El responsable de validar la fórmula magistral o/y el preparado oficinales es el *farmacéutico* entre otras de las diferentes funciones que le corresponden en Farmacia Hospitalaria.

66. b) Real Decreto 175/2001.

La normativa que establece que las materias primas utilizadas en la preparación de fórmulas magistrales, y preparados oficinales deben ser sustancias de acción e indicación reconocidas legalmente en España es el *Real Decreto 175/2001*, como se contempla en el capítulo IV de ésta (artículo 4.1. Materias primas). Dicho Real Decreto, de 23 de febrero, es por el que se aprueban las normas de correcta elaboración y control de calidad de fórmulas magistrales y preparados oficinales, publicado en BOE número 65, de 16 de marzo de 2001, páginas 9746 a 9755.

67. d) Eficacia, seguridad, calidad, identificación correcta e información debida.

Las Fórmulas Magistrales, como cualquier otro medicamento, deben cumplir requisitos de *eficacia, seguridad, calidad, identificación correcta e información debida* (Real Decreto Legislativo 1/2015, de 24 de julio, por el que se aprueba el texto refundido de la Ley de garantías y uso racional de los medicamentos y productos sanitarios).

68. d) Está compuesto por seis números, estando el último separado por un punto.

El Código Nacional de Parafarmacia es un sistema de identificación, que tiene por objeto facilitar la gestión de las oficinas de farmacia en la adquisición de los productos de parafarmacia que se encuentran en el mercado nacional mediante el tratamiento informático de los indicados productos. Está comprendido entre los números 150.000 y 399.999. El Código Nacional de Parafarmacia no es garantía de control de calidad o sanitario; y tiene una validez su asignación a un producto de 5 años. El número deberá ir precedido de las siglas CN, para identificar que corresponde al código nacional. Se situará preferentemente encima del código de barras del producto. Luego todo es verdadero excepto la opción: está compuesto por seis números, estando el último separado por un punto, ya que realmente son siete los números, estando el último separado por un punto.

69. b) Pertenece a la colección Consejo Plus.

El catálogo de Parafarmacia del CGCOF pertenece a la colección Consejo Plus, que se actualiza cada año, junto al Catálogo de Medicamentos, Catálogo de Plantas Medicinales, BOT plus, BOT plus PDA y la revista Panorama actual del Medicamento.

70. a) Dentífrico.

Las siglas en los productos de parafarmacia son elementos de relevancia que se encuentran en el etiquetado y aportan información sobre los mismos. En concreto DF significa dentífrico.

Preguntas de reserva

1. **b) El Consejo de Dirección de Área.**

   Conforme a lo dispuesto en el artículo 57 de la Ley 14/1986, de 25 de abril, General de Sanidad, que expone que:

   "Las Áreas de Salud contarán, como mínimo, con los siguientes órganos:

   1.º De participación: el Consejo de Salud de Área.

   2.º De dirección: el Consejo de Dirección de Área.

   3.º De gestión: el Gerente de Área."

2. **c) Competencia.**

   En base al artículo 30.1 de la Ley 55/2003, de 16 de diciembre, del Estatuto Marco del personal estatutario de los servicios de salud. Este precepto establece que la selección del personal estatutario fijo se efectuará, con carácter periódico, en el ámbito que en cada servicio de salud se determine, a través de convocatoria pública y mediante procedimientos que garanticen los principios constitucionales de igualdad, mérito y capacidad, así como el de competencia. Las convocatorias se anunciarán en el boletín o diario oficial de la correspondiente Administración Pública.

3. **c) Un representante de las Comunidades Autónomas y por igual número de miembros de la Administración General del Estado y, paritariamente con todos los anteriores, por representantes de las organizaciones empresariales y sindicales más representativas.**

   La Comisión Nacional de Seguridad y Salud en el Trabajo se crea por el artículo 13 de la LPRL como órgano colegiado asesor de las Administraciones Públicas en la formulación de las políticas de prevención y órgano de participación institucional en materia de seguridad y salud en el trabajo. Para el ejercicio de sus funciones, el apartado 2 del artículo 13 dispone que esté integrada por un representante de cada una de las Comunidades Autónomas y por igual número de miembros de la Administración General del Estado y, paritariamente, con todos los anteriores, por representantes de las organizaciones empresariales y sindicales más representativas.

4. **d) Elaborar la planificación preventiva de las empresas una vez que estas hayan realizado la evaluación de los riesgos laborales presentes en sus centros de trabajo.**

   En el artículo 7 de la LPRL se dispone que en cumplimiento de lo dispuesto en la presente ley, las Administraciones Públicas competentes en materia laboral desarrollen funciones de promoción de la prevención, asesoramiento técnico, vigilancia y control del cumplimiento por los sujetos comprendidos en su ámbito de aplicación de la normativa de prevención de riesgos laborales, y sancionen las infracciones a dicha normativa, y va desarrollando los términos en los que desarrollen dichas funciones.

Pues bien, en ninguna de ellas se contempla que las Administraciones vayan a elaborar la planificación preventiva de las empresas, porque, como resulta obvio, la planificación de la actividad preventiva de las empresas es obligación de estas, puesto que una vez elaborada la evaluación de riesgos laborales deben adoptar la planificación de las medidas tendentes a la desaparición o máxima minoración de dichos riesgos.

5. b) Podólogo.

La respuesta apropiada es la b), ya que enfermeros y fisioterapeutas pueden indicar medicamentos no sujetos a prescripción médica, así como productos sanitarios.

SIMULACRO N.º 4

1. Según la Constitución, una norma que imponga una nueva pena más leve para un delito:

a) No se aplica retroactivamente.
b) Puede aplicarse retroactivamente.
c) Ha de ser reglamentaria.
d) Atenta contra el principio de legalidad penal si se aplica retroactivamente.

2. La capital del Estado en España es:

a) La propia de cada Comunidad Autónoma.
b) La villa de Madrid.
c) Aquella donde se establezca en cada momento el Gobierno de la Nación.
d) Aquella en la que resida generalmente el Rey.

3. El Defensor del Pueblo se regula en el siguiente Título y Capítulo de la Constitución, respectivamente:

a) Preliminar y 1.º.
b) Segundo y 4.º.
c) Segundo y 3.º.
d) Primero y 4.º.

4. Los principios rectores de la política social y económica se regulan en el siguiente Capítulo y Título de la Constitución:

a) Segundo del Primero.
b) Tercero del Primero.
c) Tercero del Preliminar.
d) Primero del Séptimo.

5. Desde el punto de vista de la estructura constitucional, el derecho a la protección de la salud:

a) Es un derecho fundamental.
b) Es una libertad pública.

c) Es un derecho de los ciudadanos.

d) Es un principio rector de la política social y económica.

6. Son titulares del derecho a la protección de la salud:

a) Los españoles residentes en territorio nacional.

b) Los españoles residentes en la Unión Europea.

c) Todos los españoles.

d) Solo los españoles.

7. Son titulares también del derecho a la protección de la salud, con igual carácter que los españoles que lo ostentan:

a) Los extranjeros que tengan establecida su residencia en el territorio nacional.

b) Los extranjeros que tengan establecida su residencia en el territorio de la Unión Europea.

c) Todos los extranjeros.

d) Solo los extranjeros.

8. Son titulares también del derecho a la asistencia sanitaria, con igual carácter que los españoles que lo ostentan:

a) Los extranjeros que tengan establecida su residencia en el territorio nacional.

b) Los extranjeros que tengan establecida su residencia en el territorio de la Unión Europea.

c) Todos los extranjeros.

d) Solo los extranjeros.

9. Las bases reguladoras de la relación funcionarial especial del personal estatutario de los servicios de salud que conforman el Sistema Nacional de Salud, se articulan:

a) Mediante un estatuto marco.

b) A través de un convenio colectivo.

c) Conforme al desarrollo legislativo de cada comunidad autónoma.

d) Según el contrato de trabajo marco de cada categoría laboral.

10. ¿Cuál de los siguientes criterios no permite clasificar, a la luz de lo dispuesto en la Ley 55/2003, de 16 de diciembre, al personal estatutario de los servicios de salud?

a) Tipo de nombramiento.

b) Antigüedad en el servicio.

c) Nivel del título exigido para el ingreso.

d) La función desarrollada.

11. Según la Ley 55/2003, de 16 de diciembre, es personal estatutario de los servicios de salud:

a) El que ejerce una profesión o especialidad sanitaria.

b) El que ostenta esta condición en virtud de nombramiento expedido para el ejercicio de una profesión o especialización sanitaria.

c) El que desempeña una categoría profesional clasificada como sanitaria.

d) Quien ejerza una profesión sanitaria sin ostentar la condición de funcionario.

12. Atendiendo a su formación académica, un profesional que haya obtenido el título de Grado en una especialidad sanitaria universitaria, pero no haya cursado el máster correspondiente se clasificará, de conformidad con lo previsto en la Ley 55/2003, como:

a) Personal de formación profesional.

b) Técnico superior.

c) Personal de formación universitaria.

d) Técnico.

13. La normativa de riesgos laborales no será de aplicación:

a) A los fabricantes, importadores y suministradores, y trabajadores autónomos, sin perjuicio de sus obligaciones específicas.

b) A las sociedades cooperativas, en las que existan socios con prestación de su trabajo personal, con las peculiaridades derivadas de su normativa específica.

c) A los establecimientos penitenciarios.

d) A aquellas actividades cuyas particularidades lo impidan en el ámbito de las funciones públicas de policía, seguridad y resguardo aduanero.

14. La regulación actual de la Ley 31/1995 y sus normas de desarrollo tiene un ámbito de aplicación referido a:

a) Las relaciones laborales excluidas por el Texto Refundido de la Ley del Estatuto de los Trabajadores.

b) Las relaciones de carácter administrativo del personal civil al servicio de las Administraciones Públicas, pero no el personal estatutario.

c) Los fabricantes e importadores, pero no los suministradores.

d) Sin perjuicio de los derechos y obligaciones que puedan derivarse para los trabajadores autónomos, sin perjuicio de sus obligaciones específicas.

15. Se consideran medicamentos legalmente reconocidos:

a) Las fórmulas magistrales.

b) Los medicamentos especiales que prevé la ley.

c) Las sustancias o combinaciones de sustancias autorizadas para su empleo en ensayos clínicos.

d) Todas las respuestas anteriores son correctas.

16. Para que un medicamento elaborado industrialmente pueda ser comercializado es necesario:

a) Que haya sido autorizado por la AEMPS e inscrito en el Registro de Medicamentos.

b) La AEMPS procederá de oficio a incorporar al Registro de Medicamentos aquellos que hayan sido autorizados por la Comisión Europea.

c) Una vez que un fármaco ha sido autorizado, puede modificarse la dosificación, forma farmacéutica y presentaciones adicionales sin necesidad de ninguna comunicación al organismo correspondiente.

d) La extinción de la autorización de un medicamento debe constar en el Registro de Medicamentos.

17. En relación con los antidiabéticos, señala la opción incorrecta:

a) Según la clasificación ATC, pertenecen al nivel anatómico A, referente al tracto alimentario y metabolismo.

b) Incluye la insulina y los antidiabéticos orales.

c) Hay 3 tipos de insulinas: rápidas, intermedias y lentas.

d) Los antidiabéticos orales aumentan la absorción oral de glúcidos.

18. Respecto a los fármacos antianginosos, señala la respuesta incorrecta:

a) Actúan reduciendo la demanda de oxígeno del corazón, o aumentando el aporte, y por lo tanto el flujo coronario.

b) Los compuestos verapamilo, nifedipino y diltiazem pertenecen al grupo de los antagonistas del calcio.

c) Incluyen 3 grupos de fármacos: betabloqueantes, nitratos y bloqueantes del calcio.

d) Los antagonistas del calcio se emplean únicamente en el tratamiento de las crisis de angor.

19. En relación con los corticoides, señala la respuesta incorrecta:

a) Estos compuestos son sintetizados en la glándula suprarrenal.

b) Pueden usarse para tratar síntomas y también tienen efecto curativo en función de la patología.

c) Un tratamiento con corticoides debe ser lo menos prolongado posible.

d) Los glucocorticoides farmacológicos pueden usarse en patologías endocrinas y no endocrinas.

20. Según la legislación que regula los ensayos clínicos hechos con medicamentos, en el Comité Ético de Investigación Clínica, uno de los componentes debe ser obligatoriamente:

a) Farmacéutico de hospital.

b) Celador.

c) Notario.
d) Fisioterapeuta.

21. Aquellos medicamentos cuya utilización pueda producir efectos adversos muy graves y requieren un seguimiento especial se denominan:

a) Medicamentos estupefacientes.
b) Medicamentos extranjeros.
c) Medicamentos de especial control.
d) Medicamentos psicotrópicos.

22. El denominado proceso LADME guarda relación con:

a) Toxicología.
b) Farmacia galénica.
c) Farmacognosia.
d) Farmacocinética.

23. Un efecto indeseable, pero inevitable a la dosis terapéutica, es:

a) Efecto secundario.
b) Reacción adversa inesperada.
c) Efecto colateral.
d) Efecto primario.

24. ¿Cuál de los siguientes medicamentos tomados con alimentos ricos en tiramina, generan crisis hipertensivas?

a) Paracetamol.
b) Azitromicina y eritromicina.
c) Anticoagulantes orales.
d) Ninguna de las respuestas anteriores es correcta.

25. Con relación a los tipos de errores según la clasificación española, el administrar un medicamento contraindicado se corresponde con:

a) Paciente equivocado.
b) Forma farmacéutica errónea.
c) Técnica de administración incorrecta.
d) Medicamento erróneo, en concreto selección incorrecta del medicamento.

26. En relación con los errores en la medicación, las soluciones para este problema no incluyen:

a) Análisis periódico de los nombres de los productos nuevos.
b) Asegurar la legibilidad de las recetas.

c) Exigir que las órdenes de los medicamentos especifiquen únicamente y de forma clara, la denominación común.

d) Establecer una separación física de los medicamentos con aspecto o nombres parecidos en las áreas de almacenamiento.

27. ¿Cómo se denomina el tipo de envase elaborado con vidrio cuyo contenido se extrae una o varias veces para su administración parenteral?

a) Frasco para perfusión.
b) Ampolla.
c) Vial.
d) Jeringa precargada.

28. ¿Qué metal se añade a los envases de vidrio para aumentar su resistencia:

a) Titanio.
b) Hierro.
c) Aluminio.
d) Plata.

29. De las siguientes afirmaciones sobre el reenvasado, ¿cuál no es correcta)

a) El nombre del medicamento y la concentración deben ser los datos más destacados del etiquetado.

b) Para el mismo paciente se deben reenvasar simultáneamente los diferentes fármacos y dosis que se prescriben.

c) La información escrita que lleva cada lote de reenvasado debe evaluarse por el farmacéutico encargado de la dispensación.

d) La ficha de la especialidad a reenvasar debe incluir la identificación de las personas que intervienen en el proceso.

30. Toda especialidad farmacéutica a reenvasar posee su propia ficha de control, que debe cumplimentarse en todos sus apartados, entre los que no se encuentra:

a) Forma de administración.
b) Fecha.
c) Lote y caducidad del producto original.
d) Lote y fecha de caducidad del producto reenvasado.

31. Según el art. 1 de la Ley 37/62 "los establecimientos destinados a proporcionar una asistencia médico-clínica, sin perjuicio de que pueda realizarse en ellos, además, en la medida que se estime conveniente, medicina preventiva y de recuperación, y tratamiento ambulatorio", reciben el nombre de:

a) Centros de diagnóstico y tratamiento.
b) Hospitales.

c) Estructuras mixtas.
d) Centros de especialidades.

32. ¿Qué ley regula los servicios de las oficinas de farmacia, establecimientos y servicios farmacéuticos?

a) Ley 14/1986.
b) Ley 1/2015.
c) Ley 16/1997.
d) Ley 22/2015.

33. Señala la respuesta incorrecta. Se consideran establecimientos y servicios farmacéuticos:

a) Servicios de farmacia de los centros sociales.
b) Servicios de farmacia de los centros sociosanitarios.
c) Botiquines.
d) Almacenes mayoristas de distribución.

34. Existen varios niveles de atención farmacéutica en el Sistema Nacional de Salud. ¿A qué nivel pertenecen los depósitos de medicamentos de los hospitales, extrahospitalarios y centros sociosanitarios?

a) D.
b) C.
c) B.
d) A.

35. De las siguientes afirmaciones sobre las oficinas de farmacia, no es cierto que:

a) Son de titularidad público-privada.
b) Están integradas en el Sistema de AP.
c) Su dirección la lleva un farmacéutico.
d) Todas son correctas.

36. ¿Cuál de los siguientes servicios y establecimientos farmacéuticos, no están sujetos al cumplimiento de las obligaciones derivadas del principio de solidaridad e integración sanitaria, en caso de emergencia?

a) Botiquines.
b) Farmacias hospitalarias.
c) Depósitos extrahospitalarios.
d) Todos están sujetos a este cumplimiento.

37. Entre las funciones que debe desarrollar una oficina de farmacia no se encuentra:

a) Realizar protocolos de actuación.
b) Elaboración de historias farmacoterapéuticas de los usuarios.
c) Elaboración de fórmulas magistrales.
d) Control del uso individualizado de medicamentos.

38. ¿En qué se debe basar el farmacéutico para informar al usuario sobre el uso de medicamentos de dispensación sin receta?

a) En protocolos de actuación.
b) En sus conocimientos.
c) En el prospecto del medicamento.
d) En las necesidades del usuario.

39. Cuando se dice que la Atención Primaria resuelve necesidades de salud realizando promoción y prevención, estamos hablando de una de sus características denominada:

a) Activa.
b) Comunitaria.
c) Integral.
d) Integrada.

40. Dentro del servicio de Farmacia, ¿quién es el responsable de establecer los programas de calidad en el servicio?

a) Adjunto de farmacia.
b) Jefe de sección.
c) Jefe de servicio.
d) Todas son correctas.

41. Los depósitos de medicamentos de hospitales estarán atendidos y controlados por:

a) Jefe de subalternos del hospital.
b) Jefe de celadores.
c) Farmacéutico.
d) Jefe de almacén.

42. ¿En qué área del Servicio de farmacia se realiza la farmacotecnia?

a) Área Asistencial.
b) Área Científica.
c) Área Clínica.
d) Ninguna es correcta.

43. ¿Cuál de los siguientes enunciados no es correcto, al referirnos a la gestión de estupefacientes en los almacenes de farmacia?

a) Es obligatorio guardarlos en una caja fuerte cerrada y con acceso restringido.

b) Las unidades de hospitalización que necesiten estupefacientes, los solicitarán con un vale específico de estupefacientes.

c) La gestión directa del fármaco debe ser supervisada por un médico del centro.

d) El movimiento de estupefacientes quedará registrado en el Libro de Contabilidad de estupefacientes.

44. ¿A qué temperatura se deben conservar en el almacén de farmacia, los productos considerados termolábiles?

a) A una temperatura inferior a 5 ºC.

b) A una temperatura inferior a 8 ºC.

c) A una temperatura inferior a 12 ºC.

d) A una temperatura inferior a 18 ºC.

45. ¿Cómo se denomina al conjunto formado por todos los productos expuestos al público en las oficinas de farmacia?

a) *Stock* ciego.

b) *Stock* total.

c) *Stock* óptimo.

d) *Stock* vivo.

46. Dentro de los múltiples sistemas de dispensación de medicamentos, ¿cómo definirías el sistema de dispensación por *stock* en unidad de enfermería?

a) Es un sistema automatizado de dispensación de medicamentos.

b) Es un sistema de distribución extrahospitalaria.

c) Es un sistema tradicional de distribución intrahospitalaria.

d) Puede ser cualquiera de los tres anteriores.

47. Los fármacos considerados como "Especialidad de Diagnóstico Hospitalario" necesitan para su dispensación del diagnóstico emitido por un equipo hospitalario especializado. ¿Qué iniciales deben llevar colocada junto al código nacional, además de la leyenda que lo indica?

a) H.

b) DH.

c) DHL.

d) DSCH.

48. ¿Cuál de las siguientes patologías no se encuentra entre las habituales en las que se realiza atención farmacéutica en la dispensación a pacientes externos?

a) ELA.

b) Hepatitis C.

c) EPOC.
d) VIH.

49. La lucha contra el cáncer se plantea desde una perspectiva multidisciplinar, pero en relación con la administración de quimioterapia (sobre todo IV), ¿qué profesional está habitualmente a cargo, en los hospitales de día?

a) El personal de enfermería.
b) El médico.
c) El técnico en farmacia.
d) El farmacéutico.

50. ¿A qué se denomina "Quimioterapia intracavitaria"?

a) No existe tal término.
b) A la administración de citostático en cavidades o espacios como peritoneo, pleura, pericardio o vejiga urinaria.
c) A la preparación de citostáticos dentro de las cabinas de flujo laminal.
d) A la administración de citostático en el espacio intratecal.

51. ¿Cómo definirías el término neoplasia?

a) Proceso de proliferación descontrolada de células en un tejido u órgano que desemboca en la formación de una masa diferenciada denominada neoplasma, de carácter benigno.
b) Proceso de proliferación descontrolada de células en un tejido u órgano que desemboca en la formación de una masa diferenciada denominada neoplasma, de carácter maligno.
c) Proceso de proliferación descontrolada de células en un tejido u órgano que desemboca en la formación de una masa diferenciada denominada neoplasma, que puede ser benigno o maligno.
d) Proceso de proliferación descontrolada de células en un tejido u órgano que desemboca en la formación de una masa diferenciada denominada neoplasma, que puede ser benigno o maligno y tener consistencia sólida o no.

52. El área de trabajo destinada a la preparación de citostáticos es un recinto de acceso restringido al personal autorizado. ¿Qué espacios diferenciados debe incluir?

a) Un solo espacio diáfano, de al menos 10 m².
b) Dos. Una antesala y una zona de preparación.
c) Tres. Una antesala, una zona de preparación y una zona de paso que las conecta.
d) Cuatro. Una antesala, una zona de preparación, y una zona de paso que conecta con la cabina de seguridad biológica.

53. En el área de trabajo destinada a la preparación de citostáticos, ¿cuál sería el tamaño adecuado de la zona de preparación, donde se ubica la Cabina de seguridad biológica (CBS)?

a) 3 m².
b) 5 m².

c) 10 m².
d) 15 m².

54. ¿Cuándo se debe realizar la limpieza y desinfección de la cabina de seguridad?

a) En caso de derrame de alguna sustancia.
b) Al finalizar el trabajo.
c) Antes de empezar cualquier trabajo.
d) En todos los casos anteriores.

55. ¿Cuál de los siguientes enunciados no es correcto en relación con el lavado de manos?

a) Es una técnica importante, pues se considera que en el ámbito hospitalario las manos son el principal vehículo en la transmisión de microorganismos.
b) Para lavarse las manos no se deben llevar reloj de pulsera, anillos, sortijas, etc.
c) Es preferible hacer el lavado con agua caliente.
d) El lavado de manos debe realizarse con jabón líquido, en dosificador que no sea necesario pulsar con las propias manos.

56. ¿Cómo se denomina la nutrición parenteral central que solo se administra en una parte del día o de la noche?

a) Continua.
b) Total.
c) Permanente.
d) Cíclica.

57. ¿En qué vaso venoso tiene localizado normalmente su extremo distal la vía central empleada en nutrición parenteral central?

a) Vena pulmonar.
b) Vena cava superior.
c) Vena aorta.
d) En cualquiera de los anteriores.

58. ¿Qué complicaciones de las que se nombran durante el uso de la nutrición parenteral central es de origen metabólico?

a) Neumotórax.
b) Malposición del catéter.
c) Mal cálculo de las necesidades.
d) Sepsis manipulación inadecuada de las conexiones entre el catéter y la línea de administración de la NPT.

59. ¿Qué laboratorios galénicos se corresponden con aquellos laboratorios galénicos que preparan formas farmacéuticas de uso tópico y formas farmacéuticas líquidas orales y rectales?

a) Laboratorios galénicos de nivel I.
b) Laboratorios galénicos de nivel II.
c) Laboratorios galénicos de nivel III.
d) Laboratorios galénicos de nivel IV.

60. ¿Qué ventaja posee el plástico frente al vidrio en laboratorios galénicos?

a) Su alto coste, que indica una garantía en su uso.
b) Su mayor peso, que muestra una mayor resistencia.
c) Su escasa resistencia frente a la rotura.
d) Nada de lo anterior es cierto.

61. ¿Qué nombre reciben los útiles de laboratorio que se emplean para transferir volúmenes de líquidos medidos exactamente (con precisión)?

a) Balanzas.
b) Probetas.
c) Matraces no aforados.
d) Pipetas.

62. ¿Qué parámetros esencialmente buscaremos a la hora de calibrar una balanza?

a) La especificidad y la validez.
b) La sensibilidad y la exactitud.
c) La especificidad y la precisión.
d) La sensibilidad y la especificidad.

63. ¿A qué se denomina la capacidad que tiene una balanza para apreciar cantidades mínimas de masa?

a) Precisión.
b) Estabilidad.
c) Sensibilidad.
d) Exactitud.

64. ¿Qué es lo primero que hay que hacer antes de iniciar la pesada con una balanza?

a) Comprobar la precisión.
b) Oprimir la tecla TARE para poner el indicador de peso a cero.
c) Oprimir la tecla ON/OF para encender la balanza.
d) Comprobar que la balanza está limpia, en caso contrario, proceder a su limpieza.

65. ¿Qué entidad u organismo aprobará aquellas fórmulas que no estén recogidas en el Formulario Nacional y que por su uso se utilizan habitualmente en el Hospital? Se aprobarán por...

a) La Comisión de Farmacia y Terapéutica.
b) La Gerencia del Hospital.
c) La Comisión de Eventualidades Hospitalaria.
d) El Servicio de Farmacia Hospitalaria.

66. ¿Qué criterios se deben seguir para la elaboración de una Fórmula Magistral?

a) Siguiendo la guía de protocolos.
b) Exclusivamente los dictadas por el farmacéutico.
c) Los criterios descritos en la ficha de elaboración.
d) Todo lo anterior es cierto.

67. ¿Dónde se debe anotar la dispensación de las fórmulas magistrales y de aquellos preparados oficinales que requieran receta médica?

a) Libro control de la farmacia.
b) Libro de admisión de la farmacia.
c) Libro Recetario o soporte que lo sustituya de acuerdo con la legislación vigente.
d) No es necesaria su anotación.

68. ¿Cómo se consideran los recipientes para muestras?

a) Como producto sanitario para diagnóstico *in vivo*.
b) Como producto sanitario para diagnóstico *in vitro*.
c) Como producto sanitario accesorio.
d) Como producto sanitario a medida.

69. ¿Cómo se llama cualquier instrumento, dispositivo, equipo, programa informático, material u otro artículo, utilizado solo o en combinación con cualquier accesorio para ser utilizados en seres humanos?

a) Medicamento.
b) Producto sanitario.
c) Fármaco.
d) Son todos sinónimos.

70. ¿Qué indica este símbolo en el envase del producto?

a) Código de lote.
b) Fecha de caducidad.
c) Fecha de fabricación del producto.
d) Referencia sobre el catálogo.

Preguntas de reserva

1. Indica qué tipo de alerta se emite cuando se detecta un producto que no dispone de la autorización de la AEMPS necesaria para su puesta en el mercado:

a) Alerta de seguridad.
b) Alerta de calidad.
c) Alerta de comercialización de medicamentos ilegales.
d) Ninguna de las respuestas anteriores es correcta.

2. ¿Qué tipo de vidrio es el indicado para contener sangre y hemoderivados?

a) Tipo IV.
b) Tipo III.
c) Tipo II.
d) Tipo I.

3. ¿En qué apartado de los seis que componen la Real Farmacopea Española, se describen las unidades de medida y características de solubilidad del medicamento?

a) Métodos analíticos.
b) Reactivos, disoluciones y sustancias de referencia.
c) Normas generales.
d) Monografías.

4. Si aplicamos la rutina de mantenimiento más común en una cabina de flujo laminar, ¿cada cuánto tiempo deberíamos sustituir el filtro HEPA?

a) Cada 3 meses.
b) Cada 6 meses.
c) Cada año.
d) Bianualmente.

5. De los siguientes, corresponde la iniciativa de reforma constitucional:

a) Al Rey.
b) Al Senado.
c) Al Tribunal Constitucional.
d) Al Defensor del Pueblo.

Solución al simulacro n.º 4

1. **b) Puede aplicarse retroactivamente.**

   La fundamentación legislativa la encontramos igualmente en el artículo 9.3 de la Constitución.

2. **b) La villa de Madrid.**

   La fundamentación legislativa la encontramos en el artículo 5 de la Constitución, que establece:

   La capital del Estado es la villa de Madrid.

3. **d) Primero y 4.º.**

   La fundamentación legal de esta pregunta la encontramos en el contenido de dicho Título y Capítulo:

   TÍTULO I. De los derechos y deberes fundamentales.

   CAPÍTULO CUARTO. De las garantías de las libertades y derechos fundamentales.

4. **b) Tercero del Primero.**

   La fundamentación legal de esta pregunta la encontramos en el Capítulo III del Título I de nuestra CE, denominado: CAPÍTULO TERCERO: De los principios rectores de la política social y económica, y abarca los artículos 39 a 52.

5. **d) Es un principio rector de la política social y económica.**

   El artículo 43 de la CE se encuentra en el Capítulo III del Título I de la CE. Este Capítulo, el III, se denomina "De los principios rectores de la política social y económica", y no es comparable, desde el punto de vista de su importancia y de su relevancia con el Capítulo II, "Derechos y Libertades". Mientras que los derechos reconocidos en este último son derechos fundamentales cuyo respeto y cumplimiento por todos, particulares y poderes públicos, puede ser exigido por los ciudadanos incluso ante los órganos judiciales e incluso ante el Tribunal Constitucional a través del recurso de amparo, los derechos, como el de protección de la salud, el derecho a una vivienda digna… (todos regulados en ese Capítulo III), no gozan de la protección antes dicha que sí arropa a los derechos fundamentales y a las libertades públicas contemplados en el Capítulo II del Título I.

   El derecho a la protección de la salud, como principio rector de la política social y económica, es un mero principio informativo que el Estado está obligado a proteger y fomentar con la finalidad de lograr y mantener un sistema de bienestar para los ciudadanos.

6.   c) Todos los españoles.

El art. 1.2 de la LGS dispone que "son titulares del derecho a la protección de la salud y a la atención sanitaria todos los españoles y los ciudadanos extranjeros que tengan establecida su residencia en el territorio nacional."

Como veremos en las preguntas siguientes, la afirmación de este precepto no impide que el sistema español de sanidad atienda a personas que no sean españoles ni extranjeros residentes en España. Este artículo señala a quienes, sin discusión ni debate, tienen derecho a que su salud sea protegida y a que se les atienda sanitariamente.

Son titulares de estos derechos simplemente por ser españoles o por ser extranjeros residentes en territorio nacional. Regla general que no excluye las excepciones, como veremos más adelante.

Entre las opciones que ofrece la pregunta, la c) es la más correcta, de ahí que se considere como cierta. El opositor ha de responder siempre a tenor de la información que se le facilita, aunque sea consciente de que la realidad plena contiene más datos además de los que aparecen en el texto formulado. ¿Qué es el derecho de protección de la salud?

El artículo 25.1 de la Declaración Universal de Derechos Humanos de 1948 dispone que "toda persona tiene derecho a un nivel de vida adecuado que le asegure, así como a su familia, la salud y el bienestar y, en especial, la alimentación, el vestido, la vivienda, la asistencia médica y los servicios sociales necesarios", lo que implica el derecho de toda persona al disfrute del más alto nivel posible de salud física y mental.

7.   a) Los extranjeros que tengan establecida su residencia en el territorio nacional.

En el repetido art. 1.2. de la LGS se identifica como titulares del derecho a la protección de la salud, en régimen de absoluta igualdad con los españoles, a los extranjeros que tengan establecida su residencia en el territorio español.

En primer lugar, debemos aclarar que el precepto se refiere a los extranjeros que tengan su residencia habitual en territorio nacional, y no a quienes residan de forma ocasional o accidental en nuestro país. Insisto en que esto no significa que estos extranjeros ocasionales carecen del derecho a la protección de la salud y a la asistencia sanitaria, sino que, en principio, no lo tienen por no ser titulares natos de esos derechos. ¿y qué se entiende por residencia habitual?

Nuestro Código Civil no lo aclara, por lo que, de manera analógica, y aplicando normativa económica, en concreto la Ley 35/2006, de 28 de noviembre, del Impuesto sobre la Renta de las Personas Físicas y de modificación parcial de las leyes de los Impuestos sobre Sociedades, sobre la Renta de no Residentes y sobre el Patrimonio.

Su artículo 9 dice lo siguiente:

"Artículo 9. Contribuyentes que tienen su residencia habitual en territorio español.

1. Se entenderá que el contribuyente tiene su residencia habitual en territorio español cuando se dé cualquiera de las siguientes circunstancias:

a) Que permanezca más de 183 días, durante el año natural, en territorio español. Para determinar este periodo de permanencia en territorio español se computarán las ausencias esporádicas, salvo que el contribuyente acredite su residencia fiscal en otro país. En el supuesto de países o territorios considerados como paraíso fiscal, la Administración tributaria podrá exigir que se pruebe la permanencia en este durante 183 días en el año natural. Para determinar el periodo de permanencia al que se refiere el párrafo anterior, no se computarán las estancias temporales en España que sean consecuencia de las obligaciones contraídas en acuerdos de colaboración cultural o humanitaria, a título gratuito, con las Administraciones públicas españolas.

b) Que radique en España el núcleo principal o la base de sus actividades o intereses económicos, de forma directa o indirecta. Se presumirá, salvo prueba en contrario, que el contribuyente tiene su residencia habitual en territorio español cuando, de acuerdo con los criterios anteriores, resida habitualmente en España el cónyuge no separado legalmente y los hijos menores de edad que dependan de aquel."

8. **a) Los extranjeros que tengan establecida su residencia en el territorio nacional.**

Los extranjeros que tienen establecida su residencia en el territorio nacional son titulares tanto del derecho a la protección de la salud como del derecho a la asistencia sanitaria.

Para aclarar un poco más la diferencia entre residencia, habitual o no, de lo que ya hemos hablado, y domicilio, decir que el domicilio es el lugar donde se vive de manera oficial al haber sido declarado así ante los organismos o autoridades públicas. Allí donde estamos empadronados tenemos nuestro domicilio, que es el mismo lugar en el que podemos residir habitualmente, o no, ya que la residencia habitual la podemos fijar en otra parte.

9. **a) Mediante un estatuto marco.**

El artículo 1 de la Ley 55/2003, de 16 de diciembre, determina que "las bases reguladoras de la relación funcionarial especial del personal estatutario de los servicios de salud que conforman el Sistema Nacional de Salud…" se lleva a cabo "a través del Estatuto Marco de dicho personal."

El Estatuto Marco lo constituye precisamente el desarrollo de esas bases legalmente predeterminadas, y que establecen los derechos y deberes que el personal ostenta frente al empleador, en este caso, los servicios de salud que conforman el Sistema Nacional de Salud, fijando un mínimo infranqueable para las distintas Administraciones Públicas equitativo en todo el territorio nacional con independencia de a cuál de tales servicios pertenezca el trabajador, sin perjuicio del desarrollo que las mismas tengan en cada uno de estos.

10. **b) Antigüedad en el servicio.**

El artículo 5 de la Ley 55/2003, de 16 de diciembre, bajo la rúbrica "Criterios de clasificación del personal estatutario" dispone que: "El personal estatutario de los servicios de salud se clasifica atendiendo a la función desarrollada, al nivel del título exigido para el ingreso y al tipo de su nombramiento." En consecuencia, la "antigüedad" en el puesto no es un criterio que clasifique al personal estatutario.

11. b) El que ostenta esta condición en virtud de nombramiento expedido para el ejercicio de una profesión o especialización sanitaria.

El artículo 6 de la Ley 55/2003, de 16 de diciembre, define al personal estatutario no por la función desarrollada, el ámbito de actuación o la profesión en sí, sino por el hecho alcanzar esa condición por haber sido nombrado como tal para ejercer una profesión o especialidad sanitaria.

12. c) Personal de formación universitaria.

El artículo 6.2 de la Ley 55/2003, de 16 de diciembre, clasifica al personal estatutario sanitario atendiendo al nivel académico del título exigido para el ingreso en Personal de formación universitaria o personal de formación profesional.

Se considera personal de formación universitaria quienes ostentan la condición de personal estatutario en virtud de nombramiento expedido para el ejercicio de una profesión sanitaria que exija una concreta titulación de carácter universitario, o un título de tal carácter acompañado de un título de especialista.

Por tanto, quien a día de hoy ha obtenido un título de grado universitario en una especialidad de ciencias de la salud, debido a la equivalencia de los antiguos títulos de licenciado y diplomado con los actuales de grado y máster universitarios, deberá ser considerado como uno de estos.

13. d) A aquellas actividades cuyas particularidades lo impidan en el ámbito de las funciones públicas de policía, seguridad y resguardo aduanero.

El artículo 3 de la LPRL regula cuál ha de ser el ámbito de aplicación de dicha LPRL, es decir, a qué actividades, sectores o colectivos resulta de aplicación y cuáles quedan excluidos expresamente. La pregunta está formulada en sentido negativo, por lo tanto hay que entender que se refiere a las actividades que se entiende excluidas del ámbito de aplicación de la ley, como son las de policía, seguridad y resguardo aduanero, servicios operativos de protección civil y peritaje forense en casos de grave riesgo, catástrofe y calamidad pública; también se excluyen las funciones públicas de las Fuerzas Armadas y actividades militares de la Guardia Civil. Todo ello sin perjuicio de que la LPRL sirva para inspirar la normativa específica que se dicte para estas actividades.

14. d) Sin perjuicio de los derechos y obligaciones que puedan derivarse para los trabajadores autónomos, sin perjuicio de sus obligaciones específicas.

Así se desprende del artículo 3 de la LPRL, cuando a la hora de definir su ámbito de aplicación, dispone, a mitad de su apartado 1: "ello sin perjuicio del cumplimiento de las obligaciones específicas que se establezcan para fabricantes, importadores y suministradores, y de los derechos y obligaciones que puedan derivarse para los trabajadores autónomos".

15. d) Todas las respuestas anteriores son correctas.

La respuesta apropiada es la d), ya que para que un medicamento sea legalmente reconocido, es necesario conocer su composición cuantitativa y cualitativa, así como su forma de preparación. Se pretende evitar que sean reconocidos como medicamentos compuestos cuyos efectos secundarios se desconocen, o han podido falsificarse, dando lugar así a la venta especialmente por internet de "supuestos fármacos" que son auténticos engaños o basan su efectividad en el efecto placebo.

16. c) Una vez que un fármaco ha sido autorizado, puede modificarse la dosificación, forma farmacéutica y presentaciones adicionales sin necesidad de ninguna comunicación al organismo correspondiente.

La respuesta apropiada es la c), pues cualquier cambio que afecte a la dosis, forma de administración, forma farmacéutica, …, de un medicamento previamente autorizado, requiere ser autorizado o notificado al organismo que regula las condiciones de autorización, registro y dispensación de medicamentos de uso humano fabricados industrialmente.

17. d) Los antidiabéticos orales aumentan la absorción oral de glúcidos.

La respuesta apropiada es la d), ya que los antidiabéticos orales lo que hacen es reducir la absorción oral de glúcidos con objeto de no elevar los niveles sanguíneos de glucosa.

18. d) Los antagonistas del calcio se emplean únicamente en el tratamiento de las crisis de angor.

La respuesta apropiada es la d), pues los antagonistas del calcio pueden emplearse para tratar las crisis de angor (es decir, como antianginosos), pero también como antiarrítimicos, antihipertensivos e incluso en el espasmo cerebral, mientras que los nitratos se emplean solo como antianginosos.

19. b) Pueden usarse para tratar síntomas y también tienen efecto curativo en función de la patología.

La respuesta apropiada es la b), pues estos compuestos son sumamente potentes y deben administrarse con gran control, siendo especialmente cautos en su supresión, la cual hay que hacer de modo progresivo.

20. a) Farmacéutico de hospital.

La respuesta apropiada es la a), ya que en dicho Comité la figura del Farmacéutico de Hospital es clave, en tanto y en cuanto, el farmacéutico es el sanitario experto en medicamentos, y por lo tanto conoce los diferentes puntos clave del medicamento que han de tenerse en cuenta para que el ensayo tenga validez.

21. c) Medicamentos de especial control.

La respuesta apropiada es la c), ya que los medicamentos de especial control son aquellos que por la gravedad de sus efectos adversos pueden requerir un seguimiento o control especial.

22. d) Farmacocinética.

La respuesta correcta es la d), pues este proceso tiene que ver con el ciclo vital del fármaco en el organismo, ciclo este que se conoce como farmacocinética y que tiene que ver con la liberación, absorción, distribución, metabolismo, excreción y respuesta farmacológica.

23. c) Efecto colateral.

La respuesta correcta es la c), ya que el efecto colateral es un efecto indeseable, pero inevitable a la dosis terapéutica, el cual forma parte del mecanismo de acción del fármaco.

24. d) Ninguna de las respuestas anteriores es correcta.

La respuesta correcta es la d), ya que los fármacos que generan este problema son un tipo de antidepresivos, concretamente los IMAO.

25. d) Medicamento erróneo, en concreto selección incorrecta del medicamento.

La respuesta correcta es la d), ya que cuando un paciente recibe un fármaco que para él está contraindicado, se trata de un medicamento erróneo y, específicamente con una selección incorrecta del medicamento.

26. c) Exigir que las órdenes de los medicamentos especifiquen únicamente y de forma clara, la denominación común.

La respuesta correcta es la c), ya que las órdenes de los medicamentos deben incluir marca comercial y denominación común, forma de dosificación, concentración, instrucciones e indicaciones de uso.

27. c) Vial.

Los viales tienen una capacidad variable y su cerrado se realiza con un tapón de material elastomérico que permite su perforación con una aguja para la extracción múltiple de su contenido.

28. a) Titanio.

Uno de los inconvenientes de los envases de vidrio es su fragilidad, que hace que se rompa o agriete fácilmente al recibir un golpe. Para aumentar su resistencia se puede incorporar titanio a la red cristalina.

29. b) Para el mismo paciente se deben reenvasar simultáneamente los diferentes fármacos y dosis que se prescriben.

No se debe reenvasar simultáneamente dos medicamentos, aunque sean para el mismo paciente. En el área donde se realiza el reenvase solo se debe disponer de un solo medicamento y el material necesario para realizar dicha acción. Entre el reenvasado de dos productos farmacéuticos debe realizarse una inspección y limpieza exhaustiva de la máquina, adecuándola al nuevo proceso de reenvasado.

30. a) Forma de administración.

La ficha de la especialidad farmacéutica consta de cinco apartados: Fecha, número y/o unidades a reenvasar, lote y fecha de caducidad del producto original y del reenvasado así como, la identificación de las personas que intervienen en todo el proceso.

31. b) Hospitales.

La LGS también define a los hospitales como "el establecimiento encargado tanto del internamiento clínico como de la asistencia especializada y complementaria que requiera su zona de influencia", y la OMS como "una parte integrante de la organización médico-social, cuya misión consiste en proporcionar una asistencia médico-sanitaria completa, tanto curativa como preventiva, y cuyos servicios externos irradian hasta el ámbito familiar, siendo también un Centro de formación de personal sanitario y de investigación médico-social.

32. c) Ley 16/ 1997.

La Ley 16/1997, de 25 de abril, de regulación de servicios de las oficinas de farmacia.

33. a) Servicios de farmacia de los centros sociales.

En el caso de que existieran, no entrarían dentro de la regulación de establecimientos y servicios farmacéuticos.

34. c) B.

Los depósitos de medicamentos de los hospitales, extrahospitalarios y centros socio sanitarios pertenecen al nivel B (Centros hospitalarios y sociosanitarios), junto con Servicios de farmacia de hospital y Servicios de farmacia de los centros sociosanitarios.

35. a) Son de titularidad público-privada.

Las oficinas de farmacia están en el nivel A de atención farmacéutica y son de titularidad privada.

36. d) Todos están sujetos a este cumplimiento.

Los requisitos básicos de los establecimientos y servicios farmacéuticos son de obligado cumplimiento por todos los que conforman la red farmacéutica, sean de los niveles A, B o C.

37. a) Realizar protocolos de actuación.

Los protocolos son documentos escritos que recogen una serie ordenada de actuaciones a realizar ante la manifestación en la farmacia por parte de un ciudadano de padecer una determinada patología o síntoma. Serán elaborados por la Consejería de Sanidad.

38. a) En protocolos de actuación.

Si los medicamentos son prescritos por el médico, la información que aporta el farmacéutico irá dirigida al correcto cumplimiento del tratamiento y en el caso de que sean medicamentos de dispensación sin receta, la información se ajustará a protocolos específicos.

39. a) Activa.

La Atención Primaria se caracteriza por ser activa, ya que atiende no solo a demandas de la población, sino que resuelve necesidades de salud (promoción y prevención).

40. c) Jefe de servicio.

El Jefe de servicio es el máximo responsable y entre sus funciones están: Planificar los objetivos que debe cumplir el servicio, dictar las normas, establecer programas de calidad y coordinar las funciones que en este servicio se llevan a cabo.

41. c) Farmacéutico.

Los depósitos de medicamentos de hospitales estarán atendidos bajo la supervisión y control de un farmacéutico.

42. a) Área Asistencial.

La sección de farmacotecnia está integrada en el Área asistencial, en ella se preparan las fórmulas magistrales y normalizadas, mezclas parenterales, citostáticos, y las nutriciones parenterales y enterales.

43. c) La gestión directa del fármaco debe ser supervisada por un médico del centro.

La utilización de estupefacientes está sometida a una normativa sanitaria propia, que nos obliga a anotar las entradas, salidas y existencias de cada uno ellos. Tanto la recepción como la dispensación de estupefacientes, debe registrarse en el Libro de Contabilidad de estupefacientes. Además, las unidades que necesiten este fármaco deberán solicitarlo en un vale de estupefacientes. Por último el almacenamiento debe realizarse en una caja fuerte cerrada y con acceso restringido.

44. b) A una temperatura inferior a 8 ºC.

Los productos termolábiles deben guardarse en una cámara con una temperatura entre 2 y 8 ºC. La nevera debe poseer un termómetro al que se harán controles periódicos, que podrían ser solicitados por la inspección de sanidad. El frigorífico debe estar cercano a la zona de dispensación y tendrá acceso restringido al personal de farmacia.

45. d) *Stock vivo.*

Se denomina stock (existencias) al total de productos que tiene un proveedor para vender o dispensar en la actividad a la que se dedique su empresa. Se puede precisar más el concepto, hablando de un *Stock total*, que serían todos los productos. *Stock vivo*, que serían los productos existentes en las oficinas de distribución. *Stock ciego*, que serían los productos que hay en el almacén que no están en ese momento en los centros de distribución.

46. c) Sistema tradicional de distribución intrahospitalaria.

Los sistemas tradicionales de distribución intrahospitalaria de medicamentos son tres:

Sistema de dispensación por stock en unidad de enfermería, sistema de dispensación por reposición y paciente y sistema de dispensación de medicamentos en dosis unitaria (SDMDU).

47. b) DH.

Especialidad de Diagnóstico Hospitalario: para su dispensación se precisa el diagnóstico emitido por un equipo hospitalario especializado. Se distingue con la inicial DH colocada junto al código nacional, además de la leyenda que lo indica.

48. c) EPOC

Entre las principales patologías en las que se realiza atención farmacéutica en la dispensación a pacientes externos se encuentran: hepatitis B y C, artropatías crónicas, cáncer con tratamiento de quimioterapia oral, VIH, esclerosis múltiple, enfermedad inflamatoria intestinal, ELA, hipertensión pulmonar y psorias.

49. a) El personal de enfermería.

La administración de quimioterapia (QT) forma parte de todo un proceso que va desde la prescripción de la medicación por parte del médico, pasando por la validación por un farmacéutico, la preparación, la dispensación de los citostáticos, la administración y la eliminación de residuos.

En cuanto a la administración de QT, está habitualmente a cargo del personal de enfermería, aunque en determinadas vías de administración pueden ser otros profesionales quienes administren la medicación, como es el caso de la QT oral, cuando se dispensa en el servicio de farmacia o en tratamientos intratecales, que los administra un médico.

50. b) A la administración de citostático en cavidades o espacios como peritoneo, pleura, pericardio o vejiga urinaria.

Cuando se utiliza la vía intracavitaria para la quimioterapia, se administra el citostático en cavidades o espacios como peritoneo, pleura, pericardio o vejiga urinaria.

51. d) Proceso de proliferación descontrolada de células en un tejido u órgano que desemboca en la formación de una masa diferenciada denominada neoplasma, que puede ser benigno o maligno y tener consistencia sólida o no.

Se denomina neoplasia al proceso de proliferación descontrolada, incluso después de haber cesado el estímulo que lo provocó, de células en un tejido u órgano que desemboca en la formación de una masa diferenciada denominada neoplasma, puede ser benigno o maligno. Algunos neoplasmas pueden no formar tumores sólidos (ej.: neoplasia cervical intraepitelial, leucemia…).

52. c) Tres. Una antesala, una zona de preparación y una zona de paso que las conecta.

Constará de dos zonas diferenciadas, conectadas entre sí por una zona de paso:

1. Antesala destinada al almacenamiento y acondicionamiento del material.

2. Zona de paso que se destina a la transferencia de materiales y personas a la zona de preparación y actúa de barrera respecto a la contaminación.

3. Zona de preparación donde se ubica la Cabina de seguridad biológica (CBS).

53. c) 10 m^2.

En la zona de preparación se ubica la Cabina de seguridad biológica (CBS). En esta zona se dispondrán el mínimo número de estantes y se almacenará la mínima cantidad de material. El tamaño apropiado de esta estancia debe ser al menos de 10 m^2.

54. d) En todos los casos anteriores.

Se debe realizar la limpieza y desinfección de la cabina: antes de empezar cualquier trabajo; al finalizar el trabajo; en caso de derrames; antes de realizar un test de control mecánico o biológico en la zona de trabajo.

55. c) Es preferible hacer el lavado con agua caliente.

El lavado de manos debe realizarse, en la medida de lo posible, con jabón líquido, en dosificador que no sea necesario pulsar con las propias manos. Es preferible hacer el lavado con agua fría.

56. d) Cíclica.

Según la forma de administración podemos dividir la nutrición parenteral central en dos categorías: la continua o total, que es aquella que se administra durante todas las horas del día (más utilizada); y la discontinua o *cíclica*, que es aquella que solamente se administra en una parte del día o de la noche.

57. b) Vena cava superior.

La vía central a utilizar en nutrición parenteral central tiene localizado su extremo distal en la *vena cava superior*.

58. c) Mal cálculo de las necesidades.

Las complicaciones del empleo de la nutrición parenteral central pueden ser mecánicas, infecciosas y metabólicas. Las complicaciones dando neumotórax o una malposición del catéter, son de origen mecánico; las sepsis por inadecuada manipulación del catéter son infecciosas, siendo la única de origen metabólico el *mal cálculo de las necesidades* del paciente.

59. a) Laboratorios galénicos de nivel I.

El laboratorio galénico que se corresponde con aquellos laboratorios farmacéuticos que preparan formas farmacéuticas de uso tópico y formas farmacéuticas líquidas orales y rectales son de *nivel I*. Como mínimo, cuenta con el siguiente utillaje para la elaboración de fórmulas magistrales y preparados oficinales, y para el control de calidad de materias primas y de producto acabado.

60. d) Nada de lo anterior es cierto.

Las *ventajas* del plástico frente al vidrio son, fundamentalmente, su bajo coste, su bajo peso y su resistencia frente a la rotura. El plástico, al ser más barato, se puede fabricar como material desechable, evitando mucho las contaminaciones. Luego la opción verdadera es la d) *Nada de lo anterior es cierto*.

61. d) Pipetas.

Las pipetas de laboratorio conocidas también como "pipetas con perilla", son útiles necesarios para la manipulación de líquidos. Se emplean para transferir y dispensar una única cantidad específica de líquido con un grado de precisión muy elevado (de manera manual), y como se emplean para transferir volúmenes de líquidos medidos exactamente se les llama también *pipetas* volumétricas.

62. b) La sensibilidad y la exactitud.

La calibración de una balanza electrónica implica la pesada de un peso patrón de masa conocido, el valor de la pesada debe corresponder con el valor del patrón. La calibración de una balanza mecánica implica también la pesada de un peso patrón de masa conocida; este valor debe coincidir con el valor de la pesada. Para calibrar una balanza buscaremos la *exactitud y la sensibilidad*.

63. c) Sensibilidad.

La capacidad que tiene para apreciar cantidades mínimas de masa una balanza se denomina *sensibilidad*. Las balanzas tendrán tanto mayor sensibilidad a medida que las cantidades de más que detecten sean menores. Puede expresarse como la diferencia entre valores extremos de varias medidas de la misma magnitud.

64. d) Comprobar que la balanza está limpia, en caso contrario, proceder a su limpieza.

A la hora de iniciar la pesada con una balanza en un laboratorio farmacéutico debemos comprobar primero que *está limpia, en caso contrario, proceder a su limpieza*, se debe hacer por higiene y para evitar artefactos en la medida, ya que el platillo de la balanza se debe encontrar exactamente paralelo al suelo antes de encender la balanza y no debe haber nada encima del platillo, por lo que al inicio de la medición debe ser 0 gramos, una vez pulsemos el botón de encendido, hasta que se ilumine la pantalla o se muestre alguna señal de encendido.

65. a) La Comisión de Farmacia y Terapéutica.

La simple prescripción médica de una FM no autoriza ni implica la elaboración de dicha FM sin más. Se deberá estudiar detenidamente la FM y ver si realmente es posible y adecuada su elaboración, es decir, debe existir una validación de la fórmula por parte del farmacéutico responsable. Todas aquellas fórmulas que no estén recogidas en el Formulario Nacional y que por su uso se utilizan habitualmente en el Hospital, se aprobarán por *Comisión de Farmacia y Terapéutica*, pasando a ser contempladas en cada centro como FM normalizadas, pendientes de su publicación en próximas ediciones del Formulario Nacional.

66. c) Los criterios descritos en la ficha de elaboración.

La elaboración de las Fórmulas Magistrales se llevará a cabo siguiendo los *criterios descritos en la ficha de elaboración*.

67. c) Libro Recetario o soporte que lo sustituya de acuerdo con la legislación vigente.

En el acto de la dispensación se debe proporcionar al paciente información suficiente sobre la medicación que debe tomar y el régimen posológico. La dispensación de las fórmulas magistrales y de aquellos preparados oficinales que requieran receta médica se anotará en el *Libro Recetario o soporte que lo sustituya de acuerdo con la legislación vigente*.

68. b) Como producto sanitario para diagnóstico *in vitro*.

Los recipientes para muestras como producto sanitario se consideran para diagnóstico de laboratorio, es decir, para diagnóstico *in vitro*, en el catálogo de Parafarmacia del Consejo General del Colegio de Farmacéuticos (CGCOF) viene expresado con las siglas I.V.: Producto sanitario de diagnóstico *in vitro*.

69. b) Producto sanitario.

Los productos sanitarios (PS) son cualquier instrumento, dispositivo, equipo, programas informáticos, material u otro artículo utilizado solo o en combinación con cualquier accesorio en seres humanos. Los PS no ejercen la acción principal que se desea obtener en el interior o en la superficie del cuerpo humano por medios farmacológicos, inmunológicos ni metabólicos, pero sí tiene la función de contribuir con dichos medios.

70. b) Fecha de caducidad.

El símbolo indicado en la pregunta se refiere a la fecha de caducidad del producto. Es un símbolo que representa un "reloj de arena" y nos indica que no debe emplearse con posterioridad al final del mes o día del mes que se indica.

Preguntas de reserva

1. **c) Alerta de comercialización de medicamentos ilegales.**

   La respuesta correcta es la c), ya que todo fármaco para poder comercializarse debe disponer de la correspondiente autorización emitida por la AEMPS.

2. **d) Tipo I.**

   El vidrio tipo I también llamado vidrio neutro, resiste altas temperaturas y cambios bruscos de la misma, su obtención es muy costosa, por lo que sus aplicaciones en farmacia son para preparados de uso parenteral y no parenteral, sangre humana y hemoderivados.

3. **c) Normas generales.**

   En las normas generales se describen las unidades de medida en el Sistema internacional, las abreviaturas y los símbolos, las condiciones de conservación y las características de solubilidad.

4. **d) Bianualmente.**

   Los filtros HEPA no requieren ninguna clase de mantenimiento. La vida útil de los filtros HEPA depende de la intensidad de uso de la cabina y de que tan limpio es el ambiente en el que se encuentra instalada. Como rutina de mantenimiento más común, la sustitución del filtro HEPA se realiza bianualmente.

5. **b) Al Senado.**

   El artículo 166 de la Constitución Española señala que la iniciativa de reforma constitucional se ejercerá en los términos previstos en los apartados 1 y 2 del artículo 87 CE.

   Según el artículo 87.1 la iniciativa legislativa corresponde al Gobierno, al Congreso y al Senado, de acuerdo con la Constitución y los Reglamentos de las Cámaras. El artículo 87.2 se refiere a la iniciativa de las Asambleas de las Comunidades Autónomas.

SIMULACRO N.º 5

1. El pluralismo político, para nuestra Constitución, es un:

a) Principio General del ordenamiento político.
b) Valor superior del ordenamiento jurídico.
c) Principio rector de la política social y económica.
d) Derecho fundamental.

2. La justicia, según nuestra Constitución, es un:

a) Principio de nuestro ordenamiento jurídico.
b) Valor superior del anterior.
c) Manifestación del Estado democrático.
d) Todo lo anterior.

3. Constituye el fundamento del orden público y de la paz social, según la Constitución, el/la/los:

a) Derechos inviolables inherentes a la persona.
b) Estado social y democrático de Derecho.
c) Seguridad jurídica.
d) Justicia.

4. El artículo 3.1 de la Constitución Española dispone que el castellano es la lengua oficial del Estado y que:

a) Los españoles tienen el derecho de conocerla.
b) Todos los españoles tienen el deber de conocerla y el derecho a usarla.
c) Todos los españoles tienen el derecho de conocerla y el deber de usarla.
d) Es la única lengua oficial del Estado español.

5. Los españoles no residentes en España:

a) Tienen garantizado el derecho a la protección de la salud y a la asistencia sanitaria en los mismos términos y forma que los que tengan su residencia en territorio nacional.
b) Tienen garantizado el derecho a la protección de la salud y a la asistencia sanitaria en la forma que se establezca en las leyes y en los convenios internacionales.

c) Tienen garantizado el derecho a la protección de la salud en los mismos términos y forma que los que tengan su residencia en territorio nacional, y el derecho a la asistencia sanitaria en la forma que se establezca en las leyes y en los convenios internacionales.

d) No tienen garantizados los derechos a la protección de la salud y a la asistencia sanitaria.

6. Los extranjeros no residentes en España:

a) Tienen garantizado el derecho a la protección de la salud y a la asistencia sanitaria en los mismos términos y forma que los que tengan su residencia en territorio nacional.

b) Tienen garantizado el derecho a la protección de la salud y a la asistencia sanitaria en la forma que se establezca en las leyes y en los convenios internacionales.

c) Tienen garantizado el derecho a la protección de la salud en los mismos términos y forma que los que tengan su residencia en territorio nacional, y el derecho a la asistencia sanitaria en la forma que se establezca en las leyes y en los convenios internacionales.

d) No tienen garantizados los derechos a la protección de la salud y a la asistencia sanitaria.

7. Para el ejercicio de los derechos reconocidos en la Ley General de Sanidad en vía administrativa, están legitimados:

a) Todos los españoles.

b) Los extranjeros que tengan residencia establecida en territorio nacional.

c) Los extranjeros aunque no tengan establecida su residencia en territorio nacional.

d) Son ciertas las dos primeras respuestas.

8. ¿Cómo se denomina el Título I de la Ley 14/1986, de 25 de abril, General de Sanidad?

a) De la estructura del sistema sanitario.

b) De las competencias de las Administraciones Públicas.

c) De los principios generales.

d) Del sistema de salud.

9. En la división del personal de formación universitaria, la Ley 55/2003, de 16 de diciembre, atiende a la diferencia entre licenciados y diplomados, y también en:

a) Que haya obtenido el título de especialista en ciencias de la salud.

b) Las calificaciones obtenidas en la obtención del título.

c) La experiencia profesional.

d) La practicidad del título.

10. En la clasificación del personal estatutario de los servicios de salud, aten-diendo al nivel académico del título exigido para el ingreso, cuando no se requiere la obtención de un título universitario se denomina:

a) Personal estatutario laboral.

b) Personal auxiliar.

c) Personal profesional especialista en ciencias de la salud.

d) Personal de formación profesional.

11. El personal estatutario de los servicios de salud de formación profesional sanitaria se divide en:

a) Técnicos especialistas y Técnicos no especialistas.

b) Personal de formación profesional superior o de grado medio.

c) Técnicos superiores y Técnicos.

d) Personal de formación profesional y Técnicos Superiores.

12. Es personal estatutario de gestión y servicios:

a) Quien ostenta la condición de personal estatutario en virtud de nombramiento expedido para el ejercicio de profesiones o actividades profesionales sanitarias, cuando se exija una concreta titulación de formación profesional.

b) Quien ostenta tal condición en virtud de nombramiento expedido para el desempeño de funciones de gestión o para el desarrollo de profesiones u oficios que no tengan carácter sanitario.

c) Quien ostenta la condición de personal estatutario en virtud de nombramiento expedido para el ejercicio de una profesión sanitaria que exija una concreta titulación de carácter universitario de rama distinta a la sanitaria.

d) El que ostenta esta condición en virtud de nombramiento expedido para el ejercicio de funciones de carácter sanitario.

13. La normativa de prevención de riesgos laborales no será de aplicación:

a) A los centros y establecimientos militares, con las particularidades previstas en su normativa específica.

b) Los establecimientos penitenciarios.

c) Las sociedades cooperativas, en las que existan socios con prestación de su trabajo personal, con las peculiaridades derivadas de su normativa específica.

d) Aquellas actividades cuyas particularidades lo impidan en el ámbito de las funciones públicas de policía, seguridad y resguardo aduanero.

14. Según la Ley de Prevención de Riesgos Laborales, la posibilidad de que un trabajador sufra un determinado daño derivado del trabajo constituye:

a) Riesgo laboral.

b) Daño derivado del trabajo.

c) Prevención.

d) Condición de trabajo.

15. Respecto a la garantía de calidad de un medicamento, indica la respuesta incorrecta:

a) Es el Ministerio de Sanidad, a través de la AEMPS, quien fecha la puesta en vigor de un nuevo volumen de la Real Farmacopea Española.

b) La Real Farmacopea Española está constituida por las monografías peculiares españolas.

c) Las oficinas de farmacia, servicios farmacéuticos, entidades de distribución y laboratorios farmacéuticos deben garantizar que tienen acceso a la Real Farmacopea Española.

d) La Real Farmacopea Española es el código que establece la calidad que deben cumplir los principios activos y excipientes que entran en la composición de los medicamentos de uso humano y veterinario.

16. Entre las ventajas que supone denominar los medicamentos por su denominación común internacional, no se incluye:

a) Evita la necesidad de recordar y seleccionar entre la extensa lista de nombres comerciales registrados en nuestro país.

b) Las publicaciones científicas tienen como norma obligatoria la utilización de la DCI en todos los escritos que hagan referencia a un medicamento.

c) La DCI no es fácilmente adaptable a otros idiomas, por lo que facilita las confusiones.

d) Facilita el aprendizaje, dado que todos los estudios de Ciencias de la Salud utilizan los principios activos durante su formación en farmacología.

17. Indica con qué tipo de medicamento se corresponde aquel que es prescrito por el facultativo, elaborado en la farmacia por el farmacéutico según las indicaciones del facultativo:

a) Especialidad farmacéutica.

b) Fórmula magistral.

c) Preparado oficinal.

d) Ninguna de las respuestas anteriores es correcta.

18. Señala a qué categoría, desde el punto de vista teratógeno, pertenecen aquellos fármacos de los cuales hay estudios realizados en animales que no han demostrado riesgo teratógeno para el feto, pero no existen estudios controlados en mujeres embarazadas o cuando los estudios realizados en animales han demostrado un efecto adverso que no se ha confirmado en estudios controlados de mujeres embarazadas durante el primer trimestre:

a) Categoría X.

b) Categoría D.

c) Categoría A.

d) Categoría B.

19. Considerando la clasificación de los fármacos según el efecto que ejercen en el organismo, señala qué acción llevan a cabo los denominados inotrópicos:

a) Aumentan la actividad cardíaca.
b) Estimulan la respiración.
c) Reducen la actividad del sistema nervioso.
d) Inhiben la actividad de la hormona tiroidea.

20. Las funciones del Servicio de Farmacia en relación con los ensayos clínicos no incluyen:

a) Actividades de investigación.
b) Miembro del Comité Ético de Investigación Clínica.
c) Actividades docentes.
d) Acciones de *marketing* y distribución.

21. En el contexto de un ensayo clínico, las funciones del promotor no incluyen:

a) Seleccionar al investigador más adecuado según su cualificación y medios disponibles, asegurándose de que el estudio se lleve a cabo de acuerdo con las normas recogidas en el protocolo.
b) Cerciorarse de que los investigadores y el centro donde se realizará la investigación son adecuados para este propósito durante el periodo de realización del ensayo.
c) Dirigir y responsabilizarse de la realización práctica del ensayo clínico en un determinado ámbito.
d) Las respuestas b) y c) son correctas.

22. Señala la respuesta incorrecta, respecto a una especialidad farmacéutica:

a) Tiene una forma farmacéutica determinada.
b) Está inscrita en el registro de especialidades farmacéuticas.
c) Su composición y dosificación varía en función del laboratorio fabricante.
d) Está acondicionada para la dispensación al paciente.

23. Aquellas formas farmacéuticas en las que el principio activo se libera de forma constante, minimizando así la fluctuación de sus niveles en plasma se corresponde con:

a) Liberación sostenida.
b) Liberación pulsátil.
c) Liberación retardada.
d) Liberación acelerada.

24. Una emulsión de consistencia semisólida no untuosa se corresponde con:

a) Pasta.
b) Pomada.

c) Gel.

d) Ninguna de las respuestas anteriores es correcta.

25. Al considerar las reacciones alérgicas, una reacción por inmunocomplejos se corresponde con:

a) Reacción tipo IV.

b) Reacción tipo I.

c) Reacción tipo III.

d) Ninguna de las respuestas anteriores es correcta.

26. Entre los conceptos relacionados con los efectos indeseables no se incluye:

a) Reacciones idiosincráticas.

b) Insensibilidad.

c) Efecto rebote.

d) Dependencia.

27. Una de las siguientes no es una ventaja de los envases de plástico:

a) Pueden ser flexibles o rígidos.

b) Mayor resistencia a los golpes.

c) Alto peso molecular.

d) Son más económicos.

28. De todos los envases plásticos, el más impermeable se considera que es:

a) Cloruro de polivinilo (PVC).

b) Polipropileno (PP).

c) Polietileno (PE).

d) Poliestireno (PS).

29. Respecto al papel del farmacéutico en el proceso de reenvasado de un medicamento, ¿qué no es correcto?

a) En el proceso automático de reenvasado de líquidos o polvos no será preciso la comprobación del farmacéutico de que la dosificación por dosis corresponde a la cantidad que aparece escrita en cada unidad reenvasada.

b) La ficha de la especialidad a reenvasar, después de cumplimentada debe ser firmada por el farmacéutico.

c) La presencia del farmacéutico no es imprescindible en todas las fases del reenvase del medicamento.

d) Todas son correctas.

30. En la actualidad los servicios personalizados de dosificación (SPD), permiten:

a) El envasado herméticamente cerrado.
b) El multienvasado si es para el mismo paciente.
c) Que el auxiliar de farmacia modifique de manera manual los datos si hay algún cambio en las órdenes del médico.
d) Todas son correctas.

31. No entra dentro del cuadro de colaboraciones entre las oficinas de farmacia y la Comunidad Autónoma:

a) Farmacovigilancia.
b) Automedicación.
c) Control de publicidad.
d) Control del mercado.

32. En cuanto a los protocolos de actuación en la atención farmacéutica:

a) Son elaborados por cada establecimiento farmacéutico.
b) Su texto no irá en contra del contenido de la ficha técnica del medicamento.
c) Son de obligado cumplimiento para la dispensación de fármacos con receta médica.
d) No son de ayuda para fomentar el uso adecuado del medicamento.

33. Entre las acciones que se realizan en la Farmacovigilancia no se encuentra:

a) Reversión del efecto adverso.
b) Registro del efecto adverso.
c) Evaluación sistemática de los efectos adversos.
d) Detección del efecto adverso.

34. ¿Cuál no es una función del farmacéutico?

a) Educar sobre estilos de vida.
b) Promoción de la salud.
c) Dispensación de fármacos.
d) Todas son correctas.

35. De las siguientes afirmaciones sobre el farmacéutico no es correcta:

a) Solo los farmacéuticos podrán ser titulares de una oficina de farmacia.
b) Cada farmacéutico solo podrá ser titular de una oficina de farmacia.
c) No es necesaria la continua presencia del farmacéutico en la oficina de farmacia cuando se dispensan medicamentos.
d) La titularidad de una oficina de farmacia puede ser del farmacéutico asociado a otro de igual titulación.

36. La autorización para la apertura de una oficina de farmacia, se otorga en base a:

a) Baremo de méritos del farmacéutico.
b) Concurso público.
c) Las respuestas a) y b) son correctas.
d) Ninguna es correcta.

37. Dentro del personal facultativo que puede dispensar medicamentos en la oficina de farmacia, además del farmacéutico titular, están:

a) Técnico de farmacia.
b) Farmacéutico regente.
c) Auxiliar de farmacia.
d) Todas son correctas.

38. Cuando nos referimos a la figura del profesional titulado en Ciencias de la Salud (licenciado/graduado) que, sin ejercer las funciones y responsabilidades que corresponden al farmacéutico titular, presta sus servicios en una OF, estamos hablando de:

a) Facultativo.
b) Farmacéutico sustituto.
c) Farmacéutico regente.
d) Farmacéutico adjunto.

39. ¿En qué artículo de la Ley General de Sanidad se delimitan geográficamente las Áreas de Salud?

a) En el art. 34.
b) En el art. 65.
c) En el art. 56.
d) En el art. 67.

40. ¿Qué sección es la encargada de evaluar los fármacos terapéuticamente más eficaces y seguros para el paciente, teniendo en cuenta también una adecuada calidad y coste?

a) Sección de farmacotecnia.
b) Sección administrativa.
c) Sección de farmacia clínica.
d) Sección científica.

41. ¿Cuál de los siguientes factores no delimitan el Servicio de Farmacia Hospitalaria?

a) Dispersión poblacional.
b) Tipo de compras.
c) Localización geográfica.
d) Tipo de hospital.

42. El *stock* residual de medicamentos no debe ser superior a:

a) 6 meses.
b) 1 mes.
c) 1 año.
d) 3 meses.

43. ¿Cómo se denomina al conjunto formado por todos los productos localizados en el almacén, fuera de la vista del público?

a) *Stock*.
b) *Stock* ciego.
c) *Stock* vivo.
d) *Stock* óptimo.

44. ¿A qué se denomina "Coeficiente de Rotación", en la teoría de gestión de *stocks*?

a) Al número de veces que un producto pasa del almacén a la oficina de distribución o viceversa.
b) Al tiempo que tarda un determinado producto, en pasar del almacén a la oficina de distribución.
c) Al número de veces que se ha utilizado el *stock* en un periodo de tiempo determinado.
d) Al tiempo medio que pasa un determinado producto en la oficina de distribución.

45. ¿Cómo se denomina al recuento físico que se hace cada año de todas las existencias presentes en los almacenes?

a) Control de *Stock*.
b) *Stock* medio.
c) Inventario.
d) Inventario rotativo.

46. ¿Cómo se denomina al documento que registrar los datos personales de cada paciente y toda la medicación prescrita o administrada?

a) Perfil farmacodinámico.
b) Perfil farmacoterapéutico.
c) Orden médica.
d) Hoja de tratamiento.

47. ¿Cuál considera que es el primer paso, en el procedimiento de distribución de medicamentos?

a) Elaboración del perfil farmacoterapéutico.
b) Administración del medicamento.

c) Prescripción u orden médica.
d) Envasados en dosis unitarias del medicamento.

48. ¿Qué Real Decreto regula en la actualidad la normativa sobre recetas médicas y órdenes de dispensación?

a) RD 1718/2000, de 17 de agosto.
b) RD 1718/2005, de 28 de diciembre.
c) RD 1718/2010, de 17 de diciembre.
d) RD 1718/2015, de 12 de noviembre.

49. Las "Bombas de infusión" son sistemas que permiten la administración por vía parenteral o enteral de fármacos mediante presión positiva. De los diversos sistemas que existen, ¿cuál no requiere para funcionar electricidad ni batería?

a) Todas requieren electricidad y tienen batería.
b) Las bombas volumétricas.
c) Las bombas de jeringa.
d) Las bombas elastoméricas.

50. ¿Cómo se utiliza la vía intratecal para la administración de quimioterapia?

a) Mediante una punción lumbar, o bien un catéter o reservorio tipo Omaya.
b) Con sistemas implantables con reservorios tipo Port-aCath.
c) Con un catéter venoso central, de inserción periférica.
d) Con la canalización percutánea de una arteria.

51. ¿Cuál de los siguientes tipos de cáncer tiene una mayor mortalidad?

a) Mama.
b) Pulmón.
c) Colorrectal.
d) Páncreas.

52. A efectos de la Ley 7/2022, de 8 de abril, de "residuos y suelos contaminados para una economía circular", ¿cómo se denomina al material orgánico higienizado y estabilizado obtenido a partir del tratamiento controlado biológico aerobio y termófilo de residuos biodegradables recogidos separadamente?

a) Digerido.
b) Biorresiduo.
c) Compost.
d) Basura dispersa.

53. ¿Cómo se denominan los tumores que se originan partiendo de tejido conjuntivo o conectivo?

a) Carcinomas.
b) Sarcomas.
c) Linfomas.
d) Leucemias.

54. ¿Qué tipo de cabina de seguridad es la que presenta el máximo nivel de seguridad?

a) Las de clase I.
b) Las de clase II.
c) Las de clase III.
d) Las de clase IV.

55. ¿Cómo se clasifican las "Salas Blancas"?

a) Por el tamaño.
b) Por el tipo de sustancias que pueden elaborarse en ellas.
c) Por el grado de pureza del aire interior y por el flujo del aire.
d) Por su nivel de esterilidad.

56. ¿Cuáles son las causas más frecuentes y más graves de las complicaciones del empleo de la nutrición parenteral central?

a) Las más frecuentes y más graves son las de origen químico.
b) Las más frecuentes y más graves son las de origen mecánico.
c) Las más frecuentes y más graves son las de origen infeccioso.
d) Las más frecuentes y más graves son las de origen metabólico.

57. ¿Qué complicaciones metabólicas son las más frecuentes del empleo de la nutrición parenteral central?

a) Alteraciones vitamínicas.
b) Alteraciones electrolíticas.
c) Hiperglucemia.
d) Hipoglucemia.

58. ¿Qué condiciones debe reunir la nutrición parenteral periférica a nivel de osmolaridad y pH, además de las propiamente técnicas o de procedimiento?

a) La osmolaridad no debe superar 500 mOsmm/L y el pH debe estar entre 7,5 y 8.
b) La osmolaridad no debe superar 500 mOsmm/L y el pH debe estar entre 6 y 7,4.
c) La osmolaridad no debe superar 800 mOsmm/L y el pH debe estar entre 7,5 y 8.
d) La osmolaridad no debe superar 800 mOsmm/L y el pH debe estar entre 6 y 7,4.

59. Todo lo que se expone de las buretas es cierto, excepto que:

a) También existen las ultramicroburetas con divisiones que aprecian 0,001 ml o incluso volúmenes más pequeños.
b) Las buretas están graduadas en intervalos de 1 ml.
c) Existen en el mercado microburetas (2 ml).
d) La bureta más comúnmente usada puede contener un máximo de 50 ml.

60. ¿Cuál es la temperatura máxima de uso del polipropileno (PP), como material plástico empleado en el envasado en el laboratorio farmacéutico?

a) 135 ºC.
b) 100 ºC.
c) 80 ºC.
d) 50 ºC.

61. ¿Qué error de observación se produce al leer el volumen, sin situar los ojos al mismo nivel que la superficie del líquido, debido a la existencia del menisco en la superficie si se observa por encima, o por debajo, del volumen existente?

a) Error invertido.
b) Error de Schellbach.
c) Error de paralelaje.
d) Error de difracción.

62. ¿Qué temperatura ambiente (de la sala) es la más idónea y recomendable para realizar las pesadas? Temperatura ambiente de la sala entre…

a) La temperatura ambiente no influye en la pesada.
b) 0-10ºC.
c) 10-35ºC.
d) 35-55ºC.

63. ¿Sobre qué parámetro de los que se nombran influirá más las variaciones de la humedad de la atmósfera?

a) Precisión.
b) Sensibilidad.
c) Exactitud.
d) Fiabilidad.

64. ¿Qué evaporadores de un laboratorio son aquellos que la cámara calefactora envuelve a la cámara de evaporación? Evaporadores…

a) De vacío y múltiples efectos.
b) De vacío y escasos efectos.

c) Simples.
d) De tubos.

65. ¿Quién se encarga en un Servicio de Farmacia Hospitalaria de realizar el re-envasado por estar autorizado para el mismo?

a) Técnico.
b) Farmacéutico.
c) Auxiliar.
d) Celador.

66. ¿Quiénes son los responsables de realizar las preparaciones estériles? La realizarán...

a) DUE y auxiliar.
b) Técnico y farmacéutico.
c) Técnico y auxiliar.
d) Técnico y DUE.

67. ¿Qué equipamiento que se nombra a continuación se considera específico de Farmacotecnia?

a) Balanza con precisión de 1 mg.
b) Bombo de grajeado.
c) Mortero de vidrio y/o porcelana.
d) Agitador.

68. ¿En cuántas clases se clasifican los productos sanitarios atendiendo al riesgo?

a) En 2 clases.
b) En 3 clases.
c) En 4 clases.
d) En 5 clases.

69. ¿En qué se basan las reglas de decisión para la clasificación de los productos sanitarios en clase I, IIa, IIb y III?

a) En los diseños de los mismos.
b) En los accesorios que necesitan.
c) En el empleo que poseen.
d) En la vulnerabilidad del cuerpo humano.

70. ¿Cuáles son los productos de mayor riesgo?

a) I.
b) IIc.
c) III.
d) IV.

Preguntas de reserva

1. Las Áreas de Salud contarán, de acuerdo con lo dispuesto en la Ley 14/1986, de 25 de abril, General de Sanidad, con el siguiente órgano de gestión:

a) La Comisión de Dirección de Área.
b) El Consejo de Dirección de Área.
c) El Gerente de Área.
d) El Consejo de Salud de Área.

2. La Ley 31/1995, en su artículo 9, establece que la función de vigilancia y control de la normativa sobre prevención de riesgos laborales corresponderá a:

a) El Instituto Nacional de Seguridad y Salud en el Trabajo.
b) La Comisión Nacional de Seguridad y Salud en el Trabajo.
c) La Inspección de Trabajo y Seguridad Social.
d) El Ministerio de Trabajo y Economía Social.

3. Según el artículo 6 de la LPRL, el Gobierno, a través de las correspondientes normas reglamentarias y previa consulta a las organizaciones sindicales y empresariales más representativas, regulará diferentes materias que dicho precepto relaciona; entre ellas no se encuentran:

a) Requisitos mínimos que deben reunir las condiciones de trabajo para la protección de la seguridad y la salud de los trabajadores.
b) Procedimientos de evaluación de los riesgos para la salud de los trabajadores, normalización de metodologías y guías de actuación preventiva.
c) Modalidades de organización, funcionamiento y control de los servicios de prevención, considerando las peculiaridades de las pequeñas empresas con el fin de evitar obstáculos innecesarios para su creación y desarrollo, así como capacidades y aptitudes que deban reunir los mencionados servicios y los trabajadores designados para desarrollar la acción preventiva.
d) Los límites del coste económico que para las empresas ha de tener la inversión en prevención de riesgos laborales.

4. La supervisión de la formación que, en materia de prevención y promoción de la salud laboral, deba recibir el personal sanitario actuante en los servicios de prevención autorizados corresponderá a:

a) La Inspección de Trabajo y Seguridad Social.
b) La Autoridad Laboral.
c) Las Administraciones Públicas competentes en materia sanitaria.
d) Al Comisión Nacional de Seguridad y Salud en el Trabajo.

5. En el control de calidad del material de acondicionamiento, ¿qué tipo de ensayo se realiza para envases que contengan sangre o hemoderivados?

a) Ensayo de resistencia térmica.
b) Ensayo de trasmisión de la luz.
c) Ensayo de resistencia hidrolítica.
d) Todas son correctas.

Solución al simulacro n.º 5

1. **b) Valor superior del ordenamiento jurídico.**

   La fundamentación legal de esta pregunta la encontramos en el artículo 1, párrafo 1 de nuestra CE.

   1. España se constituye en un Estado social y democrático de Derecho, que propugna como valores superiores de su ordenamiento jurídico la libertad, la justicia, la igualdad y el pluralismo político.

2. **b) Valor superior del anterior.**

   La fundamentación legal de esta pregunta la encontramos en el artículo 1, párrafo 1 de nuestra CE.

3. **a) Derechos inviolables inherentes a la persona.**

   La fundamentación legal de esta pregunta, la encontramos en el artículo 10.1 de nuestra CE:

   1. La dignidad de la persona, los derechos inviolables que le son inherentes, el libre desarrollo de la personalidad, el respeto a la ley y a los derechos de los demás son fundamento del orden político y de la paz social.

4. **d) Es la única lengua oficial del Estado español.**

   La respuesta correcta es la d). Tal y como establece el artículo 3 en sus apartados 1 y 2, *"el castellano es la lengua española oficial del Estado"* y *"Las demás lenguas españolas serán también oficiales en las respectivas Comunidades Autónomas de acuerdo con sus Estatutos."*

5. **b) Tienen garantizado el derecho a la protección de la salud y a la asistencia sanitaria en la forma que se establezca en las leyes y en los convenios internacionales.**

   Los españoles no residentes en España tendrán garantizado el derecho a la protección de la salud y el derecho a la asistencia sanitaria en virtud de lo que se establezca al respecto en leyes y en tratados o convenios internacionales.

   Por ejemplo, a nivel de la Unión Europea, y en relación con estancias no permanentes en países firmantes de su territorio, son, entre otras normas, el Reglamento (CE) n.º 883/2004 del Parlamento Europeo y del Consejo de 29 de abril de 2004, sobre la coordinación de los sistemas de seguridad social, y el Reglamento (CE) n.º 987/2009 del Parlamento Europeo y del Consejo, de 16 de septiembre de 2009, por el que se adoptan las normas de aplicación del anterior, los que regulan esta materia. Fuera de la Unión Europea habrá que estar a los tratados internacionales que España haya podido suscribir, de forma bilateral con otros países, o como miembro de la Unión Europea a lo que dispongan los convenios suscritos por estos con otros organismos o instituciones supranacionales.

Es evidente que con muchos países esos convenios no existen, por lo que los españoles que se desplacen ocasionalmente a ellos o pretendan residir en cualquier otro Estado de forma habitual, deberán cumplir con los requisitos establecidos en la normativa interna de cada país para ser titular nato de los derechos de protección a la salud y de asistencia sanitaria.

6. b) Tienen garantizado el derecho a la protección de la salud y a la asistencia sanitaria en la forma que se establezca en las leyes y en los convenios internacionales.

Actualmente, es el art. 3.ter de la Ley 16/2003, de 28 de mayo, de Cohesión y Calidad del Sistema Nacional de Salud, el que regula esta materia, al establecer que:

"Artículo 3 ter. Protección de la salud y atención sanitaria a las personas extranjeras que encontrándose en España no tengan su residencia legal en el territorio español.

1. Las personas extranjeras no registradas ni autorizadas como residentes en España tienen derecho a la protección de la salud y a la atención sanitaria en las mismas condiciones que las personas con nacionalidad española, tal y como se establece en el artículo 3.1.

2. La citada asistencia será con cargo a los fondos públicos de las administraciones competentes siempre que dichas personas cumplan todos los siguientes requisitos:

a) No tener la obligación de acreditar la cobertura obligatoria de la prestación sanitaria por otra vía, en virtud de lo dispuesto en el derecho de la Unión Europea, los convenios bilaterales y demás normativa aplicable.

b) No poder exportar el derecho de cobertura sanitaria desde su país de origen o procedencia.

c) No existir un tercero obligado al pago.

2. La asistencia sanitaria a la que se refiere este artículo no genera un derecho a la cobertura de la asistencia sanitaria fuera del territorio español financiada con cargo a los fondos públicos de las administraciones competentes, sin perjuicio de lo dispuesto en las normas internacionales en materia de seguridad social aplicables.

3. Las Comunidades Autónomas, en el ámbito de sus competencias, fijarán el procedimiento para la solicitud y expedición del documento certificativo que acredite a las personas extranjeras para poder recibir la prestación asistencial a la que se refiere este artículo.

En aquellos casos en que las personas extranjeras se encuentren en situación de estancia temporal de acuerdo con lo previsto en la Ley Orgánica 4/2000, de 11 de enero, sobre Derechos y Libertades de los Extranjeros en España y su Integración Social, será preceptiva la emisión de un informe previo favorable de los servicios sociales competentes de las Comunidades Autónomas.

4. Las Comunidades Autónomas deberán comunicar al Ministerio de Sanidad, Consumo y Bienestar Social, mediante el procedimiento que se determine, los documentos certificativos que se expidan en aplicación de lo previsto en este artículo."

La asistencia está garantizada, aunque el importe de la misma, si no se cumplen los requisitos fijados en este precepto, no los asumirá el sistema.

7. d) Son ciertas las dos primeras respuestas.

Una vez que el artículo 1 de la Ley General de Sanidad reconoce el derecho a la protección de la salud y el derecho a la asistencia sanitaria a una serie de colectivos, los grupos de personas de lo que hemos hablado en las preguntas anteriores, llega el momento de identificar a quienes pueden reclamar oficialmente ante el incumplimiento por los prestadores de los servicios en el ejercicio y disfrute de aquellos derechos. Las personas legitimadas para reclamar, a las que se reconoce capacidad para hacerlo, son, como dice el art. 1.4 de la LGS, las personas identificadas en el punto 2 del mismo precepto que, como hemos visto anteriormente, son todos los españoles y los ciudadanos extranjeros que tengan establecida su residencia en el territorio nacional.

En esta pregunta se indica en la legitimación en vía administrativa, debiendo entender por tal el conjunto de actuaciones o recursos que el ciudadano tenga que realizar o formular ente los órganos de las distintas administraciones encargadas de prestar los servicios para la protección de su salud y para atenderle sanitariamente.

8. d) Del sistema de salud.

La Ley 14/1986, de 25 de abril, General de Sanidad (LGS), se estructura en un título preliminar, siete títulos, diez disposiciones adicionales, seis disposiciones transitorias, dos disposiciones derogatorias y dieciséis disposiciones finales. El Título I se denomina "Del sistema de salud".

9. a) Que haya obtenido el título de especialista en ciencias de la salud.

El artículo 6.2 de la Ley 55/2003, de 16 de diciembre, en cuanto referido al personal de formación universitaria, manifiesta que este personal se divide en:

1.ºLicenciados con título de especialista en Ciencias de la Salud.

2.ºLicenciados sanitarios.

3.ºDiplomados con título de Especialista en Ciencias de la Salud.

4.ºDiplomados sanitarios.

Obviando la necesaria equivalencia entre estos títulos universitarios a que hace referencia la ley y los actuales de Grado o Máster, lo cierto es que ambas categorías a las que se refiere se subdividen a su vez en quienes han obtenido el título de especialista en Ciencias de la Salud y aquellos que no.

10. d) Personal de formación profesional.

La Ley 55/2003, de 16 de diciembre, y en concreto, su artículo 6, distingue en la clasificación del personal estatutario atendiendo al título exigido para su ingreso, entre aquel personal que ha obtenido un título universitario y aquel que ha obtenido un título de formación profesional, que se equiparan con lo que ahora se denominan ciclos formativos.

11. c) Técnicos superiores y Técnicos.

Según el apartado b) del artículo 6.2 de la Ley 55/2003, de 16 de diciembre, se considera personal de formación profesional a quienes ostenten la condición de personal estatutario en virtud de nombramiento expedido para el ejercicio de profesiones o actividades profesionales sanitarias, cuando se exija una concreta titulación de formación profesional. Este personal se divide en:

1.º Técnicos superiores.

2.º Técnicos.

Conforme al apartado 2.º del artículo 3 de la Ley 44/2003, de 21 de noviembre, de ordenación de las profesiones sanitarias: "Los profesionales del área sanitaria de formación profesional se estructuran en los siguientes grupos:

a) De grado superior: quienes ostentan los títulos de Técnico Superior en Anatomía Patológica y Citología, en Dietética, en Documentación Sanitaria, en Higiene Bucodental, en Imagen para el Diagnóstico, en Laboratorio de Diagnóstico Clínico, en Ortoprotésica, en Prótesis Dentales, en Radioterapia, en Salud Ambiental y en Audioprótesis.

b) De grado medio: quienes ostentan los títulos de Técnico en Cuidados Auxiliares de Enfermería y en Farmacia."

12. b) Quien ostenta tal condición en virtud de nombramiento expedido para el desempeño de funciones de gestión o para el desarrollo de profesiones u oficios que no tengan carácter sanitario.

El artículo 73, apartado 1.º, de la Ley 55/2003, de 16 de diciembre, dispone que: "Es personal estatutario de gestión y servicios quien ostenta tal condición en virtud de nombramiento expedido para el desempeño de funciones de gestión o para el desarrollo de profesiones u oficios que no tengan carácter sanitario." Es clara la diferencia entre el personal estatutario sanitario y el de gestión y servicios cuya nota de distinción se encuentra en el desarrollo o no de una actividad sanitaria.

13. d) Aquellas actividades cuyas particularidades lo impidan en el ámbito de las funciones públicas de policía, seguridad y resguardo aduanero.

El apartado 2 del artículo 3 de la LPRL dispone que la presente ley no sea de aplicación en aquellas actividades cuyas particularidades lo impidan en el ámbito de las funciones públicas de "policía, seguridad y resguardo aduanero".

14. a) Riesgo laboral.

Es la definición que al "riesgo laboral" le atribuye el artículo 4.2.º de la LPRL, como la posibilidad de que un trabajador sufra un determinado daño derivado del trabajo.

15. b) La Real Farmacopea Española está constituida por las monografías peculiares españolas.

La respuesta apropiada es la b), ya que la Real Farmacopea Española incluye las monografías contenidas en la Farmacopea Europea del Consejo de Europa, y excepcionalmente, las monografías peculiares españolas.

16. c) La DCI no es fácilmente adaptable a otros idiomas, por lo que facilita las confusiones.

La respuesta apropiada es la c), ya que la DCI es fácilmente adaptable a otros idiomas facilitando la identificación de sustancias del mismo grupo terapéutico.

17. b) Fórmula magistral.

La respuesta apropiada es la b), ya que la fórmula magistral la elabora el farmacéutico siguiendo las indicaciones del médico.

18. d) Categoría B.

La respuesta apropiada es la d), ya que como se desprende de la definición de esta categoría, estos son fármacos bastante seguros en comparación con fármacos de los grupos C y D, y por supuesto X.

19. a) Aumentan la actividad cardíaca.

La respuesta apropiada es la a), ya que los citados inotrópicos lo que hacen es aumentar la fuerza de contracción cardíaca, pudiendo incluso aumentar la frecuencia cardíaca.

20. d) Acciones de *marketing* y distribución.

La respuesta apropiada es la d), ya que los ensayos clínicos, por su propia naturaleza no incluyen actividades que tengan que ver con la venta del medicamento y consecuentemente, no hay ninguna correlación ni con el *marketing*, ni con la distribución.

21. d) Las respuestas b) y c) son correctas.

La respuesta apropiada es la d) ya que la opción que se menciona en el punto b) es competencia del monitor, mientras la citada en el punto c), le corresponde al investigador.

22. c) Su composición y dosificación varía en función del laboratorio fabricante.

La respuesta correcta es la c), pues una especialidad farmacéutica con un determinado principio activo, aunque sea fabricada por diversos laboratorios tiene la misma composición y dosificación; por ejemplo, Termalgin 500, Tylenol 500, son 2 fármacos que contienen el mismo principio activo (paracetamol), con la misma dosificación (500 mg), en forma de comprimidos o tabletas.

23. a) Liberación sostenida.

La respuesta correcta es la a), que se corresponde con las formas farmacéuticas de liberación sostenida.

24. d) Ninguna de las respuestas anteriores es correcta.

La respuesta correcta es la d), ya que la emulsión con las características indicadas es una crema.

25. c) Reacción tipo III.

Tipo III: por inmunocomplejos. El anticuerpo IgG se combina con el hapteno farmacológico en la propia circulación; el complejo se adhiere y se deposita en las paredes vasculares y, al activarse el complemento, se induce una lesión del endotelio capilar.

26. a) Reacciones idiosincráticas.

La respuesta correcta es la a), ya que las reacciones idiosincráticas son reacciones particulares de cada individuo, cuya causa es desconocida, pero se sabe que suele haber un problema enzimático, ligado a la metabolización del fármaco.

27. c) Alto peso molecular.

Entre las múltiples ventajas de los envases plásticos se encuentra su bajo peso molecular y su gran versatilidad, lo que permite transformarlos obteniendo gran variedad de recipientes.

28. d) Poliestireno (PS).

El poliestireno es muy poco permeable al vapor de agua, oxígeno y, en general a todo tipo de vapores y gases, lo que le convierte en el plástico más impermeable de todos los posibles a emplear.

29. a) En el proceso automático de reenvasado de líquidos o polvos no será preciso la comprobación del farmacéutico de que la dosificación por dosis corresponde a la cantidad que aparece escrita en cada unidad reenvasada.

En el reenvasado de líquidos o polvos de forma automatizada, requiere la presencia del farmacéutico para que compruebe que la dosificación por dosis corresponde a la cantidad que aparece escrita en cada unidad reenvasada.

30. a) El envasado herméticamente cerrado.

En el envasado automático, el medicamento queda herméticamente cerrado, entre dos hojas de papel. A través del software del fabricante se incluye el medicamento, dosis y horarios de administración y toda esa información es transferida a la máquina de preparación de las dosis que prepara, los paquetes de medicamentos de manera personalizada, a la orden del técnico, pero bajo las consignas del programa informático del fabricante.

31. b) Automedicación.

Es responsabilidad de todos los entes sanitarios y principalmente farmacéuticos, el informar sobre el uso racional de los medicamentos y productos sanitarios, evitando la automedicación.

32. b) Su texto no irá en contra del contenido de la ficha técnica del medicamento.

No puede haber discrepancias entre la información que se muestra en el protocolo y la ficha técnica del medicamento. Para evitar esas posibles discordancias, la Consejería de Sanidad los realiza en colaboración con expertos de Organizaciones Profesionales y Docencia.

33. a) Reversión del efecto adverso.

La Farmacovigilancia comprende la detección, registro, notificación y evaluación sistemática de las reacciones adversas a medicamentos.

34. d) Todas son correctas.

Son funciones del farmacéutico relacionadas con la promoción de la salud y la prevención de la enfermedad: su participación en la educación sanitaria, proporcionando información sobre la salud y estilos de vida y, aportando información y consejo al usuario para aumentar la responsabilidad sobre su salud.

35. c) No es necesaria la continua presencia del farmacéutico en la oficina de farmacia cuando se dispensan medicamentos.

La presencia física del farmacéutico en la oficina de farmacia se considera indispensable para la dispensación de medicamentos a los usuarios.

36. c) Las respuestas a) y b) son correctas.

Las autorizaciones se otorgarán mediante el sistema de concurso público conforme el baremo de méritos del farmacéutico (experiencia profesional, méritos académicos y formación post licenciatura), y procedimiento que reglamentariamente se establezca.

37. b) Farmacéutico regente.

El/la Auxiliar de farmacia y el Técnico de farmacia no son personal facultativo.

38. a) Facultativo.

El facultativo/a puede prestar sus servicios en la oficina de farmacia, pero no puede ejercer las funciones y responsabilidades del farmacéutico.

39. c) En el art. 56.

En cumplimiento del art. 56 de la LGS las comunidades autónomas delimitan las demarcaciones territoriales Áreas de Salud, en las que se organiza un Servicio de Salud coordinado e integral.

40. c) Sección de farmacia clínica.

La sección de farmacia clínica junto con la farmacotecnia y la dispensación pertenecen al Área asistencial.

41. a) Dispersión poblacional.

Los factores que delimitan el SFH son: el tipo de hospital, tipo de compras y las prestaciones farmacéuticas a desarrollar por el servicio.

42. b) 1 mes.

Se debe intentar aumentar el índice de rotación de stock lo más alto posible, lo cual lleva a tener un stock residual en los Servicios de Farmacia no superior a un mes, y por consiguiente, disminuir el intervalo de pedidos con los laboratorios y aumentar el número de pedidos a realizar.

43. b) *Stock* ciego.

Se denomina *stock* (existencias) al total de productos que tiene un proveedor para vender o dispensar en la actividad a la que se dedique su empresa. Se puede precisar más el concepto, hablando de un *Stock* total, que serían todos los productos. *Stock* vivo, que serían los productos existentes en las oficinas de distribución. *Stock* ciego, que serían los productos que hay en el almacén que no están en ese momento en los centros de distribución.

44. c) Al número de veces que se ha utilizado el *stock* en un periodo de tiempo determinado.

Se denomina *Coeficiente de rotación, al* número de veces que se ha utilizado un *stock* completo en un periodo de tiempo determinado, generalmente un año. Se considera que el *stock* óptimo debe tener un coeficiente de rotación de entre 6 y 8. La rotación de producto es alta cuando se venden y reponen muchas unidades, y baja en el caso **opuesto.**

45. c) Inventario.

Se denomina **inventario al recuento físico de todas las existencias presentes en los almacenes,** y generalmente se realiza una vez al año. Con el resultado del inventario se elabora el denominado Libro de Inventarios, donde queda reflejado el contenido y la valoración de las existencias en un día determinado normalmente a final del año.

46. b) Perfil farmacoterapéutico.

Este documento va a registrar los datos personales de cada paciente y toda la medicación prescrita o administrada. Posibilita al farmacéutico dar seguimiento a la terapia medicamentosa del paciente permitiendo detectar posibles errores. También permite ejercer control de la medicación en cuanto a devolución de medicamentos. Este documento es usado por el técnico o auxiliar de farmacia para saber cuántas dosis unitarias de cada medicamento debe introducir en el cajetín de cada paciente.

47. c) Prescripción u orden médica.

El proceso de distribución de medicamentos se inicia con la elaboración de la prescripción u orden médica de cada paciente.

48. c) RD 1718/2010, de 17 de diciembre.

En enero de 2011 se publicó una nueva normativa sobre recetas médicas y órdenes de dispensación, el Real Decreto 1718/2010, de 17 de diciembre, que dejó abierto un periodo transitorio de adaptación al nuevo modelo de las recetas médicas y que se materializó a partir de enero de 2013.

La anterior regulación databa de 1984 (Real Decreto 1910/1984, de 26 de septiembre).

49. d) Las bombas elastoméricas.

El mecanismo básico de las bombas elastoméricas consiste en un sistema que ejerce una presión constante sobre un reservorio que contiene el líquido a infundir y cuya velocidad de flujo está controlada por un capilar calibrado que existe en el tubo de infusión. La bomba elastomérica no requiere electricidad ni batería y su funcionamiento está basado en una energía constante liberada por el elastómero.

50. a) Mediante una punción lumbar, o bien un catéter o reservorio tipo Omaya.

Consiste en la administración de QT en el espacio intratecal mediante una punción lumbar o bien un catéter o reservorio intratecal tipo Omaya. Habitualmente, son tratamientos complementarios ya que muchos de los tratamientos administrados por vía sistémica son incapaces de atravesar la barrera hematoencefálica. Los fármacos más habituales que se administran son el MTX, citarabina (Ara-C) y tiotepa, solos o combinados.

51. b) Pulmón.

En las estadísticas mundiales, los cánceres responsables del mayor número de fallecimientos fueron el cáncer de pulmón (18,0 % del total), el cáncer colorrectal (9,4 % del total) y el cáncer hepático (8,3 % del total).

52. c) Compost.

«Compost»: material orgánico higienizado y estabilizado obtenido a partir del tratamiento controlado biológico aerobio y termófilo de residuos biodegradables recogidos separadamente.

53. b) Sarcomas.

Los sarcomas se originan de tejido conjuntivo o conectivo, del que derivan tejidos como músculos, huesos, cartílagos o tejidos grasos. Los más frecuentes son los sarcomas óseos.

54. c) Las de clase III.

Las cabinas de seguridad de clase III constituyen el máximo nivel de seguridad. Son recintos herméticos con presión negativa y, por ello, su interior está completamente aislado del entorno. Se recomienda para el manejo de citostáticos estériles y otros medicamentos peligrosos, y esta manipulación se realiza mediante unos guantes unidos a la cabina.

55. c) Por el grado de pureza del aire interior y por el flujo del aire.

Las salas blancas se clasifican: por el grado de pureza del aire interior y por el flujo del aire.

56. c) Las más frecuentes y más graves son las de origen infeccioso.

Las causas más frecuentes y más graves de las complicaciones del empleo de la nutrición parenteral central son las de origen *infeccioso*. Generalmente por infección del catéter, pero también puede ser por la propia Nutrición parenteral total (NPT). Es una de las principales causas de infección nosocomial y de interrupción de la NPT.

57. c) Hiperglucemia.

Dentro de las complicaciones metabólicas por NPC, la *hiperglucemia* es una complicación muy frecuente en los enfermos. Se debe tener en cuenta que a los pacientes con NPT se les aporta gran cantidad de glucosa, en presencia de fenómenos de resistencia a la insulina y con niveles de hormonas contrainsulares elevadas (la insulina desciende los niveles de glucosa en sangre). La hiperglucemia también aparece como signo precoz de infecciones ligadas al catéter.

58. d) La osmolaridad no debe superar 800 mOsmm/L y el pH debe estar entre 6 y 7,4.

La nutrición parenteral periférica (NPP) tiene como condicionante la osmolaridad de la preparación parenteral. En general se acepta que la osmolaridad *no supere los 800 mOsmm/L y además el pH debe estar entre 6 y 7,4*. La osmolaridad viene determinada por la cantidad de macronutrientes (en especial aminoácidos) y por el volumen a administrar, por los que los pacientes con altos requerimientos proteicos y con restricciones del volumen en general son excluidos de este tipo de NP.

59. b) Las buretas están graduadas en intervalos de 1 ml.

Es cierto que existen las ultramicroburetas con divisiones que aprecian 0,001 ml o incluso volúmenes más pequeños; que en el mercado existen microburetas (2 ml) y que la bureta más comúnmente usada puede contener un máximo de 50 ml. Siendo *incorrecto que las buretas están graduadas en intervalos de 1 ml*, ya que están graduadas en intervalos de 0,1 ml.

60. a) 135 ºC.

La temperatura máxima del uso del polipropileno (PP) es de *135 ºC*. No obstante, empieza a perder resistencia a partir de los 82 ºC.

61. c) Error de paralelaje.

En la utilización del material volumétrico, hay que tener en cuenta el error de paralelaje, que consiste en una lectura errónea debido a un defecto de posición del operario. Al leer el volumen, el ojo debe estar al mismo nivel que la superficie del líquido, ya que si el menisco se observa por encima, se leerá un volumen menor, mientras que si se observa por debajo, el volumen será mayor. Es lo que se denomina *error de paralelaje* (desplazamiento aparente de un objeto cuando se observa desde diferentes puntos).

62. c) 10-35ºC.

Los cambios de temperatura de la sala del laboratorio provocan cambios en la temperatura del interior de la balanza, y pueden alterar el funcionamiento, siendo la temperatura más idónea y recomendada entre *10 y 35 ºC*.

63. b) Sensibilidad.

Cuanto mayor sea la *sensibilidad* de las balanzas, más repercusión sobre ella tendrán las variaciones de humedad atmosférica. Es recomendable una humedad relativa entre el 40-65 %.

64. c) Simples.

Los *evaporadores simples,* poseen una cámara calefactora que envuelve a la cámara de evaporación.

65. c) Auxiliar.

Dependiendo de la cualificación y experiencia de otros profesionales sanitarios es posible la autorización de trabajos concretos a un personal definido. La elaboración del reenvasado en el Servicio de Farmacia Hospitalaria le corresponde al *Auxiliar* de Farmacia, por estar autorizado por el farmacéutico, responsable de todo el proceso de elaboración y control (ver tabla).

Elaboración de:		Persona autorizada para elaboración	Persona autorizada para control
Fórmulas magistrales		Técnico, Farmacéutico	
Fórmulas magistrales tipificadas o PO		Técnico, Farmacéutico	
Antisépticos y Desinfectantes		Auxiliar de Farmacia	
Reenvasado			
Preparaciones No Estériles		Auxiliar de Farmacia	
Administración oral:	Cápsulas Papelillos Soluciones Suspensiones Emulsiones		
Administración rectal:	Supositorios Enemas		Técnico (bajo control estricto del responsable farmacéutico)
Administración tópica	Pomadas Cremas Lociones Geles Polvos		
Preparaciones Estériles			
Oftálmicas	Colirios Pomadas		
Parenterales	MIV Citostáticos Nutriciones Parenterales Viales Ampollas	Técnico, Farmacéutico	

66. b) Técnico y farmacéutico.

Los responsables de realizar las preparaciones estériles en la unidad de farmacotecnia son el *técnico* y el *farmacéutico* (ver tabla).

Elaboración de:		Persona autorizada para elaboración	Persona autorizada para control
Fórmulas magistrales		Técnico, Farmacéutico	Técnico (bajo control estricto del responsable farmacéutico)
Fórmulas magistrales tipificadas o PO		Técnico, Farmacéutico	
Antisépticos y Desinfectantes		Auxiliar de Farmacia	
Reenvasado			
Preparaciones No Estériles			
Administración oral:	Cápsulas Papelillos Soluciones Suspensiones Emulsiones	Auxiliar de Farmacia	
Administración rectal:	Supositorios Enemas		
Administración tópica	Pomadas Cremas Lociones Geles Polvos		
Preparaciones Estériles			
Oftálmicas	Colirios Pomadas		
Parenterales	MIV Citostáticos Nutriciones Parenterales Viales Ampollas	Técnico, Farmacéutico	

67. b) Bombo de grajeado.

La balanza con precisión de 1 mg, el mortero de vidrio y/o porcelana y el agitador, son considerados en farmacotecnia como equipamiento general. Sólo de los nombrados es equipamiento específico el *bombo de grajeado*, si se elaboran comprimidos y/o grageas, junto a otros como mezcladora y máquina de comprimir.

68. c) En 4 clases.

Atendiendo al riesgo que suponen para el paciente, los productos sanitarios se clasifican en cuatro clases: clase I (riesgo bajo), clase IIa (riesgo moderado), clase IIb (riesgo importante) y clase III (riesgo elevado).

69. d) En la vulnerabilidad del cuerpo humano.

Las reglas de decisión para la clasificación de los productos sanitarios en clase I, IIa, IIb y III se basan atendiendo al riesgo que suponen para salud del paciente, o sea, en la vulnerabilidad del cuerpo humano a los mismos. De ahí que se clasifiquen de riesgo bajo (clase I), de riesgo moderado (clase IIa), de riesgo importante (clase IIb) y de riesgo elevado (clase III).

70. c) III.

Los productos sanitarios se clasifican atendiendo al riesgo en clase I, IIa, IIb y III; siendo los de mayor riesgo los de la clase III, que nos indica de riesgo elevado para el cuerpo humano.

Preguntas de reserva

1. c) El Gerente de Área.

De acuerdo con el artículo 57 de la Ley 14/1986, de 25 de abril, General de Sanidad, que dispone que:

"Las Áreas de Salud contarán, como mínimo, con los siguientes órganos:

1.º De participación: el Consejo de Salud de Área.

2.º De dirección: el Consejo de Dirección de Área.

3.º De gestión: el Gerente de Área."

2. c) La Inspección de Trabajo y Seguridad Social.

Así lo dispone expresamente el apartado 1 del artículo 9 de la LPRL, y para el cumplimiento dicha misión el propio apartado atribuye diferentes funciones a la Inspección de Trabajo, actualmente constituido en organismo autónomo denominado Organismo Estatal Inspección de Trabajo y Seguridad Social, adscrito al Ministerio de Trabajo y Economía Social a través de la Secretaría de Estado de Empleo y Economía Social.

3. d) Los límites del coste económico que para las empresas ha de tener la inversión en prevención de riesgos laborales.

Los costes de todo aquello que la empresa adquiera o desarrolle en beneficio de la seguridad y salud de los trabajadores está considerado, sin duda alguna, como una inversión. Resulta obvio que se trata de una inversión si se tiene en cuenta que los beneficios que se obtienen con ella, afectan a toda la marcha de la empresa, incluyendo todos los procesos productivos y el valor que añade a los productos, además del coste económico que puede ahorrar a la empresa si consideramos que minora considerablemente los accidentes de trabajo y las enfermedades profesionales, ahorrando indemnizaciones, recargo de prestaciones, etc.

Sin embargo, esta materia, como parece lógico, no puede estar sujeta a desarrollo reglamentario teniendo en cuenta que no puede existir una norma que obligue a un empresario a una inversión mínima o máxima en materia de prevención de riesgos laborales, puesto que ello dependerá de sus necesidades y características.

Por eso, el artículo 6 relaciona las siguientes materias, entre las que no se encuentra la inversión empresarial:

a) Requisitos mínimos que deben reunir las condiciones de trabajo para la protección de la seguridad y la salud de los trabajadores.

b) Limitaciones o prohibiciones que afectarán a las operaciones, los procesos y las exposiciones laborales a agentes que entrañen riesgos para la seguridad y la salud de los trabajadores. Específicamente podrá establecerse el sometimiento de estos procesos u operaciones a trámites de control administrativo, así como, en el caso de agentes peligrosos, la prohibición de su empleo.

c) Condiciones o requisitos especiales para cualquiera de los supuestos contemplados en el apartado anterior, tales como la exigencia de un adiestramiento o formación previa o la elaboración de un plan en el que se contengan las medidas preventivas a adoptar.

d) Procedimientos de evaluación de los riesgos para la salud de los trabajadores, normalización de metodologías y guías de actuación preventiva.

e) Modalidades de organización, funcionamiento y control de los servicios de prevención, considerando las peculiaridades de las pequeñas empresas con el fin de evitar obstáculos innecesarios para su creación y desarrollo, así como capacidades y aptitudes que deban reunir los mencionados servicios y los trabajadores designados para desarrollar la acción preventiva.

f) Condiciones de trabajo o medidas preventivas específicas en trabajos especialmente peligrosos, en particular si para los mismos están previstos controles médicos especiales, o cuando se presenten riesgos derivados de determinadas características o situaciones especiales de los trabajadores.

g) Procedimiento de calificación de las enfermedades profesionales, así como requisitos y procedimientos para la comunicación e información a la autoridad competente de los daños derivados del trabajo.

4. c) Las Administraciones Públicas competentes en materia sanitaria.

El artículo 10 de la LPRL regula las actuaciones de las Administraciones Públicas competentes en materia sanitaria y, en particular, le atribuye diferentes funciones entre las que se encuentra la supervisión de la formación preventiva del personal sanitario que actúa en los servicios de prevención autorizados.

Los Servicios de Prevención es una forma de organización preventiva, propia o ajena a la empresa (en este caso a la Administración Pública de que se trate), que tienen entre sus disciplinas preventivas la vigilancia de la salud de los empleados públicos.

Por ello, es necesario que la vigilancia de la salud que realizan esos servicios de prevención se lleve a efecto por personal sanitario especialista en medicina del trabajo para lo que necesitan una formación preventiva específica.

5. a) Ensayo de resistencia térmica.

Para los envases que contengan sangre y hemoderivados se realizan ensayos para el control de calidad, que analizan la resistencia térmica y la resistencia a la centrifugación de los mismos.

SIMULACRO N.º 6

1. ¿Cuál de los siguientes principios no está contenido en el artículo 9.3 de la Constitución Española?

a) El de legalidad.
b) El de jerarquía normativa.
c) El de división de poderes.
d) El de irretroactividad de las disposiciones sancionadora no favorables o restrictivas de derechos individuales.

2. El artículo 10 de la Constitución Española contempla:

a) Que la dignidad de la persona es fundamento del orden político y de la paz social.
b) El primero de los derechos fundamentales contenidos en la misma.
c) La prohibición de lesión a la persona física.
d) La interpretación de la Declaración Universal de Derechos Humanos conforme a la Constitución Española.

3. ¿Cuál de los siguientes no se especifica en el artículo 10.1 como fundamento del orden político y la paz social?

a) La dignidad de la persona.
b) Los derechos inviolables de la persona.
c) La seguridad jurídica.
d) El libre desarrollo de la personalidad.

4. En relación con la dignidad de la persona:

a) En realidad, la Constitución solamente la reconoce a la persona en tanto que ciudadana.
b) Puede verse alterada, jurídicamente hablando, atendiendo a la situación en que la persona se encuentre.
c) No admite grados.
d) Es renunciable y disponible.

5. ¿Cómo se denomina el Capítulo primero del Título I "Del sistema de salud" de la Ley 14/1986, de 25 de abril, General de Sanidad?

a) De los principios generales.
b) De las actuaciones sanitarias del sistema de salud.
c) De la salud mental.
d) De las infracciones y sanciones.

6. A tenor de lo dispuesto en el artículo 3.2 de la Ley 14/1986, de 25 de abril, General de Sanidad, el acceso y las prestaciones sanitarias se realizarán en condiciones de igualdad:

a) Real.
b) Efectiva.
c) Permanente.
d) Garantizada.

7. Según dispone la Ley 14/1986 de 25 de abril, General de Sanidad, los medios y actuaciones del sistema sanitario estarán orientados prioritariamente a:

a) Garantizar la salud y la prevención de todo tipo de enfermedades.
b) Promover las acciones necesarias para la rehabilitación funcional y reinserción social del paciente.
c) La promoción de la salud y la prevención de las enfermedades.
d) Mejorar la salud y las condiciones sanitarias de los usuarios.

8. Según dispone el artículo 4 de la Ley 14/1986, de 25 de abril, General de Sanidad, la creación de los Servicios de Salud corresponde:

a) Al Servicio Nacional de Salud.
b) A las Comunidades Autónomas.
c) Al Estado.
d) Al Consejo Nacional del Sistema Nacional de Salud.

9. El personal estatutario de gestión y servicios, en función del título exigido para el ingreso, se clasifica en:

a) Universitario y de formación profesional.
b) Licenciado, diplomado y técnico.
c) Universitario, de formación profesional y otro personal.
d) Superior, medio y básico.

10. La categoría de personal estatutario de gestión y servicios denominada "otro personal" es aquella a la que se le exige una formación equivalente a:

a) Técnico.
b) Título de Bachillerato.

c) Haber superado la selectividad o EBAU.
d) Haber cursado la Educación Secundaria Obligatoria.

11. La planificación de los recursos humanos en los servicios de salud estará orientada a su adecuado dimensionamiento, distribución, estabilidad, desarrollo, formación y capacitación, en orden a mejorar:

a) La cantidad, efectividad y eficiencia de los servicios.
b) La calidad, eficacia y efectividad de los servicios.
c) La calidad, eficacia y eficiencia de los servicios.
d) La cantidad, efectividad y eficacia de los servicios.

12. ¿Dónde se adoptarán las medidas necesarias para la planificación eficiente de las necesidades de personal y situaciones administrativas derivadas de la reasignación de efectivos, y para la programación periódica de las convocatorias de selección, promoción interna y movilidad?

a) En el Consejo Interterritorial del Sistema Nacional de Salud.
b) En la Comisión de Recursos Humanos del Sistema Nacional de Salud.
c) En el ámbito de cada servicio de salud, y previa negociación en las mesas correspondientes.
d) En el Ministerio de Sanidad y Consumo (actualmente Ministerio de Sanidad).

13. Si queremos calificar el riesgo en cuanto a su mayor o menor grado de gravedad, se ha de valorar:

a) La posibilidad de que el riesgo sea inminente.
b) La probabilidad de que se produzca el daño y la severidad del mismo (valoración conjunta).
c) La probabilidad de que el riesgo se convierta en daño, con independencia de que este sea o no muy severo.
d) Exclusivamente el coste económico de las consecuencias producidas cuando se materializa el daño.

14. Para la Ley de Prevención de Riesgos Laborales cualquier máquina, aparato, instrumento o instalación utilizada en el trabajo es:

a) Un equipo de protección individual.
b) Un medio de protección colectiva.
c) Un equipo de trabajo.
d) Un riesgo laboral grave o inminente.

15. El uso irracional de medicamentos incluye:

a) Administración, dosis y duración apropiadas.
b) Información apropiada al paciente.

c) Uso de medicamentos de eficacia dudosa o no demostrada.
d) Evaluación apropiada.

16. Podrán ser objeto de publicidad destinada al público los medicamentos que cumplan los siguientes requisitos:

a) Que por su composición y objetivos estén destinados a utilizarse con la intervención de un médico.
b) Que estén financiados con fondos públicos.
c) Que sean psicótropos y estupefacientes según lo establecido en los convenios internacionales.
d) Que resulte evidente el carácter publicitario del mensaje y quede claramente especificado que el producto es un medicamento.

17. En relación con los fármacos del grupo terapéutico C, indica qué fármaco bloquea los canales de sodio:

a) Verapamilo.
b) Atenolol.
c) Lidocaína.
d) Amiodarona.

18. La clasificación de medicamentos AHFS (según el *American Hospital Formulary Service*), tiene las siguientes características:

a) Los medicamentos se dividen en unos grandes grupos que vienen asignados por un valor numérico.
b) Es una clasificación basada en criterios farmacológico-terapéuticos.
c) Activa a productos con actividades clínicas similares.
d) Todas las respuestas anteriores son correctas.

19. Con relación a la Vancomicina, señala la respuesta incorrecta:

a) Tiene acción bactericida.
b) Una de las reacciones adversas más frecuentes es la fotosensibilidad.
c) La vía de administración más adecuada es la IV.
d) Para tratar la colitis pseudomembranosa, se administra por vía oral.

20. Con relación al etiquetado de los medicamentos en investigación o auxiliares no autorizados, señala la opción incorrecta:

a) En el embalaje externo y en el acondicionamiento primario debe aparecer la información que permita identificar el ensayo clínico.
b) La información relativa a la utilización del medicamento debe aparecer en el prospecto.

c) La información que debe figurar en el embalaje externo y el acondicionamiento primario será claramente legible.

d) En el embalaje externo y el acondicionamiento primario debe aparecer una información que garantice la seguridad de quienes participan en el ensayo.

21. En un ensayo clínico de simple ciego, indica quién de los miembros que participan en el ensayo desconoce el contenido de la dosis que recibe el paciente:

a) El paciente.
b) El investigador.
c) El responsable del tratamiento estadístico de los datos.
d) Ninguna de las respuestas anteriores es correcta.

22. Las formas farmacéuticas semisólidas pueden administrarse por vía:

a) Oftálmica.
b) Vaginal.
c) Tópica.
d) Oral.

23. Respecto a las formas farmacéuticas gaseosas, señala la respuesta incorrecta:

a) Estas formas farmacéuticas pueden aplicarse sobre piel, mucosas y vías respiratorias.
b) La ventaja de este tipo de preparaciones es su bajo coste de fabricación, pues son envases muy simples.
c) Están compuestas por un gas en el que se dispersa un líquido o un sólido.
d) Los aerosoles contienen soluciones o dispersiones de un principio activo en un envase a presión.

24. Administración de medicamentos por vía oral, señala la respuesta incorrecta:

a) Es una vía de administración cómoda.
b) Cuando se administra el medicamento, el paciente debe estar en posición vertical.
c) Si el paciente tiene dificultades para tragar la cápsula, tableta o similar, esta pueda fragmentarse, machacarse y disolverla en agua.
d) Si se utiliza esta vía en niños pequeños, deben elegirse formas farmacéuticas líquidas (jarabes, gotas…).

25. El fenómeno por el cual las células sensibles a un fármaco se vuelven resistentes mediante diversos mecanismos se denomina:

a) Dependencia.
b) Efecto rebote.
c) Tolerancia.
d) Resistencia.

26. Respecto a las prácticas específicas para mejorar la seguridad de la heparina, señala la opción incorrecta:

a) Errores en las diluciones cuando hay que manejar distintas concentraciones.
b) Confusión con la insulina al dosificarse ambas en unidades.
c) Existencia de viales multidosis que pueden ocasionar sobredosificación por error.
d) Todas las respuestas anteriores son correctas.

27. Los materiales de los envases que provienen del caucho natural son:

a) Plásticos.
b) Elastómeros.
c) Polivinilos.
d) Poliamidas.

28. ¿Cuál de los siguientes materiales metálicos empleados para la fabricación de envases medicamentosos no puede utilizarse cuando el producto contiene sustancias acidas o alcalinas?

a) Estaño.
b) Aluminio.
c) Plomo.
d) Acero.

29. El farmacéutico es el responsable de determinar la fecha de vencimiento del medicamento reenvasado. De las siguientes afirmaciones es incorrecto:

a) Lo calcula en base a una fórmula.
b) Se tiene en cuenta la fecha de caducidad del fabricante.
c) Nunca debe prolongarse más allá de 12 meses.
d) En el cálculo de la caducidad interviene la fecha de reenvasado del medicamento.

30. La humedad relativa para el almacenaje de los medicamentos reenvasados, según las Buenas Prácticas de Almacenamiento, no debe exceder de:

a) 20 %.
b) 50 %.
c) 75 %.
d) 30 %

31. ¿En qué Real Decreto se recogen las funciones que puede realizar el Técnico de farmacia?

a) En el RD 1689/2007.
b) En el RD 14/1986.

c) En el RD 1/2015.
d) En el RD 16/ 1997.

32. ¿Cuántos años debe pasar una persona, realizando funciones propias de ayudante, para que pueda considerarse Auxiliar de farmacia?

a) 2 años.
b) 4 años.
c) 5 años.
d) 10 años.

33. No entra dentro de las funciones del Técnico de farmacia:

a) Efectuar controles analíticos bajo la supervisión del facultativo preparando el material y equipos.
b) Realizar fórmulas magistrales.
c) Realizar tareas administrativas a partir de la documentación generada en el establecimiento.
d) Todas son correctas.

34. Señala la respuesta incorrecta. En la Oficina de Farmacia deben llevarse registros de:

a) Dispensación de psicótropos.
b) Adquisición y dispensación de medicamentos estupefacientes.
c) Fórmulas magistrales.
d) Todas son correctas.

35. Las Oficinas de Farmacia no pueden contar con secciones como:

a) Acústica.
b) Análisis clínicos.
c) Ortopedia.
d) Administración de fórmulas de medicamentos.

36. Respecto a los horarios de las Oficinas de Farmacia, los servicios de guardia se establecen en base a:

a) Turnos rotatorios.
b) No sobrepasarán las 40 horas semanales.
c) Los realizaran las más cercanas al centro urbano.
d) Todas son correctas.

37. Respecto a las características de los almacenes que contienen especialidades inflamables no es correcto señalar que:

a) La luz artificial que ilumine la estancia deberá ser antideflagrante.
b) En el caso del alcohol se utilizarán elementos contenedores de plástico.

c) Las paredes y los techos deben estar reforzados.

d) Todas son correctas.

38. Los medicamentos termolábiles deben almacenarse en neveras y cámaras de congelación cuando precisen mantener la cadena de frío:

a) Entre 0 y 10 grados Celsius.

b) Entre 2 y 8 grados Celsius.

c) Entre -10 y -20 grados Celsius.

d) Las respuestas b) y c) son correctas.

39. En la delimitación geográfica de la Zona Básica de Salud deben tenerse en cuenta distintas variables, entre las que no se encuentra:

a) Isócrona.

b) Dispersión de la población.

c) Numero de hospitales.

d) Todas son correctas.

40. Señala la respuesta incorrecta. Los Servicios de Farmacia Hospitalarios:

a) Solo dispensan medicamentos a los pacientes ingresados.

b) Solo utilizan medicamentos de exclusivo uso hospitalario.

c) La prescripción de fármacos de uso hospitalario puede ser realizada por especialistas no adscritos al hospital, si el paciente lo precisa.

d) Todas son incorrectas.

41. La dispensación de medicamentos a los pacientes ingresados se realiza por:

a) Unidosis.

b) *Stock* en planta de hospitalización.

c) Petición urgente.

d) Todas son correctas.

42. No es preciso que las etiquetas o rótulos de los medicamentos que se reenvasan contengan información sobre:

a) Identificación del personal que lo realiza.

b) Vía de administración.

c) Número de lote.

d) Forma farmacéutica.

43. ¿Cuál de los siguientes enunciados corresponde con alguno de los artículos incluidos habitualmente en los denominados "pedidos de reposición masiva"?

a) Antigripales.

b) Productos de fórmulas magistrales.

c) Productos termolábiles.
d) Vacunas individualizadas.

44. ¿En qué tipo de inventario se agrupan los productos según su valor y rotación, para posteriormente inventariar cada grupo, con una periodicidad diferente?

a) Inventario permanente.
b) Inventario rotativo.
c) Inventario informatizado.
d) Inventario anual.

45. ¿Cuál de los siguientes enunciados no corresponde con alguna de las funciones del almacén de farmacia?

a) Solicitar el reabastecimiento de un producto.
b) Evitar las pérdidas y deterioros del material.
c) Controlar el consumo de artículos por los diferentes servicios.
d) Pago a proveedores.

46. En una receta médica, tanto públicas como privadas, ¿cuál de los siguientes datos del prescriptor no es necesario que aparezca?

a) El nombre y dos apellidos.
b) Número de colegiado o código de identificación asignado por la Administración competente.
c) Cualificación profesional.
d) Todos deben aparecer.

47. ¿Cómo definirías el concepto de "paciente externo"?

a) Paciente de diferente comunidad autónoma, a la que suministra el servicio
b) Paciente que requiere cuidados hospitalarios que pueden ser administrados en su domicilio.
c) Paciente que no requiere cuidados hospitalarios, pero sí medicación que debe administrarse allí.
d) Paciente no perteneciente al régimen de la seguridad social.

48. En una receta médica, tanto públicas como privadas, ¿cuál de los siguientes datos del paciente no es necesario que aparezca?

a) Nombre y dos apellidos.
b) Dirección.
c) Fecha de nacimiento.
d) Código de identificación de la tarjeta sanitaria.

49. ¿Cuál de los siguientes enunciados no corresponde con alguna de las ventajas, de usar catéteres venosos centrales en la administración de quimioterapia?

a) Permiten la obtención de muestras de sangre.
b) Permiten la medición de la presión venosa central.
c) Son más económicos.
d) Reducen las complicaciones asociadas a la terapia intravenosa.

50. Las bombas de infusión de fármacos se suelen clasificar según su sistema de funcionamiento. ¿Cuál de los siguientes tipos no corresponde con esta clasificación?

a) Elastoméricas.
b) De infusión continua.
c) Peristálticas.
d) Volumétricas.

51. ¿Cómo se denomina el sistema económico en el que el valor de los productos, materiales y demás recursos de la economía dura el mayor tiempo posible, potenciando su uso eficiente en la producción y el consumo, reduciendo de este modo el impacto medioambiental de su uso, y reduciendo al mínimo los residuos y la liberación de sustancias peligrosas en todas las fases del ciclo de vida, en su caso mediante la aplicación de la jerarquía de residuos?

a) Economía circular.
b) Decrecimiento.
c) Reciclado continuo.
d) Gestión de residuos.

52. A efectos de la Ley 7/2022, de 8 de abril, de "residuos y suelos contaminados para una economía circular", ¿cómo se denomina el material con contenido orgánico obtenido de las plantas de tratamiento mecánico biológico de residuos mezclados?

a) Material digerido.
b) Material bioestabilizado.
c) Biorresiduo.
d) Basura dispersa.

53. ¿Cómo se conoce al material plástico que incluye aditivos, los cuales mediante oxidación, provocan la fragmentación del material plástico en microfragmentos o su descomposición química?

a) Plástico.
b) Plástico oxidegradable.
c) Plástico biodegradable.
d) Plástico reciclable.

54. ¿Cuál de los siguientes enunciados no es correcto, al referirnos a la estructura de una sala blanca?

a) Las paredes, puertas y cristales se lavarán semanalmente con agua y jabón utilizando bayetas nuevas.
b) La puerta del área de trabajo se debe abrir hacia la zona de trabajo y debe permanecer cerrada para mantener la asepsia.
c) El recinto se barrerá a diario, para evitar el polvo que pudiese dañar los filtros y prefiltros de la cabina.
d) Se evitarán puertas y ventanas que puedan crear corrientes de aire.

55. ¿Qué tipo de cabina de seguridad se conoce como de flujo laminar?

a) Las de clase I.
b) Las de clase II.
c) Las de clase III.
d) Todas las cabinas de seguridad son de flujo laminar.

56. ¿Cómo se denomina la modalidad de nutrición parenteral periférica carente en grasas, pero lleva proteínas, hidratos de carbono y minerales, no pudiendo utilizarse más de 5 días?

a) NPP normocalórica.
b) NPP hipocalórica.
c) NPP hipercalórica.
d) NPP hiperproteica.

57. ¿Qué tiempo mínimo no debe sobrepasar el uso de una vía central periférica en nutrición parenteral por riesgo de flebotrombosis?

a) Si se requiere por más de 3 días.
b) Si se requiere por más de 5 días.
c) Si se requiere por más de 7 días.
d) Si se requiere por más de 1 mes.

58. ¿Cuál de estas es una contraindicación de la nutrición parenteral periférica?

a) Cuando la administración oral/enteral es insuficiente.
b) Cuando existe una insuficiencia cardíaca.
c) Cuando la administración oral/enteral es imposible.
d) Ninguna de las anteriores.

59. ¿Qué útiles de laboratorio que no están calibrados permiten la succión de pequeñas cantidades de sustancia y dispensan el líquido gota a gota?

a) Microburetas.
b) Pipetas de Pasteur.

c) Vasos de precipitados.
d) Matraces.

60. ¿Qué laboratorios galénicos son los que preparan formas farmacéuticas estériles, tales como preparados oftálmicos, inyectables, colirios, etc., y necesitan de un equipamiento específico que depende del tipo de forma farmacéutica que se pretende elaborar?

a) Laboratorios galénicos de nivel I.
b) Laboratorios galénicos de nivel II.
c) Laboratorios galénicos de nivel III.
d) Laboratorios galénicos de nivel IV.

61. La cabina de flujo laminar se localizará en un laboratorio galénico de nivel:

a) I.
b) II.
c) III.
d) IV.

62. ¿Qué tipo de drogas se emplean en la destilación para obtener el máximo estado de pureza? Drogas con principios……

a) Líquidos.
b) Volátiles.
c) Sólidos.
d) Nada de lo anterior es cierto.

63. ¿En qué destilación se utiliza los diferentes grados de temperatura a que una sustancia desprende vapores (o a su punto de ebullición) para realizarla? Destilación...

a) Seca.
b) Al vacío.
c) Fraccionada.
d) Húmeda.

64. ¿Cuál es la forma de expresar la pureza del agua? Mediante...

a) Su resistividad específica.
b) Su densidad.
c) Un picnómetro.
d) Su resistividad absoluta.

65. ¿Qué operaciones se realizarán en el área de preparaciones no estériles y en qué condiciones? Se realizarán operaciones de…

a) Elaboración, acondicionamiento, etiquetado y control de una forma farmacéutica, en condiciones de desinfección.

b) Elaboración, acondicionamiento, etiquetado y control de una forma farmacéutica, donde no son exigibles condiciones de estricta esterilidad.

c) Elaboración, acondicionamiento, etiquetado y control de una forma farmacéutica, en condiciones de estricta esterilidad.

d) Dosificado (dosis única) y administración de una forma farmacéutica, donde no son exigibles condiciones de estricta esterilidad.

66. ¿Qué condiciones deben garantizarse por su idoneidad, en todo el proceso, ante una administración intravenosa? Las condiciones idóneas de…

a) Seguridad, eficacia y solvencia.

b) Certeza, sostenibilidad y estabilidad.

c) Eficacia, seguridad y calidad.

d) Estabilidad, compatibilidad y esterilidad.

67. ¿Qué afirmación es incorrecta respecto a la manipulación de citostáticos?

a) Durante la manipulación se debe mantener una técnica adecuada orientada a mantener la esterilidad del medicamento y a prevenir/minimizar la formación de contaminantes.

b) Finalizada la preparación, se identifica mediante etiqueta y se sitúa en un envase transparente con posibilidad de sellado o cierre cremallera.

c) Todos los medicamentos y materiales a utilizar deben situarse dentro de la Campana de Flujo Laminar, debajo del paño absorbente.

d) La preparación se realizará en cabinas de Seguridad Biológica de Flujo Laminar Vertical Clases II tipo B en ambiente controlado.

68. ¿A qué clase de riesgo pertenecen los productos que entran en el interior del cuerpo (en contacto con el sistema nervioso central o con el sistema circulatorio central) y permanecen durante un tiempo prolongado o quedan implantados?

a) Aquellos con riesgo muy bajo.

b) Aquellos con riesgo bajo.

c) Aquellos con riesgo medio.

d) Aquellos con riesgo elevado.

69. ¿A qué clase de productos sanitarios según el riesgo pertenecen las bolsas de sangre?

a) A la clase III.

b) A la clase IIb.

c) A la clase IIa.
d) A la clase I.

70. ¿Qué nombre recibe el producto quirúrgico que penetra parcial o comple-tamente en el interior del cuerpo bien por un orificio corporal o bien a través de la superficie corporal?

a) Producto implantable.
b) Producto activo.
c) Producto invasivo.
d) Producto pasivo.

Preguntas de reserva

1. De las siguientes afirmaciones sobre los radiofármacos, no es correcto afirmar que:

a) El etiquetado en el acondicionamiento secundario debe incluir el símbolo interna-cional de radiactividad.
b) El prospecto incluye la información relativa a la manipulación.
c) La ficha técnica incluye una explicación detallada completa de la dosimetría interna de la radiación.
d) Las instrucciones para la preparación del radiofármaco se incluyen en la ficha técnica.

2. En el libro de contabilidad de estupefacientes se reflejan los movimientos de entradas, salidas, y *stock* de:

a) Sustancias estupefacientes para formulación magistral.
b) Medicamentos estupefacientes.
c) Sustancias psicotrópicas para formulación magistral.
d) Todas son correctas.

3. ¿Cuál de los siguientes enunciados es correcto, en relación con las puertas de una sala blanca?

a) La puerta de una sala blanca debe estar codificada alfanuméricamente, para limitar el acceso.
b) Posee dos puertas. Una de entrada de seguridad y otra de salida de emergencia.
c) Poseen dos puertas, una de seguridad previa, zonas intermedias y otra interna, que da acceso a la zona de esterilidad.
d) Posee tres puertas: la de entrada de seguridad, la de salida de emergencia y una intermedia hermética a gases.

4. Según el artículo 11 de la LPRL, regulador de la coordinación administrativa, que Administración u órgano ha de velar para que la información obtenida por la Inspección de Trabajo y Seguridad Social en el ejercicio de sus funciones llegue a las autoridades necesarias:

a) La propia Inspección de Trabajo y Seguridad Social.
b) La Administración competente en materia laboral.
c) La Administración competente en materia sanitaria.
d) La Administración competente en materia de industria.

5. Según el artículo 13 de la LPRL, ¿en quién recae la Secretaria de la Comisión Nacional de Seguridad y Salud en el Trabajo?

a) En la Dirección del Organismo Estatal Inspección de Trabajo y Seguridad Social.
b) En la Dirección General de Trabajo del Ministerio de Trabajo y Economía Social.
c) En la Dirección del Instituto Nacional de Seguridad y Salud en el Trabajo.
d) En la Secretaría de Estado de Empleo y Economía Social.

Solución al simulacro n.º 6

1. **c) El de división de poderes.**

   El artículo 9.3 de la Constitución Española establece que:

   "La Constitución garantiza el principio de legalidad, la jerarquía normativa, la publicidad de las normas, la irretroactividad de las disposiciones sancionadoras no favorables o restrictivas de derechos individuales, la seguridad jurídica, la responsabilidad y la interdicción de la arbitrariedad de los poderes públicos."

2. **a) Que la dignidad de la persona es fundamento del orden político y de la paz social.**

   El artículo 10.1 de la Constitución establece que *"la dignidad de la persona, […] son fundamento del orden político y la paz social"*.

3. **c) La seguridad jurídica.**

   La respuesta correcta es la c). El artículo 10.1 de la Constitución regula que *"la dignidad de la persona, los derechos inviolables que le son inherentes, el libre desarrollo de la personalidad, el respeto a la ley y a los derechos de los demás son fundamento del orden político y de la paz social."*

4. **c) No admite grados.**

   La dignidad de la persona es inherente y no es renunciable ni disponible, así como tampoco graduable. Se reconoce por completo.

5. **a) De los principios generales.**

   El Título I "Del sistema de salud" de la Ley 14/1986, de 25 de abril, General de Sanidad, consta de los siguientes capítulos:
   - Capítulo I: De los principios generales.
   - Capítulo II: De las actuaciones sanitarias del sistema de salud.
   - Capítulo III: De la salud mental.
   - Capítulo IV: De la salud laboral.
   - Capítulo V: De la intervención pública en relación con la salud individual y colectiva.
   - Capítulo VI: De las infracciones y sanciones.

6. b) Efectiva.

A tenor del artículo 3.2 de la Ley 14/1986, de 25 de abril, General de Sanidad, la asistencia sanitaria pública se extenderá a toda la población española. El acceso y las prestaciones sanitarias se realizarán en condiciones de igualdad efectiva.

7. c) La promoción de la salud y la prevención de las enfermedades.

A tenor del artículo 3.1 de la Ley 14/1986, de 25 de abril, General de Sanidad, los medios y actuaciones del sistema sanitario estarán orientados prioritariamente a la promoción de la salud y a la prevención de las enfermedades.

8. b) A las Comunidades Autónomas.

Las Comunidades Autónomas crearán sus servicios de Salud dentro del marco de esta ley y de sus respectivos Estatutos de Autonomía (artículo 4.2 de la Ley 14/1986, de 25 de abril, General de Sanidad).

9. c) Universitario, de formación profesional y otro personal.

El artículo 7, apartado 2.º, de la Ley 55/2003, de 16 de diciembre, clasifica al personal estatutario de gestión y servicios dividiéndolos entre aquellos a los que se les exige un título universitario, a quienes se les exige un título de formación profesional y aquellos otros a los que solo se les exige haber cursado la Educación Secundaria Obligatoria.

10. d) Haber cursado la Educación Secundaria Obligatoria.

Conforme al apartado 2.c) del artículo 7 de la Ley 55/2003, de 16 de diciembre, se denomina "otro personal" de gestión y servicios, a aquellas categorías en las que se exige certificación acreditativa de los años cursados y de las calificaciones obtenidas en la Educación Secundaria Obligatoria, o título o certificado equivalente.

11. c) La calidad, eficacia y eficiencia de los servicios.

De acuerdo con el artículo 12.1 de la Ley 55/2003, de 16 de diciembre, del Estatuto Marco del personal estatutario de los servicios de salud, que expone que:

"1. La planificación de los recursos humanos en los servicios de salud estará orientada a su adecuado dimensionamiento, distribución, estabilidad, desarrollo, formación y capacitación, en orden a mejorar la calidad, eficacia y eficiencia de los servicios."

12. c) En el ámbito de cada servicio de salud, y previa negociación en las mesas correspondientes.

Conforme al artículo 12.2 de la Ley 55/2003, de 16 de diciembre, del Estatuto Marco del personal estatutario de los servicios de salud, que dispone que:

"2. En el ámbito de cada servicio de salud, y previa negociación en las mesas correspondientes, se adoptarán las medidas necesarias para la planificación eficiente de las necesidades de personal y situaciones administrativas derivadas de la reasignación de efectivos, y para la programación periódica de las convocatorias de selección, promoción interna y movilidad."

13. b) La probabilidad de que se produzca el daño y la severidad del mismo (valoración conjunta).

Para calificar el riesgo laboral (se suele calificar como leve, grave o muy grave), desde el punto de vista de la gravedad se ha de valorar conjuntamente la probabilidad de que se produzca el daño y la severidad del mismo; así lo dispone expresamente el artículo 4.2.º cuando determina qué debe entenderse por "riesgo laboral". De ahí que cuando se detecta la presencia de un riesgo laboral en un puesto de trabajo, el empresario está obligado a evaluarlo y a planificar y ejecutar medidas preventivas en orden a eliminar o minimizar dicho riesgo (la evaluación de riesgos y la planificación preventiva son también reguladas por la LPRL y por el RSP).

14. c) Un equipo de trabajo.

El apartado 6.º del artículo 4 (definiciones) de la PRL dispone que se entenderá como "equipo de trabajo" cualquier máquina, aparato, instrumento o instalación utilizada en el trabajo. La definición es muy genérica pero tiene una gran relevancia como definición básica de la regulación específica de los equipos de trabajo que se lleva a término por una norma específica: el Real Decreto 1215/1997, de 18 de julio, por el que se establecen las disposiciones mínimas de seguridad y salud para la utilización por los trabajadores de los equipos de trabajo.

15. c) Uso de medicamentos de eficacia dudosa o no demostrada.

La respuesta apropiada es la c), pues un uso racional del medicamento implica que la indicación y el medicamento sean apropiados; el empleo de fármacos cuya eficacia no está demostrada implica que el uso de ese medicamento es irracional pues no se cumplen los requisitos que supone usar correctamente un fármaco.

16. d) Que resulte evidente el carácter publicitario del mensaje y quede claramente especificado que el producto es un medicamento.

La respuesta apropiada es la d), ya que un medicamento financiado por la Seguridad Social, que requiera un seguimiento por parte de un médico, o que sea un psicótropo o un estupefaciente, no puede ser publicitado directamente a población general.

17. c) Lidocaína.

La respuesta apropiada es la c), ya que este fármaco, al igual que la procainamida son compuestos que bloquean los canales de sodio, lo que retarda la conducción eléctrica del corazón.

18. d) Todas las respuestas anteriores son correctas.

La respuesta apropiada es la d), ya que todas las características mencionadas corresponden a las de este tipo de clasificación.

19. b) Una de las reacciones adversas más frecuentes es la fotosensibilidad.

La respuesta apropiada es la b), ya que sus reacciones adversas más comunes son el síndrome del hombre rojo, la nefrotoxicidad y la ototoxicidad.

20. b) La información relativa a la utilización del medicamento debe aparecer en el prospecto.

La respuesta apropiada es la b), ya que toda la información debe aparecer en el embalaje externo y en el acondicionamiento primario; la legislación no menciona nada del prospecto.

21. a) El paciente.

La respuesta apropiada es la a), ya que en el ensayo simple ciego lo que interesa es anular el posible efecto terapéutico del placebo; por ello quien desconoce qué es lo que está tomando es el paciente.

22. d) Oral.

La respuesta correcta es la d), ya que una forma farmacéutica semisólida puede ser administrada por cualquiera de las vías anteriores, a excepción de la vía oral.

23. b) La ventaja de este tipo de preparaciones es su bajo coste de fabricación, pues son envases muy simples.

La respuesta correcta es la b), ya que tales formas farmacéuticas se administran mediante dispositivos, cuyo coste de fabricación no es precisamente barato, pues por lo general son sistemas de cierta complejidad.

24. c) Si el paciente tiene dificultades para tragar la cápsula, tableta o similar, esta pueda fragmentarse, machacarse y disolverla en agua.

La respuesta correcta es la c), ya que no todas las formas farmacéuticas sólidas pueden partirse o machacarse; las formas gastrorresistentes, de liberación controlada…, no pueden partirse, ni machacarse pues se rompe esa "microarquitectura" que le confiere una característica especial.

25. d) Resistencia.

La respuesta correcta es la d), ya que la resistencia implica que células sobre las cuales únicamente actuaba y era efectivo, en un momento dado pierden esa "sensibilidad" al fármaco y este resulta ser ineficaz. El ejemplo más clásico son las resistencias a antibióticos.

26. d) Todas las respuestas anteriores son correctas.

La respuesta correcta es la d), ya que cualquiera de los enunciados citados se corresponden con posibles errores que pueden darse al manejar la heparina.

27. b) Elastómeros.

El origen de los elastómeros puede ser natural o sintético. Los naturales provienen del caucho que se obtiene a partir del látex y los sintéticos pueden ser cauchos de silicona, nitrilo, clorobutilo y butilo.

28. b) Aluminio.

El aluminio reacciona con facilidad oxidándose en presencia de sustancias o productos ácidos o alcalinos, aunque para solventar este problema se recubre la parte interior del envase con algún tipo de cera.

29. c) Nunca debe prolongarse más allá de 12 meses.

La fecha de caducidad del medicamento reenvasado nunca debe rebasar los 6 meses, aunque esto no tiene por qué coincidir con la fecha de caducidad del fabricante del producto, que puede ser mayor.

30. c) 75 %.

Según las Buenas Prácticas de Almacenamiento, los medicamentos reenvasados deben estar en un lugar que no exceda los 23 grados de temperatura y el 75% de humedad relativa.

31. a) En el RD 1689/2007.

Es en el Real Decreto 1689/2007, de 14 de diciembre, donde se establece el título de Técnico en farmacia y parafarmacia y se fijan las enseñanzas mínimas.

32. b) 4 años.

Pasados 4 años, ya como Auxiliar de farmacia, podrá colaborar en la preparación de fórmulas magistrales, realizar todas las labores concernientes al despacho general de fórmulas y especialidades farmacéuticas, preparar pedidos, clasificar y registrar documentos y efectuar trámites administrativos para la liquidación de las recetas de la Seguridad Social.

33. b) Realizar fórmulas magistrales.

Las fórmulas magistrales debe realizarlas el farmacéutico, sin menoscabo que el Técnico de farmacia puede asistirle en la preparación.

34. d) Todas son correctas.

También se debe llevar un registro de los medicamentos sometidos a especial control médico y preparados oficinales.

35. d) Administración de fórmulas de medicamentos.

En las oficinas de farmacia no se pueden administrar medicamentos al usuario.

36. a) Turnos rotatorios.

Los Servicios de guardia pueden ser diurnos o nocturnos, tanto para los días laborales como para los festivos, organizados por turnos rotatorios de todas las farmacias de una zona. Se establecen mediante criterios poblacionales y de número de OF para asegurar la cobertura total de la población.

37. c) Las paredes y los techos deben estar reforzados.

Las paredes laterales deben ser reforzadas y los techos estar construidos con materiales ligeros.

38. d) Las respuestas b) y c) son correctas.

Se aconseja la instalación de cámaras frigoríficas, una que nos permita almacenar medicamentos cuya conservación oscile de 2 a 8 ºC y otra cámara para medicamentos cuya conservación requiera temperaturas de congelación de -10 a -20 ºC.

39. d) Todas son correctas.

Para delimitar territorialmente cada Zona Básica de Salud se tienen en cuenta: las isócronas o distancias máximas de las agrupaciones de población más alejadas de los servicios y el tiempo normal a invertir en su recorrido usando los medios ordinarios, el grado de concentración o dispersión de la población, las características epidemiológicas de la Zona y las instalaciones y recursos sanitarios de la misma.

40. d) Todas son incorrectas.

Los servicios de Farmacia Hospitalarios dispensan medicamentos a los pacientes ingresados y también de forma extrahospitalaria o ambulatoria. Utilizan medicamentos tanto de exclusivo uso hospitalario como de los que se encuentran de forma externa. La prescripción de fármacos de uso hospitalario debe ser realizada por especialistas adscritos al hospital.

41. d) Todas son correctas.

Las tres formas son el sistema de dosis día individualizada o unidosis, el stock que se acuerde para la planta de hospitalización, y un dispositivo para atender aquellas necesidades de medicación que por los motivos que fueren no se disponen en las unidades de enfermería y se precisan de forma urgente.

42. a) Identificación del personal que lo realiza.

Las etiquetas deben contener básicamente las siguientes informaciones: nombre del medicamento (según la Denominación Común Internacional), la forma farmacéutica y vía de administración, la concentración del contenido final, las indicaciones especiales de almacenamiento, preparación y administración si las hubiera, la fecha de vencimiento y finalmente el número de lote.

43. a) Antigripales.

Se consideran "pedidos de reposición masiva" a los productos de consumo estacional o aquellos otros que tienen un gran consumo todo el año. Los antigripales están habitualmente incluidos en estos pedidos.

44. b) Inventario rotativo.

El inventario rotativo consiste en agrupar los productos (a nivel inventario, no físicamente) según su valor y rotación. Posteriormente cada grupo de productos será inventariado con una periodicidad diferente.

45. d) Pago a proveedores.

El pago a proveedores no es una función propia del almacén de farmacia. En general, en los centros asistenciales, todo lo relacionado con pagos o cobros, está centralizado en un departamento de contabilidad o facturación, con personal específico.

46. d) Todos deben aparecer.

En la receta deben aparecer los siguientes datos del prescriptor:
– El nombre y dos apellidos.
– Datos de contacto directo (correo electrónico y teléfono o fax).
– Dirección profesional.
– Cualificación profesional.
– Número de colegiado o, código de identificación asignado por las Administraciones competentes.
– La firma será estampada personalmente y en las recetas electrónicas se requerirá la firma electrónica.

47. c) Paciente que no requiere cuidados hospitalarios, pero sí medicación que debe administrarse allí.

Paciente externo se considera a aquel que no requiere cuidados hospitalarios, pero sí medicación que se suministra en el Hospital, por tratarse de medicación de uso hospitalario, de diagnóstico hospitalario o medicamentos que por su alto coste no pueden ser asumidos por el paciente en régimen de activo en la Seguridad Social.

48. b) Dirección.

La dirección del paciente, no tiene que aparecer en la receta. Los datos que sí deben constar en la receta son los siguientes:
– El nombre, dos apellidos y fecha de nacimiento.
– El código de identificación del paciente, recogido en su tarjeta sanitaria. En la atención sanitaria pública.
– El DNI o NIE. En atención sanitaria privada.

49. c) Son más económicos.

Las ventajas de los CVC: permiten la infusión intravenosa prolongada, la medición de la presión venosa central, la administración intermitente de la terapia intravenosa, la obtención de muestras de sangre, más independencia al paciente, reducen las complicaciones asociadas a la terapia intravenosa y disminuyen el número de punciones.

50. b) De infusión continua.

Las bombas pueden ser clasificadas según el sistema de funcionamiento en: peristálticas, volumétricas, de jeringa y elastoméricas.

También se pueden clasificar según el tipo de liberación del fármaco: de infusión continua, intermitente, de administración en bolos y mixtas.

51. a) Economía circular.

Economía circular: es el sistema económico en el que el valor de los productos, materiales y demás recursos de la economía dura el mayor tiempo posible, potenciando su uso eficiente en la producción y el consumo, reduciendo de este modo el impacto medioambiental de su uso, y reduciendo al mínimo los residuos y la liberación de sustancias peligrosas en todas las fases del ciclo de vida, en su caso mediante la aplicación de la jerarquía de residuos.

52. b) Material bioestabilizado.

«Material bioestabilizado»: material con contenido orgánico obtenido de las plantas de tratamiento mecánico biológico de residuos mezclados.

53. b) Plástico oxidegradable.

«Plástico oxidegradable»: materiales plásticos que incluyen aditivos, los cuales mediante oxidación, provocan la fragmentación del material plástico en microfragmentos o su descomposición química.

54. c) El recinto se barrerá a diario, para evitar el polvo que pudiese dañar los filtros y prefiltros de la cabina.

Para no levantar polvo que pudiese dañar los filtros y prefiltros de la cabina lo correcto es no barrer nunca el recinto.

55. b) Las de clase II.

Las cabinas de seguridad de Clase II o de flujo laminar se diferencian de las de Clase I en que, además de proteger al operario y su entorno, ofrecen protección al producto frente a la contaminación. La superficie de trabajo está bañada por aire limpio que ha atravesado un filtro HEPA. La salida del aire se produce a través de otro filtro HEPA (presión negativa).

56. b) NPP hipocalórica.

Existen dos modalidades de nutrición parenteral periférica, la hipocalórica y la normocalórica. La nutrición parenteral periférica que lleva en su composición proteínas, hidratos de carbono y minerales, no pudiendo utilizarse más de 5 días; y es carente en grasas (lo que limita el tiempo de utilización y sus indicaciones) es la *hipocalórica*.

57. c) Si se requiere por más de 7 días.

Las vías periféricas no se mantienen por periodos largos de tiempo, debido a la aparición de flebotrombosis; si se requiere por más de *7 días* se precisará de una vía central.

58. b) Cuando existe una insuficiencia cardíaca.

Las indicaciones de la nutrición parenteral periférica son cuando la administración oral/enteral es imposible, insuficiente o está contraindicada una vía central. Se puede usar como complementaria a la nutrición oral/ enteral y como vía de tránsito antes o después de la NPT. Asimismo, se debe considerar el estado nutricional basal del paciente, el grado de agresión metabólica, la intencionalidad del tratamiento y la duración del mismo. Y se da la contraindicación si existe una *insuficiencia cardíaca*, una insuficiencia renal o una tromboflebitis, u otras cuestiones relacionadas con el abordaje, procedimiento o estado nutricional del paciente.

59. b) Pipetas de Pasteur.

Los útiles que permiten la succión de pequeñas cantidades de sustancia son las *pipetas de Pasteur*. Se caracterizan por no estar calibradas, y permiten dispensar el líquido gota a gota. Así, por ejemplo, se pueden usar después de la centrifugación de la sangre para separar el suero. Estas tienen la misma función que las de vidrio pero en plástico suelen ser de un solo uso.

60. c) Laboratorios galénicos de nivel III.

Los *laboratorios galénicos de nivel III*, como hemos visto antes, son aquellos laboratorios galénicos que preparan formas farmacéuticas *estériles*, tales como preparados oftálmicos, inyectables, colirios, etc., y necesitan de un equipamiento específico que depende del tipo de forma farmacéutica que se pretende elaborar.

61. c) III.

Los laboratorios galénicos que preparan formas farmacéuticas estériles son los de *nivel III*, para ello requieren entre otros equipos las cabinas de flujo laminar. Ya que éstas son de seguridad biológica. Existen varios tipos de cabina dependiendo del riesgo biológico. En ellas el aire que circula en su interior se renueva continuamente pasando a través de filtros; esto hace que la atmósfera dentro de estas cabinas sea estéril.

62. b) Volátiles.

Las drogas que se emplean en la destilación se caracterizan porque son volátiles, separándose el producto puro del resto de componentes por evaporación, ya que son productos *volátiles* y posteriormente se recoge de manera líquida por condensación obteniendo estos principios en el máximo estado de pureza.

63. c) Fraccionada.

En la destilación *fraccionada* los diferentes grados de temperatura a que una sustancia desprende vapores, o su punto de ebullición, se utiliza para practicar la destilación fraccionada, recogiendo parcialmente los productos obtenidos con las distintas temperaturas. Cuando se quiere separar líquidos miscibles que hierven a temperaturas no muy diferentes se recurre a esta destilación fraccionada; ejemplo: acetona-agua, cuyas temperaturas de ebullición son 56 ºC y 100 ºC respectivamente.

64. a) Su resistividad específica.

El agua es muy utilizada en los laboratorios, y debe ser pura. La forma de expresar la pureza del agua es indicando su *resistividad específica*, que es la resistencia que tiene cuando se coloca en un recipiente cúbico de 1 cm de lado, y se expresa en megaohmios (MΩ) por centímetro. A menor cantidad de sustancias ionizables (con carga), menor será la conductividad y, por tanto, mayor la resistividad.

65. b) Elaboración, acondicionamiento, etiquetado y control de una forma farmacéutica, donde no son exigibles condiciones de estricta esterilidad.

En farmacotecnia, en el área de preparaciones no estériles, se realizarán operaciones de *elaboración, acondicionamiento, etiquetado y control de una forma farmacéutica para la que no sean exigibles condiciones estrictas de esterilidad.*

66. d) Estabilidad, compatibilidad y esterilidad.

La administración de medicamentos por vía intravenosa conlleva con frecuencia una manipulación previa que incluye su disolución o adición a una solución intravenosa, así como su acondicionamiento en el contenedor o envase más apropiado en cada caso y, su identificación individualizada para el paciente al que están destinados. En todo el proceso se deben garantizar las condiciones idóneas, de *estabilidad, compatibilidad y esterilidad.*

67. c) Todos los medicamentos y materiales a utilizar deben situarse dentro de la Campana de Flujo Laminar, debajo del paño absorbente.

Son afirmaciones correctas respecto a la manipulación de citostáticos que la preparación se realizará en cabinas de Seguridad Biológica de Flujo Laminar Vertical Clases II tipo B en ambiente controlado, que durante la manipulación se debe mantener una técnica adecuada orientada a mantener la esterilidad del medicamento y a prevenir/minimizar la formación de contaminantes y que finalizada la preparación, se identifica mediante etiqueta y se sitúa en un envase transparente con posibilidad de sellado o cierre cremallera, siendo incorrecta la afirmación de que *todos los medicamentos y materiales a utilizar deben situarse dentro de la Campana de Flujo Laminar, debajo del paño absorbente*, ya que el paño absorbente estéril con cubierta plástica, debe situarse en la zona de trabajo de la Campana de Flujo Laminar con el fin de absorber y facilitar la recogida de posibles derrames, y no se debe colocar los medicamentos y materiales a utilizar debajo del paño absorbente.

68. d) Aquellos con riesgo elevado.

Se incluyen en la clase III algunos productos implantables, los productos destinados a entrar en contacto con el sistema nervioso central o con el sistema circulatorio central con fines de terapia o diagnóstico, los productos que contienen sustancias medicinales, los productos que se absorben totalmente y los productos que contienen derivados animales, que por ello poseen un riesgo elevado. Ejemplos: válvulas cardíacas, prótesis de cadera, prótesis de mama, endoprótesis vasculares: *stents*, catéteres cardiovasculares, suturas absorbibles, adhesivos de tejidos internos biológicos, materiales de endodoncia con antibióticos, apósitos con agentes antimicrobianos.

69. b) A la clase IIb.

Las bolsas de sangre pertenecen a la clase IIb de productos sanitarios, junto con otros como las lentes intraoculares, implantes de relleno tisular, suturas quirúrgicas no absorbibles, apósitos para heridas que cicatrizan por segunda intención, hemodializadores, plumas de insulina, desfibriladores externos, etc.

70. c) Producto invasivo.

Se describe el producto quirúrgico que penetra en el interior del cuerpo a través de la superficie corporal, incluso a través de las membranas mucosas de los orificios corporales por medio o en el contexto de una intervención quirúrgica, como producto invasivo, y pueden penetrar parcial o completamente en el interior del cuerpo. Ejemplo de ellos son los catéteres.

Preguntas de reserva

1. a) El etiquetado en el acondicionamiento secundario debe incluir el símbolo internacional de radiactividad.

Es en el acondicionamiento primario donde debe explicitarse el símbolo internacional de radiactividad así como el nombre del fabricante.

2. d) Todas son correctas.

Todas estas sustancias y medicamentos deben quedar reflejadas en dicho libro de contabilidad.

3. **c) Poseen dos puertas, una de seguridad previa, zonas intermedias y otra interna, que da acceso a la zona de esterilidad.**

    Se ubican en un lugar aislado del servicio para evitar pasar cerca si no hay necesidad. Poseen dos puertas, una de seguridad previa, zonas intermedias y otra interna, que da acceso a la zona de esterilidad.

4. **b) La Administración competente en materia laboral.**

    La coordinación administrativa en materia de prevención de riesgos laborales afecta, fundamentalmente, a las Administraciones competentes en materia laboral, sanitaria y de industria; así viene recogido en el artículo 11 de la LPRL.

    En particular, a la Inspección de Trabajo y Seguridad Social se le atribuye el ejercicio de distintas funciones por el artículo 9.1 de la LPRL en la vigilancia y control de la normativa sobre prevención de riesgos laborales. Pues bien, la información derivada del ejercicio de esas funciones deben ser puesta en conocimiento de la autoridad sanitaria competente así como de la Administración competente en materia de industria, y para garantizar dicho traslado de información se encomienda una labor de tutela a la Administración competente en materia laboral, de forma que esta tiene que velar para que esa información obtenida por la Inspección de Trabajo y Seguridad Social llegue a sendos destinos.

5. **c) En la Dirección del Instituto Nacional de Seguridad y Salud en el Trabajo.**

    Así lo dispone el apartado 6 del artículo 13 de la LPRL cuando dispone que la Secretaría de la Comisión, como órgano de apoyo técnico y administrativo, recaerá en la Dirección del Instituto Nacional de Seguridad e Higiene en el Trabajo (actualmente denominado Instituto Nacional de Seguridad y Salud en el Trabajo –INSST–).

    Que la Dirección del INSST sea el órgano encargado de la Secretaría de la Comisión es perfectamente lógico si consideramos que el INSST se configura, precisamente, como organismo científico técnico en materia de prevención de riesgos laborales, de ahí que sea el idóneo para desarrollar las funciones técnicas de la Comisión.

SIMULACRO N.º 7

1. El artículo 10 de la Constitución Española:

a) No reconoce el valor de los Tratados Internacionales, dándole el máximo y único valor a la Constitución.
b) Dispone que los tratados y acuerdos ratificados por España sirven de parámetro interpretativo de los derechos y libertades establecidos en la Constitución.
c) Reconoce únicamente validez, en relación con los derechos humanos, a la Declaración Universal de Derechos Humanos.
d) Establece que los Tratados Internacionales ratificados por España se situarán en una posición superior en la jerarquía normativa respecto de la Constitución.

2. Solo una de las siguientes afirmaciones es cierta, según la Constitución Española:

a) Nadie puede ser condenado o sancionado, siempre que no sea privación de libertad, por acciones u omisiones que en el momento de producirse no constituyan delito, falta o infracción administrativa, según la legislación vigente en aquel momento.
b) Nadie puede ser condenado o sancionado por acciones u omisiones que en el momento de producirse constituyan delito, falta o infracción administrativa, según la legislación vigente en aquel momento.
c) Nadie puede ser condenado o sancionado por acciones u omisiones que en el momento de producirse no constituyan delito, falta o infracción administrativa, según la legislación vigente en aquel momento.
d) Nadie puede ser condenado o sancionado, aunque implique privación de libertad, por acciones u omisiones que en el momento de producirse no constituyan delito, falta o infracción administrativa, según la legislación vigente en aquel momento.

3. De acuerdo con la Constitución Española, las penas privativas de libertad y las medidas de seguridad estarán orientadas hacia:

a) La reeducación y acceso a la cultura y no podrán consistir en trabajos forzados.
b) Los beneficios correspondientes de la Seguridad Social, así como al acceso a la cultura y al desarrollo integral de su personalidad.
c) El acceso a la cultura y reinserción social y no podrán consistir en trabajos forzados.
d) La reeducación y reinserción social y no podrán consistir en trabajos forzados.

4. El condenado a pena de prisión que estuviere cumpliendo la misma gozará de:

a) Los derechos fundamentales del Capítulo II, a excepción de los que se vean expresamente limitados por el contenido del fallo condenatorio, el sentido de la pena y la ley penitenciaria.

b) Los principios rectores de la política social y económica del Capítulo I, a excepción de los que se vean expresamente limitados por el contenido del fallo condenatorio, el sentido de la pena y la ley penitenciaria.

c) Los derechos y deberes del Capítulo I, a excepción de los que se vean expresamente limitados por el contenido del fallo condenatorio, el sentido de la pena y la ley penitenciaria.

d) Los derechos fundamentales y libertades públicas del Capítulo I, a excepción de los que se vean expresamente limitados por el contenido del fallo condenatorio, el sentido de la pena y la ley penitenciaria.

5. Señala cuál de los siguientes no es uno de los cuatro principios a los que han de adecuar su organización y funcionamiento los servicios sanitarios, así como los administrativos, económicos y cualesquiera otros que sean precisos para el funcionamiento del Sistema de Salud:

a) Economía.
b) Eficiencia.
c) Celeridad.
d) Flexibilidad.

6. La Sanidad exterior:

a) Es competencia exclusiva del Estado.
b) Es competencia compartida por el Estado y por las Comunidades Autónomas.
c) Es competencia exclusiva de las Comunidades Autónomas.
d) Puede ser asumida, en determinadas circunstancias, por corporaciones locales fronterizas.

7. Las relaciones y acuerdos sanitarios:

a) Son competencia exclusiva del Estado.
b) Son competencia exclusiva del Estado cuando tengan carácter o ámbito internacional.
c) Son siempre competencia de las Comunidades Autónomas.
d) Son competencia del Ministerio de Sanidad y de los municipios fronterizos.

8. Son actividades de sanidad exterior:

a) Todas aquellas que se realicen en materia de vigilancia y control de los posibles riesgos para la salud derivados de la importación, exportación o tránsito de mercancías.

b) Todas aquellas que se realicen en materia de vigilancia y control de los posibles riesgos para la salud derivados del tráfico internacional de viajeros.

c) Son ciertas las dos respuestas anteriores.

d) Ninguna de las respuestas anteriores es correcta, ya que para que las actividades indicadas en las dos primeras sean consideradas como de sanidad exterior es preciso que estén inscritas en el Registro especial establecido al efecto.

9. Los cambios en la distribución o necesidades de personal que se deriven de reordenaciones funcionales, organizativas o asistenciales se articularán de conformidad con las normas aplicables:

a) En el Consejo Interterritorial del Sistema Nacional de Salud.

b) En el Sistema Nacional de Salud.

c) En cada servicio de salud.

d) En el Ministerio de Sanidad y Consumo (actualmente Ministerio de Sanidad).

10. Los planes de ordenación de recursos humanos constituyen el instrumento básico de planificación global de los mismos dentro de:

a) El Sistema Nacional de Salud o en el ámbito que en los mismos se precise.

b) El servicio de salud o en el ámbito que en los mismos se precise.

c) El área de salud o en el ámbito que en los mismos se precise.

d) El distrito de salud o en el ámbito que en los mismos se precise.

11. El personal estatutario de los servicios de salud ostenta los siguientes derechos:

a) A la inamovilidad en el empleo y al ejercicio o desempeño efectivo de la profesión o funciones que correspondan a su nombramiento.

b) A la percepción puntual de las retribuciones complementarias e indemnizaciones por razón del servicio en cada caso establecidas.

c) A la formación continuada adecuada a la función desempeñada y al reconocimiento de su cualificación profesional en relación con dichas funciones.

d) A recibir prevención eficaz en materia de seguridad y salud en el trabajo, así como sobre riesgos generales en el centro sanitario o derivados del trabajo habitual, y a la información y formación específica en esta materia conforme a lo dispuesto en la Ley 31/1995, de 8 de noviembre, de Prevención de Riesgos Laborales.

12. El personal estatutario ostenta, en los términos establecidos en la Constitución y en la legislación específicamente aplicable, el siguiente derecho colectivo:

a) A que sea respetada su dignidad e intimidad personal en el trabajo y a ser tratado con educación, consideración y respeto por sus jefes y superiores, sus compañeros y sus subordinados.

b) Al descanso periódico retribuido, mediante la limitación de la jornada, las vacaciones y permisos necesarios en los términos que se establezcan.

c) A recibir asistencia y protección de las Administraciones Públicas y servicios de salud en el ejercicio del Régimen General de la Seguridad Social.

d) A la libre sindicación.

13. Según la Ley de prevención de Riesgos Laborales, aquel que resulte probable racionalmente que se materialice en un futuro inmediato y pueda suponer un daño grave para la salud de los trabajadores es:

a) Un riesgo leve.
b) Un riesgo grave.
c) Un riesgo muy grave.
d) Un riesgo laboral grave e inminente.

14. Por "condición de trabajo" se entiende:

a) Las enfermedades, patologías o lesiones sufridas con motivo u ocasión del trabajo.
b) Los procesos, actividades, operaciones, equipos o productos "potencialmente peligrosos".
c) Cualquier característica del trabajo que pueda tener una influencia significativa en la generación de riesgos para la seguridad y salud del trabajador.
d) Cualquier máquina, aparato, instrumento o instalación utilizada en el trabajo.

15. Respecto a la farmacia hospitalaria, señala la respuesta incorrecta:

a) Los hospitales que no cuenten con servicios farmacéuticos deben solicitar a la Comunidad Autónoma autorización para mantener un depósito de medicamentos bajo la supervisión y control de un farmacéutico.
b) Los servicios de farmacia hospitalaria estarán bajo la titularidad y responsabilidad de un farmacéutico titular.
c) Los farmacéuticos de las farmacias hospitalarias deberán haber cursado los estudios de las especialidades correspondientes.
d) La actividad de la farmacia hospitalaria debe llevarse a cabo con la presencia y actuación de un farmacéutico.

16. Cuando un farmacéutico tenga que sustituir un medicamento prescrito por un médico, debe considerar las siguientes premisas:

a) La sustitución puede hacerse de forma habitual, si en la farmacia no se dispone del medicamento indicado por un médico.
b) No pueden sustituirse determinados medicamentos por cuestión de biodisponibilidad y estrecho margen terapéutico.
c) La sustitución de un medicamento se efectuará por otro de menor precio.
d) El medicamento utilizado en la sustitución debe tener igual composición, forma farmacéutica, vía de administración y dosificación.

17. El fenoterol se emplea como:

a) Broncodilatador.
b) Antianginoso.

c) Diurético.
d) Relajante muscular.

18. Considerando la clasificación de los medicamentos según los efectos sobre el organismo, los fármacos que dilatan la pupila se conocen como:

a) Tónicos.
b) Mióticos.
c) Antipiréticos.
d) Ninguna de las respuestas anteriores es correcta.

19. La sustancia que se obtiene de *Papaver somniferum* es:

a) Digoxina.
b) Tiene acción analgésica.
c) Atropina.
d) Actúa controlando la frecuencia cardíaca.

20. Respecto a un ensayo clínico, señala la respuesta incorrecta:

a) Un ensayo clínico es toda investigación efectuada en humanos con el fin de conocer todas las características relativas al medicamento.
b) La investigación clínica es un paso fundamental para que el fármaco pueda llegar hasta su destinatario final (el paciente).
c) La randomización es un paso con una importancia muy secundaria en el estudio clínico de un nuevo fármaco.
d) Los participantes en el ensayo pueden formar parte bien del grupo control, o bien del grupo experimental.

21. Una de las siguientes etapas no forma parte del proceso de investigación de un medicamento; indica cuál:

a) Registro y autorización por las autoridades.
b) Ensayos preclínicos.
c) Comercialización y promoción.
d) Investigación básica.

22. En relación con la administración por vía inhalatoria, señala la respuesta incorrecta:

a) Las cámaras de inhalación incrementan la distancia entre el cartucho presurizado y la boca del paciente.
b) La vía inhalatoria puede tener un efecto local o un efecto sistémico.
c) Los inhaladores de polvo seco son especialmente útiles en niños y en mayores, dada su sencillez de uso.
d) Los cartuchos presurizados presentan como ventaja su sencillez de uso.

23. Las vías tópicas con las que se consigue un efecto sistémico son las siguientes:

a) Transdérmica.
b) Ótica.
c) Bucal.
d) Nasal.

24. Los medicamentos que se administran por vía parenteral deben cumplir diferentes requisitos:

a) Ausencia de pirógenos.
b) Esterilidad.
c) Estabilidad.
d) Todas las respuestas anteriores son correctas.

25. Entre los errores detectados al manejar la insulina no se incluyen:

a) Utilización incorrecta de los dispositivos o plumas de administración.
b) Administración por vía oral.
c) Confusiones entre los distintos tipos, concentraciones y marcas de insulina.
d) Programación incorrecta de las bombas de perfusión.

26. Respecto a la farmacovigilancia, señala una característica que es incorrecta:

a) Su actividad tiene que ver con los riesgos asociados al uso de medicamentos tras su comercialización.
b) Es una actividad que implica a las actividades sanitarias, a los titulares de la autorización de comercialización y a los profesionales de la salud.
c) Uno de sus objetivos es asegurar la adherencia terapéutica.
d) Permite hacer un seguimiento de los posibles efectos adversos de los medicamentos.

27. De toda la información que debe contener el acondicionamiento primario de un envase medicamentoso, en el caso de que sea muy pequeño, no es imprescindible:

a) Precio de venta al público.
b) Fecha de caducidad.
c) Forma y vía de administración.
d) Condiciones de conservación.

28. ¿Cuál de las siguientes informaciones sobre el medicamento no se incluye en el embalaje exterior o acondicionamiento secundario?

a) Composición cualitativa.
b) Efectos secundarios.
c) Excipientes.
d) Condiciones de dispensación.

29. Para la prevención de la contaminación cruzada es cierto que:

a) No debe haber diferencias de presión entre las áreas.
b) No se deben de utilizar extractores.
c) Las áreas de preparación están segregadas.
d) Son en todo momento zonas de acceso restringido.

30. Para la prevención de la contaminación cruzada, la vestimenta del auxiliar de farmacia es de especial control aunque puede prescindirse de:

a) Bata.
b) Mascarilla.
c) Calzas.
d) Guantes.

31. Para el mantenimiento de las condiciones ambientales de almacenamiento se tendrán en cuenta que los medicamentos y dispositivos médicos presentan algunas características respecto a la luz, temperatura, combustibilidad, de volumen y legales; entre dichas características no se encuentran:

a) La fotosensibilidad.
b) La termolabilidad.
c) La estabilidad.
d) Todas son correctas.

32. El inventario que se realiza en los almacenes de farmacia se denomina:

a) Inventario general.
b) Inventario rotativo.
c) Inventario permanente.
d) Todas son correctas.

33. ¿Qué organismo se encarga de fijar los precios a los medicamentos y establece las condiciones de dispensación de los mismos?

a) Agencia Española del Medicamento.
b) Dirección General de Farmacia.
c) Servicio Nacional Farmacéutico.
d) Subdirección Española de Productos Farmacéuticos.

34. Señala la respuesta incorrecta. El transporte de medicamentos desde el laboratorio hasta las OF u hospitales se hace a través de:

a) Una red de distribución del Estado.
b) Una red propia del laboratorio.

c) Distribuidores mayoristas.

d) Cooperativas.

35. Los grandes almacenes mayoristas:

a) Deben disponer de un farmacéutico titulado.

b) Entre sus tareas está la dispensación al público.

c) Todos tiene la obligación de almacenar envíos a larga distancia como importaciones y exportaciones.

d) Todos los almacenes deben estar autorizados por la Dirección General de Farmacia y Productos Sanitarios (DGFPS).

36. Respecto a la colegiación de los farmacéuticos.

a) Es en el artículo 36 de la Constitución donde se regula el Colegio de Farmacéuticos como corporaciones locales con personalidad jurídica.

b) La capacidad para cumplir sus funciones no está directamente relacionada con la colegiación.

c) La defensa de los profesionales estará representada de forma privada.

d) Todas son incorrectas.

37. No es correcto, si hablamos de la Agencia Española de Medicamentos y Productos Sanitarios, decir que:

a) Posee una sede en cada comunidad autónoma.

b) Tiene personalidad jurídica diferenciada respecto a la del Estado.

c) Posee autonomía funcional y de gestión.

d) Está adscrita al Ministerio de Sanidad.

38. La AEMPS no es la entidad garante de calidad de los productos:

a) Sanitarios.

b) Higiene personal.

c) De uso veterinario.

d) Todas son correctas.

39. Señala la respuesta incorrecta. El farmacéutico de Atención Primaria:

a) Está presente en cada equipo de Atención Primaria.

b) No dispensa medicamentos.

c) Cumple funciones de Farmacia Clínica.

d) Realiza planificación y gestión en materia farmacéutica.

40. Las fórmulas magistrales se realizan en el área:

a) De farmacotecnia.

b) De elaboración o de preparación de formas farmacéuticas no estériles.

c) De reenvasado.
d) Las respuestas a) y b) son correctas.

41. En el área de análisis y control de medicamentos realiza los controles de calidad de los medicamentos intrahospitalarios del área:

a) De calidad.
b) De Farmacotecnia.
c) De Protocolos.
d) De Almacenamiento.

42. ¿En qué área del servicio de farmacia hospitalario se conservan muestras biológicas y reactivos utilizados en determinaciones?

a) Área de farmacodinámica.
b) Área de refrigeración.
c) Área de farmacocinética.
d) Ninguna es correcta.

43. ¿Cuál de los siguientes tipos de inventario presenta el inconveniente de que si se producen sustracciones podrían pasar inadvertidas durante un espacio de tiempo prolongado?

a) Inventario permanente.
b) Inventario rotativo.
c) Inventario informatizado.
d) Inventario anual.

44. Las fichas de almacén son un registro continuo de entradas y salidas de artículos que incluyen un conjunto de datos necesarios. ¿Cuál de los siguientes datos no se incluye habitualmente en una ficha de almacén?

a) Números de serie y/o lote de cada producto.
b) Número de unidades compradas y precios unitarios.
c) Resumen farmacodinámico y de efectos secundarios.
d) Fecha de realización del pedido y datos del proveedor.

45. ¿Cuál de los siguientes sistemas de valoración de existencias elabora la valoración del almacén, considerando que la primera unidad que sale es la que entró la última?

a) Método LIFO.
b) Método FIFO.
c) Método PMP.
d) Todos lo consideran así.

46. Las recetas médicas oficiales del Sistema Nacional de Salud en soporte papel (Real Decreto 1718/2010), se diferencian utilizando siglas o códigos alfanuméricos, impresos en su parte superior derecha. ¿Cuál crees que aparecerá en la receta de un paciente, que ha sufrido un accidente de trabajo?

a) DAST.
b) ATEP.
c) TSI 002.
d) TSI 004.

47. Las recetas médicas oficiales del Sistema Nacional de Salud en soporte papel (Real Decreto 1718/2010), se diferencian utilizando siglas o códigos alfanuméricos, impresos en su parte superior derecha. ¿Qué código crees que aparecerá en la receta de un paciente exento de aportación?

a) TSI 001.
b) TSI 002.
c) TSI 003.
d) No existen pacientes exentos de aportación.

48. ¿Cuál es el uso principal de la Unidad de Pacientes Externos del servicio de farmacia hospitalaria?

a) La atención farmacéutica al grupo de pacientes, no requiere cuidados hospitalarios, pero sí medicación que debe suministrarse en el Hospital.
b) La venta de productos farmacéuticos a pacientes de otra área hospitalaria.
c) La venta de productos farmacéuticos a pacientes de otra comunidad autónoma.
d) La venta de productos farmacéuticos a pacientes que no pertenecen al servicio de salud.

49. Ordena las vías de administración de quimioterapia, comenzando por la más usada:

a) Vía intravenosa, vía oral, vía intratecal, vía intraarterial, vía intracavitaria y vía tópica.
b) Vía oral, vía intravenosa, vía intratecal, vía intracavitaria, vía intraarterial y vía tópica.
c) Vía oral, vía intravenosa, vía intramuscular, vía intraarterial y vía tópica.
d) Vía intramuscular, vía oral, vía intravenosa, vía intratecal y vía intraarterial.

50. De los siguientes catéteres venosos periféricos, ¿cuál es el más usado por su facilidad de inserción, sus pocas complicaciones y por ser el menos doloroso y más cómodo?

a) El tipo bránula.
b) El tipo DRUM.
c) El tipo PICC,S.
d) El tipo palomita.

51. ¿Cómo se denominan la. instalación de almacenamiento en el ámbito de la recogida de una entidad local, donde se recogen de forma separada los residuos domésticos?

a) Contenedores de basura.
b) Punto limpio.
c) Centro reciclado.
d) Centro de residuos.

52. ¿Cómo se conoce la situación en la que se da una proliferación celular excesiva, pero se mantiene la estructura celular y tisular, habitualmente ocurre a continuación de una agresión de un estímulo irritante y es un proceso reversible?

a) Neoplasia.
b) Hiperplasia.
c) Anaplasia.
d) Metaplasia.

53. Los residuos sanitarios son todos los residuos generados en los centros sanitarios y se clasifican según el tipo de residuos. ¿A qué grupo pertenecen los residuos cortantes/punzantes independientemente de su riesgo de infección?

a) Residuos Biosanitarios asimilables a urbanos.
b) Residuos Químicos.
c) Residuos Biosanitarios.
d) Residuos Domésticos.

54. Según la OMS, hay 5 momentos para el lavado de las manos en la atención sanitaria. ¿Cuál de los siguientes enunciados no es uno de ellos?

a) Después de tocar al paciente.
b) Antes de tocar al paciente.
c) Antes de realizar una tarea limpia/aséptica.
d) Todos son momentos que requieren el lavado de manos.

55. ¿Cuál es la norma UNE EN ISO (UNE: Una Norma Española. EN: Norma Europea. ISO: Organización Internacional de Normalización) que regula las salas blancas?

a) 146644-1
b) 235634-2
c) 124844-3
d) 256343-4

56. ¿Cómo se deben almacenar las fórmulas a emplear en nutrición parenteral periférica?

a) Se deben almacenar en condiciones de oscuridad y congelación.
b) Se deben almacenar en condiciones de claridad y congelación.

c) Se deben almacenar en condiciones de claridad y refrigeración.
d) Se deben almacenar en condiciones de oscuridad y refrigeración.

57. ¿Qué aspecto de los que se nombra no aumentaría las necesidades calóricas de los pacientes a tener en cuenta a la hora de preparar los componentes de la fórmula de la nutrición parenteral?

a) Termogénesis.
b) Termorregulación.
c) Actividad psíquica (estrés).
d) Actividad física (mínima en el enfermo).

58. ¿Cuál es la técnica más exacta para determinar el gasto energético en pacientes hospitalizados, en especial, en individuos sometidos a ventilación mecánica o con obesidad mórbida?

a) Espetrofotometría de masa.
b) Calorimetría.
c) Electroforesis.
d) Índice de masa corporal.

59. Generalmente, ¿a qué temperatura se usan los hornos Pasteur o Poupinel en un laboratorio galénico de nivel III?

a) A 110 ºC y a 120 ºC.
b) A 130 ºC y a 140 ºC.
c) A 160 ºC y a 170 ºC.
d) A 260 ºC y a 330 ºC.

60. ¿Qué utillaje del laboratorio galénico es el de la imagen?

a) Centrífuga.
b) Autoclave.
c) Baño maría.
d) Homogeneizador.

61. ¿Qué clase de cabina de seguridad o campana de flujo laminar es aquella donde el aire entra del exterior, pasa por los filtros y se envía de nuevo al exterior a través de otro sistema de filtros y es la más modalidad más exigente de las existentes?

a) De clase IV.
b) De clase III.
c) De clase II.
d) De clase I.

62. ¿Qué nombre recibe el agua con un grado II de pureza empleadas en laboratorios farmacéuticos? Agua…

a) Analítica.
b) Ultrapura.
c) General.
d) De lavado.

63. ¿Cómo se denomina la operación de secado donde se elimina el agua empleando la congelación y posterior sublimación del hielo formado?

a) Evaporación.
b) Fusión.
c) Licuefacción.
d) Liofilización.

64. ¿Cómo se denomina el paso de un líquido a sólido, con un desprendimiento de calor siempre?

a) Liofilización.
b) Fusión.
c) Solidificación.
d) Sublimación.

65. ¿Qué procedimiento se emplea en el lavado del vidrio utilizado en farmacotecnia?

a) Lavar con agua jabonosa, aclarar y desinfectar.
b) Nunca utilizar lavavajilla de laboratorio para este material.
c) Usar autoclave.
d) Lavar con agua jabonosa, aclarar con abundante agua y efectuar el último aclarado con agua desionizada.

66. ¿Qué grado en la zona de fabricación de medicamentos estériles es aquel que se da en una zona donde se realizan operaciones de alto riesgo tales como la zona de llenado, de bandejas de tapones, de ampollas y viales abiertos y de realización de conexiones asépticas? Grado…

a) X.
b) Y.
c) A.
d) B.

67. ¿Cuál es la clasificación de partículas del aire para el grado B (en reposo)? Es la clasificación...

a) ISO 8.
b) ISO 6.
c) ISO 5.
d) ISO 4.8.

68. ¿Qué vendajes son los que no se aplican sobre la piel, y se adhieren sobre sí mismos, siendo útiles como sujeción donde otras vendas podrían desplazarse?

a) Vendas o vendajes cohesivos.
b) Vendas o vendajes de inmovilización.
c) Vendas o vendajes adhesivos elásticos.
d) Vendas o vendajes adhesivos no elásticos.

69. ¿Cuál es el uso más frecuente de las vendas de inmovilización?

a) Para sujetar fracturas de costilla o clavícula.
b) En el tratamiento de grandes varices.
c) En el tratamiento de grandes edemas.
d) En cirugía traumatológica, tumoral y otras.

70. Todo lo que se expone sobre los hilos de catgut es cierto, excepto que:

a) Son reabsorbibles.
b) Son de origen natural (intestino de vaca y oveja).
c) Dentro de su composición hay nailon que es siempre inoxidable.
d) No hace falta retirarlos una vez cicatrizada la herida.

Preguntas de reserva

1. En relación con el uso racional de los medicamentos en atención hospitalaria y especializada, señala la respuesta incorrecta:

a) Los hospitales deben disponer de servicios o unidades de farmacia hospitalaria con arreglo a las condiciones mínimas que marque la ley.
b) Los servicios de farmacia hospitalaria deben efectuar trabajos de investigación propios o en colaboración con otras unidades o servicios y participar en los ensayos clínicos con medicamentos.
c) Los servicios de farmacia hospitalaria no intervienen en la gestión de compras y productos sanitarios.
d) Los servicios de farmacia hospitalaria intervienen en actividades educativas sobre cuestiones de su competencia dirigidas al personal sanitario del hospital y a los pacientes.

2. La descripción detallada del sistema de gestión de riesgos se conoce como:

a) Error de medicación.
b) Sistema de gestión de riesgos.
c) Riesgos asociados a la utilización del medicamento.
d) Ninguna de las respuestas anteriores es correcta.

3. En el libro de contabilidad de estupefacientes se reflejan los movimientos de entradas, salidas, y *stock* de:

a) Sustancias estupefacientes para formulación magistral.
b) Medicamentos estupefacientes.
c) Sustancias psicotrópicas para formulación magistral.
d) Todas son correctas.

4. En cuanto al derecho de los trabajadores a la protección frente a los riesgos laborales, no es correcto afirmar que:

a) Conlleva la existencia de un correlativo deber del empresario así como un deber de las Administraciones Públicas respecto del personal a su servicio.
b) El empresario deberá adoptar cuantas medidas sean necesarias para la protección de la seguridad y la salud de los trabajadores, mediante la constitución de una organización y de dotación de los medios necesarios.
c) El empresario realizará la prevención de los riesgos laborales mediante la integración de la actividad preventiva en la empresa y la adopción de cuantas medidas sean necesarias para la protección de la seguridad y la salud de los trabajadores,
d) El empresario llevará a cabo la evaluación de riesgos y la adopción inicial de medidas preventivas sin que sea obligatorio desarrollar una acción permanente de seguimiento de la actividad preventiva.

5. Respecto de la información, consulta y participación de los trabajadores:

a) El empresario deberá consultar a los trabajadores, pero no tiene por qué permitir su participación en el marco de las cuestiones que afecten a la seguridad y salud en el trabajo.
b) El empresario deberá asumir todas las iniciativas que los trabajadores tengan respecto a la prevención de riesgos laborales.
c) En las empresas en que existan representantes de los trabajadores, la información se facilitará por el empresario a los trabajadores a través de dichos representantes.
d) No existe ningún deber de consulta del empresario a los trabajadores en materia de prevención de riesgos laborales.

Solución al simulacro n.º 7

1. **b) Dispone que los tratados y acuerdos ratificados por España sirven de parámetro interpretativo de los derechos y libertades establecidos en la Constitución.**

   El citado artículo establece que *"las normas relativas a los derechos fundamentales y a las libertades que la Constitución reconoce se interpretarán de conformidad con la Declaración Universal de Derechos Humanos y los tratados y acuerdos internacionales sobre las mismas materias ratificados por España."* Como se puede comprobar se otorga un papel relevante a la Declaración Universal y a los Tratados y acuerdos ratificados por España, pero en ningún momento se les otorga una jerarquía superior que a la propia Constitución.

2. **c) Nadie puede ser condenado o sancionado por acciones u omisiones que en el momento de producirse no constituyan delito, falta o infracción administrativa, según la legislación vigente en aquel momento.**

   Así, lo establece el artículo 25.1 de la Constitución Española, al disponer que *"nadie puede ser condenado o sancionado por acciones u omisiones que en el momento de producirse no constituyan delito, falta o infracción administrativa, según la legislación vigente en aquel momento"*.

3. **d) La reeducación y reinserción social y no podrán consistir en trabajos forzados.**

   Según dispone el artículo 25.2 de la Constitución Española, al establecer que *"la reeducación y reinserción social y no podrán consistir en trabajos forzados"*.

4. **a) Los derechos fundamentales del Capítulo II, a excepción de los que se vean expresamente limitados por el contenido del fallo condenatorio, el sentido de la pena y la ley penitenciaria.**

   Conforme a lo que establece el artículo 25.2 de la Constitución Española, al disponer que *"el condenado a pena de prisión que estuviere cumpliendo la misma gozará de los derechos fundamentales de este Capítulo, a excepción de los que se vean expresamente limitados por el contenido del fallo condenatorio, el sentido de la pena y la ley penitenciaria"*.

5. **b) Eficiencia.**

   A tenor del artículo 7 de la Ley 14/1986, de 25 de abril, General de Sanidad, los servicios sanitarios, así como los administrativos, económicos y cualesquiera otros que sean precisos para el funcionamiento del Sistema de Salud, adecuarán su organización y funcionamiento a los principios de eficacia, celeridad, economía y flexibilidad.

6. a) Es competencia exclusiva del Estado.

Al establecer el art. 38.1 de la LGS que son competencia exclusiva del Estado la sanidad exterior y las relaciones y acuerdos sanitarios internacionales, no hace nada más que reproducir lo determinado en el art. 149.1.16 de la CE. Este precepto último se limita a decir que es competencia exclusiva del Estado la sanidad exterior, extendiendo el 38.1 esa exclusividad a las relaciones y acuerdos sanitarios internacionales, lo cual no deja de ser sino consecuencia lógica y evidente de lo primero.

El Estado pretende que en todo lo relacionado con vínculos y conexiones con terceros países en materia sanitaria o de salud pública exista un solo interlocutor válido, y no diecisiete como sucedería si estas competencias pudieran ser ejercitadas por cada una de las diecisiete CC. AA. que en España han asumido ya las competencias restantes en materia de sanidad.

7. b) Son competencia exclusiva del Estado cuando tengan carácter o ámbito internacional.

Las relaciones y acuerdos sanitarios son competencia exclusiva del Estado cuando tengan carácter o ámbito internacional, por tanto, cuando no lo ostenten, las CC. AA. podrán mantener esas relaciones y suscribir esos acuerdos entre ellas.

Por ejemplo, Navarra y País Vasco han suscrito diversos acuerdos para la atención sanitaria en sus zonas limítrofes.

También han firmado acuerdos de colaboración en materia sanitaria Asturias y Galicia; Castilla León y Extremadura, Aragón y Cataluña, entre otras CC. AA.

8. c) Son ciertas las dos respuestas anteriores.

El art. 38.2 de la LGS detalla que "Son actividades de sanidad exterior todas aquellas que se realicen en materia de vigilancia y control de los posibles riesgos para la salud derivados de la importación, exportación o tránsito de mercancías y del tráfico internacional de viajeros".

La Ley 33/2011, de 4 de octubre, General de Salud Pública, en su artículo 36, al regular la finalidad de la Sanidad Exterior, dispone que:

"1. En el ejercicio de la competencia estatal de sanidad exterior, corresponde al Ministerio de Sanidad:

a) Organizar y garantizar la prestación y calidad de los controles sanitarios de bienes a su importación o exportación en las instalaciones de las fronteras españolas y en los medios de transporte internacionales, así como de los transportados por los viajeros en el tránsito internacional.

b) Organizar y garantizar la prestación de la atención sanitaria del tránsito internacional de viajeros, de la prevención de las enfermedades y lesiones del viajero y de los servicios de vacunación internacional. Podrá establecerse la colaboración a estos efectos con las Comunidades Autónomas mediante encomienda de gestión u otras formas de colaboración contempladas en el ordenamiento jurídico de modo que la vacunación sea más accesible a los ciudadanos que deban cumplir con este requisito.

c) Articular la vigilancia de sanidad exterior.

2. Lo dispuesto en el presente capítulo se entiende sin perjuicio de las competencias que en materia de relaciones internacionales corresponden al Ministerio de Asuntos Exteriores, con el que se establecerá la oportuna coordinación."

9. c) En cada servicio de salud.

Según el artículo 12.3 de la Ley 55/2003, de 16 de diciembre, del Estatuto Marco del personal estatutario de los servicios de salud, que establece que:

"3. Los cambios en la distribución o necesidades de personal que se deriven de reordenaciones funcionales, organizativas o asistenciales se articularán de conformidad con las normas aplicables en cada servicio de salud."

10. b) El servicio de salud o en el ámbito que en los mismos se precise.

Conforme al artículo 13.1 de la Ley 55/2003, de 16 de diciembre, del Estatuto Marco del personal estatutario de los servicios de salud, que dispone que:

"1. Los planes de ordenación de recursos humanos constituyen el instrumento básico de planificación global de los mismos dentro del servicio de salud o en el ámbito que en los mismos se precise."

11. c) A la formación continuada adecuada a la función desempeñada y al reconocimiento de su cualificación profesional en relación con dichas funciones.

De acuerdo con el artículo 17.1 c) de la Ley 55/2003, de 16 de diciembre, del Estatuto Marco del personal estatutario de los servicios de salud, que dispone que:

"1. El personal estatutario de los servicios de salud ostenta los siguientes derechos:

a) A la estabilidad en el empleo y al ejercicio o desempeño efectivo de la profesión o funciones que correspondan a su nombramiento.

b) A la percepción puntual de las retribuciones e indemnizaciones por razón del servicio en cada caso establecidas.

c) A la formación continuada adecuada a la función desempeñada y al reconocimiento de su cualificación profesional en relación con dichas funciones.

d) A recibir protección eficaz en materia de seguridad y salud en el trabajo, así como sobre riesgos generales en el centro sanitario o derivados del trabajo habitual, y a la información y formación específica en esta materia conforme a lo dispuesto en la Ley 31/1995, de 8 de noviembre, de Prevención de Riesgos Laborales."

12. d) A la libre sindicación.

Según el artículo 18.a) de la Ley 55/2003, de 16 de diciembre, del Estatuto Marco del personal estatutario de los servicios de salud, que establece que:

"El personal estatutario ostenta, en los términos establecidos en la Constitución y en la legislación específicamente aplicable, los siguientes derechos colectivos:

a) A la libre sindicación.

b) A la actividad sindical.

c) A la huelga, garantizándose en todo caso el mantenimiento de los servicios que resulten esenciales para la atención sanitaria a la población.

d) A la negociación colectiva, representación y participación en la determinación de las condiciones de trabajo.

e) A la reunión.

f) A disponer de servicios de prevención y de órganos representativos en materia de seguridad laboral."

13. d) Un riesgo laboral grave e inminente.

En sentido similar a otras definiciones, el artículo 4 de la LPRL define el "riesgo laboral grave e inminente" y lo hace en su apartado 4.º, siempre considerando que estas definiciones se establecen a efectos de la presente ley –no necesariamente para el resto del ordenamiento jurídico que incluya otras normas civiles, mercantiles, etc.–, como el riesgo laboral cuya materialización resulte probable racionalmente en un futuro inmediato y pueda suponer un daño grave para la salud de los trabajadores. Es decir, requiere que la materialización del daño se produzca con inmediatez (alto riesgo de materializarse racionalmente) y que el daño que es muy probable que se produzca se pueda calificar de grave para la salud de los trabajadores. Por lo tanto, si la probabilidad del daño es baja, o si lo previsible es que el daño que se pueda producir sea leve, no podría calificarse el riesgo laboral como "grave e inminente".

Esta definición es de gran relevancia, como se verá en otros preceptos de la LPRL cuando se refieren a ella para permitir que se pueda llegar incluso a paralizar la actividad de parte o de la totalidad de un centro de trabajo cuando se produzca un riesgo de esta naturaleza (grave e inminente).

14. c) Cualquier característica del trabajo que pueda tener una influencia significativa en la generación de riesgos para la seguridad y salud del trabajador.

Así lo entiende el punto 7.º del artículo 4 de la LPRL que específicamente incluye en esta definición:

a) Las características generales de los locales, instalaciones, equipos, productos y demás útiles existentes en el centro de trabajo.

b) La naturaleza de los agentes físicos, químicos y biológicos presentes en el ambiente de trabajo y sus correspondientes intensidades, concentraciones o niveles de presencia.

c) Los procedimientos para la utilización de los agentes citados anteriormente que influyan en la generación de los riesgos mencionados.

d) Todas aquellas otras características del trabajo, incluidas las relativas a su organización y ordenación, que influyan en la magnitud de los riesgos a que esté expuesto el trabajador.

15. b) Los servicios de farmacia hospitalaria estarán bajo la titularidad y responsabilidad de un farmacéutico titular.

La respuesta apropiada es la b), pues los servicios de farmacia hospitalaria funcionan siempre bajo la supervisión de un farmacéutico que disponga de la especialidad de farmacia hospitalaria.

16. a) La sustitución puede hacerse de forma habitual, si en la farmacia no se dispone del medicamento indicado por un médico.

La respuesta apropiada es la a), ya que la sustitución de un medicamento por otro se plantea como un acto excepcional, al que se puede recurrir en situación de desabastecimiento o en caso de urgencia.

17. a) Broncodilatador.

La respuesta apropiada es la a), pues este compuesto se emplea para aliviar el broncoespasmo típico de las crisis de asma, y pertenece a los broncodilatadores de acción corta.

18. d) Ninguna de las respuestas anteriores es correcta.

La respuesta apropiada es la d), pues los fármacos que actúan dilatando la pupila son los denominados midriáticos; lo mióticos lo que hacen es contraer dicha pupila.

19. b) Tiene acción analgésica.

La respuesta apropiada es la b), ya que de la mencionada planta se obtiene el opio, a partir del cual se generan otros compuestos como la morfina, la cual es un potente analgésico.

20. c) La randomización es un paso con una importancia muy secundaria en el estudio clínico de un nuevo fármaco.

La respuesta apropiada es la c), ya que la aleatorización es un paso decisivo de cara a la fiabilidad del estudio.

21. c) Comercialización y promoción.

La respuesta apropiada es la c), ya que todo el proceso de investigación de un nuevo compuesto va desde que se inicia la investigación básica y acaba con el lanzamiento y monitorización de seguridad. El proceso de comercialización y presentación a posibles prescriptores, no se incluye en el proceso de investigación.

22. d) Los cartuchos presurizados presentan como ventaja su sencillez de uso.

La respuesta correcta es la d), ya que los cartuchos presurizados no son fáciles de usar, al requerir la coordinación entre presión del cartucho e inhalación.

23. a) Transdérmica.

La respuesta correcta es la a), ya que la vía transdérmica permite la absorción del fármaco a través de la piel, concretamente a través de la epidermis, la cual se caracteriza por su alta vascularización, con lo que el compuesto entra en la circulación sanguínea, y así se consigue un efecto sistémico.

24. d) Todas las respuestas anteriores son correctas.

La respuesta correcta es la d), pues cualquier fármaco que se administre por vía parenteral debe reunir esas características, con objeto de evitar los posibles riesgos que comporta esta vía.

25. b) Administración por vía oral.

La respuesta correcta es la b), ya que es prácticamente imposible que alguien por error administre la insulina por vía oral, pues todo diabético sabe que cuando le prescriben insulina, esta tiene que administrarse por vía parenteral, razón por la cual más de un diabético rechaza esta medicación.

26. c) Uno de sus objetivos es asegurar la adherencia terapéutica.

La respuesta correcta es la c), ya que la finalidad de la farmacovigilancia es asegurar que los medicamentos son seguros, y para ello, hay que vigilar sus efectos adversos aun después de estar puestos en el mercado.

27. a) Precio de venta al público.

Los envases demasiado pequeños deben incluir, al menos: nombre del medicamento, número de lote, fecha de caducidad, vía y forma de administración, peso, volumen o unidades de administración, condiciones de conservación y uso seguro así como el símbolo de radiactividad y nombre del fabricante en caso de que sea una sustancia radiactiva.

28. b) Efectos secundarios.

Los efectos secundarios irán enumerados en el prospecto del medicamento.

29. c) Las áreas de preparación están segregadas.

Entre las medidas técnicas para evitar la contaminación cruzada están: Que la producción se lleve a cabo en áreas segregadas, con intervalos de tiempo, y limpieza adecuada entre un reenvasado y otro. Son zonas de acceso restringido pero solamente durante el proceso de reenvasado. En casos necesarios se deben establecer áreas herméticas, con diferencias de presión, y dotadas de extractores de aire.

30. c) Calzas.

Son imprescindibles los guantes, bata, gorro y mascarilla.

31. c) La estabilidad.

Se deben observar cualquier evidencia de inestabilidad, de acuerdo con su forma farmacéutica de los medicamentos, como por ej., precipitados, turbidez y crecimientos de hongos en soluciones y jarabes, separación de fases en emulsión, cambio de color en soluciones coloreadas, pérdida de dureza, indicios de oxidación y cambios de color, así como la pérdida de la capacidad de redispersión al agitar, en el caso de las suspensiones.

32. d) Todas son correctas.

Los tres tipos de inventario son válidos y uno no excluye los otros. Este requisito es de aplicación opcional por parte de los distribuidores particulares.

33. b) Dirección General de Farmacia.

La Dirección General de Farmacia y Productos Sanitarios es el órgano al que corresponde la dirección de la política farmacéutica pública y fijación del precio de los medicamentos y productos sanitarios, y establece las condiciones especiales de prescripción y dispensación.

34. a) Una red de distribución del Estado.

Un laboratorio farmacéutico puede directamente suministrar a los almacenes mayoristas, a las OF y hospitales, siendo una venta directa, otras veces las entregas se realizan a través de la propia compañía distribuidora del o a través de subcontratas de un operador logístico.

35. a) Deben disponer de un farmacéutico titulado.

Entre las acciones de los almacenes mayoristas está excluida la dispensación al público y solamente los almacenes bajo control o vigilancia aduanera almacenaran medicamentos en tránsito, con envíos a larga distancia (importaciones y exportaciones). Todos los almacenes deben estar autorizados por la (AEMPS) Agencia Española del Medicamento y Productos Sanitarios.

36. a) Es en el artículo 36 de la Constitución donde se regula el Colegio de Farmacéuticos como corporaciones locales con personalidad jurídica.

En este artículo también se añade la plena capacidad para cumplir sus funciones.

37. a) Posee una sede en cada comunidad autónoma.

La Agencia Española del Medicamento y Productos Sanitarios (AEMPS) tiene su sede en la Villa de Madrid.

38. d) Todas son correctas.

El objeto de la Agencia es el de garantizar que tanto los medicamentos de uso humano como los de uso veterinario y los productos sanitarios, cosméticos y productos de higiene personal cumplan con estrictos criterios de calidad, seguridad, eficacia y correcta información con arreglo a la normativa vigente sobre dichas materias en el ámbito estatal y de la Unión Europea.

39. a) Está presente en cada equipo de Atención Primaria.

Cada área sanitaria contará, como mínimo, con un Servicio de Farmacia de AP para funciones propias. No es indispensable que cada Centro de Atención Primaria tenga un Servicio Farmacéutico.

40. d) Las respuestas a) y b) son correctas.

Tanto las fórmulas magistrales de petición intrahospitalaria como las fórmulas normalizadas y la elaboración de preparados orales, dermatológicos, soluciones antisépticas y sólidos orales, se realizan en el área de elaboración o de preparación de formas farmacéuticas no estériles, que forma parte del área de farmacotecnia.

41. b) De Farmacotecnia.

Es el área de análisis y control de medicamentos donde el farmacéutico responsable de realizar los controles de calidad del área de farmacotecnia elaborará los protocolos necesarios para garantizar: que las materias primas son las adecuadas, que los productos elaborados corresponden a los inicialmente fijados e igualmente velará por el cumplimiento de las normas de actuación internas.

42. c) Área de farmacocinética.

Es en este área y en concreto en el área de laboratorio o de preparación, donde, dotada de los medios de análisis y procesamiento de muestras necesario, se procesan las muestras tomadas, según el plan de trabajo establecido, se conservan las muestras biológicas (refrigeración o congelación) y de los reactivos empleados en las determinaciones, así como también re realizan análisis de los niveles plasmáticos.

43. c) Inventario informatizado.

En los inventarios informatizados, se dan por válidos los datos reflejados en las fichas de almacén y se puede elaborar en el acto, un listado con la existencia de cada producto.

Para que el sistema funcione adecuadamente, requiere que todas las operaciones (entradas, salidas, incidencias) se reflejen en el programa correctamente.

Su principal ventaja es la inmediatez en la obtención de la información y su principal inconveniente es que para que funcione bien, exige minuciosidad en el registro de entradas y salidas y que por otra parte, si se produjesen sustracciones, podrían pasar inadvertidas hasta que se detectase la incongruencia entre lo que dice la ficha del almacén y el *stock* real del producto.

44. c) Resumen farmacodinámico y de efectos secundarios.

La "ficha de almacén" es un documento interno para gestionar el stock del almacén de farmacia, por lo que solo contiene datos administrativos. No incluye nada de la farmacodinámica o efectos del producto, porque no está diseñada para esa función.

45. a) Método LIFO.

El método LIFO, realiza la valoración del almacén considerando que la primera unidad que sale es la que entró la última. Las existencias del almacén se valoran a los precios más antiguos y el material utilizado a los precios actuales. Es un método en desuso.

46. b) ATEP.

ATEP para las recetas de accidentes de trabajo o enfermedad profesional.

47. a) TSI 001.

a) Código TSI 001 para los usuarios exentos de aportación.

b) Código TSI 002 para los usuarios con aportación reducida de un 10 %.

c) Código TSI 003 para los usuarios con aportación de un 40 %.

d) Código TSI 004 para los usuarios con aportación de un 50 %.

e) Código TSI 005 para los usuarios con aportación de un 60 %.

f) Código TSI 006 para los usuarios de mutualidades de funcionarios con aportación de un 30 %.

48. a) La atención farmacéutica al grupo de pacientes no requiere cuidados hospitalarios, pero sí medicación que debe suministrarse en el Hospital.

Es una zona diferenciada y dedicada exclusivamente a la atención y dispensación a pacientes externos. Se debe ubicar anexa al servicio de farmacia y contar con una superficie de aproximadamente 20 m² con dos puertas de acceso, una para el acceso a pacientes y otra que comunica con el servicio de farmacia para el acceso del personal sanitario.

49. a) Vía intravenosa, vía oral, vía intratecal, vía intraarterial, vía intracavitaria y vía tópica.

La principal vía de administración es la intravenosa, seguida de la vía oral; le siguen otras vías como la intratecal, intraarterial, intracavitaria e incluso la tópica.

50. d) El tipo palomita.

Catéteres venosos periféricos: tipo bránula y tipo palomita que se presentan en diferentes diámetros, longitudes y materiales (metálicas, poliuretano, vialón y teflón). El más frecuentemente utilizado es del tipo palomita de plástico. La integridad de la punta de este tipo de catéter facilita la inserción y reduce las complicaciones de la terapia intravenosa (flebitis mecánica y química). Para el paciente es un catéter menos doloroso y más cómodo.

51. b) Punto limpio.

«Punto limpio»: instalación de almacenamiento en el ámbito de la recogida de una entidad local, donde se recogen de forma separada los residuos domésticos.

52. b) Hiperplasia.

Se denomina hiperplasia a la situación en la que ocurre es una proliferación celular excesiva, pero se mantiene la estructura celular y tisular. Habitualmente ocurre a continuación de una agresión de un estímulo irritante. Es un proceso reversible.

53. c) Residuos Biosanitarios.

Residuos Biosanitarios: residuos que deben ser gestionados de forma diferenciada por su riesgo de infección. En este grupo se incluyen también los residuos cortantes/punzantes Independiente de su riesgo de infección. Su gestión diferenciada contempla la adopción de medidas de prevención en la manipulación, la recogida, el almacenamiento, el transporte, el tratamiento y la eliminación de esto residuos, ya que pueden representar un riesgo para la salud laboral, la salud pública y el medio ambiente.

54. d) Todos son momentos que requieren el lavado de manos.

Los 5 momentos para el lavado de las manos según la OMS son: antes de tocar al paciente, antes de realizar una tarea limpia/ aséptica, después del riesgo de exposición a líquidos corporales, después de tocar al paciente, después del contacto con el entorno del paciente.

55. a) 146644-1.

Las salas blancas se ajustan a la normativa UNE-En ISO 146644-1.

56. d) Se deben almacenar en condiciones de oscuridad y refrigeración.

Las características que debe cumplir el almacenamiento de las fórmulas a emplear en nutrición parenteral periférica deben ser en condiciones de *oscuridad y refrigeración*.

57. d) Actividad física (mínima en el enfermo).

De todos los aspectos que se nombran entorno al paciente a la hora de preparar la fórmula de la nutrición parenteral, el único que su valor es mínimo o nulo es la *actividad física*, ya que este por su estado de salud está postrado y prácticamente inmóvil en su cama. En la termogénesis, inducida por los alimentos, que se deriva de la energía necesaria para su consumo y metabolismo se gasta energía (aproximadamente 10 %/ diario), con la termorregulación se consume energía para mantener la temperatura corporal (homeotermos) y con el estrés aumenta el consumo de oxígeno y de algunos nutrientes.

58. b) Calorimetría.

Las necesidades energéticas pueden medirse mediante el uso de calorimetría, estimarse mediante peso corporal o calcularse mediante diferentes fórmulas, basadas en ecuaciones de regresión. La *calorimetría* es la técnica más exacta para determinar el gasto energético en pacientes hospitalizados, en especial, en individuos sometidos a ventilación mecánica o con obesidad mórbida. Sin embargo, esta técnica no está al alcance de todos los clínicos.

59. c) A 160 ºC y a 170 ºC.

Los hornos Pasteur se utilizan para desecar productos farmacéuticos, y secar y esterilizar material de vidrio. Pueden alcanzar altas temperaturas de hasta 300 ºC, pero generalmente se usan a *160 y a 170 ºC*.

60. c) Baño maría.

El utillaje de la imagen se corresponde con un *baño maría* o baño de agua, y es de uso corriente en la farmacia. Se utiliza cuando la temperatura deseada y la de ebullición del líquido que se va a calentar no son muy elevadas. Este baño consiste en una caja metálica de hierro esmaltado, llena de agua, cuya temperatura puede ajustarse (como la de la imagen).

61. b) De clase III.

La cabina de flujo laminar donde el aire entra del exterior, pasa por los filtros y se envía de nuevo al exterior a través de otro sistema de filtros es la de la *clase III*. La cabina es totalmente hermética, con un sistema de guantes adosado al frente. Y es la más exigente y sofisticada de las existentes.

62. a) Analítica.

El agua con un grado II de pureza utilizada en laboratorios farmacéuticos es el agua *analítica*, ya que es la que más se utiliza en los ensayos analíticos dentro del laboratorio. Se caracteriza porque mantiene el pH neutro, y está libre de impurezas orgánicas. Se utiliza para ensayos cuantitativos.

63. d) Liofilización.

La *liofilización* es un proceso en el que una muestra completamente congelada se coloca al vacío para eliminar el agua u otros disolventes de la muestra, lo que permite que el hielo cambie directamente de sólido a vapor (sublimación) sin pasar por una fase líquida.

64. c) Solidificación.

El paso de un líquido a sólido se denomina *solidificación*. Durante este fenómeno se produce siempre un desprendimiento de calor. Lo mismo que en un punto de fusión, los cuerpos tienen también un "punto de solidificación" que, por consiguiente, es aquel grado de temperatura a que solidifica cada uno.

65. d) Lavar con agua jabonosa, aclarar con abundante agua y efectuar el último aclarado con agua desionizada.

Respecto a las instrucciones de limpieza del material de vidrio utilizado en farmacotecnia, el lavado del mismo se realizará con *agua jabonosa, aclarándolo con abundante agua y efectuando el último aclarado con agua desionizada*. Asimismo, se debe, secar en estufa a 40 ºC. Se puede utilizar también lavavajillas del laboratorio. Los utensilios manchados con vaselina hay que limpiarlos muy bien con papel, pasar con alcohol, lavar con agua jabonosa y secar.

66. c) A.

El grado que se corresponde en la zona de fabricación de medicamentos estériles que se da en una zona donde se realizan operaciones de alto riesgo tales como la zona de llenado, de bandejas de tapones, de ampollas y viales abiertos y de realización de conexiones asépticas es el *A*, que es el más exigente.

67. c) ISO 5.

Para el grado B (en reposo), la clasificación de partículas del aire es la *ISO 5* para los dos tamaños de partículas considerados.

68. a) Vendas o vendajes cohesivos.

Los vendajes que se adhieren sobre sí mismos pero no sobre la piel y son útiles como sujeción en actividades deportivas, donde otras vendas podrían desplazarse y los vendajes adhesivos no resultarían adecuados son los cohesivos. A diferencia de otros como compresión, inmovilización, adhesivos elásticos… que se adhieren sobre la piel.

69. d) En cirugía traumatológica, tumoral y otras.

Las vendas de inmovilización son vendajes que pueden ser de escayola (de fraguado rápido, semirrápido o lento) y vendas de fibra de vidrio. Estas últimas son radiotransparentes (para evitar artefactar una placa radiográfica si es necesaria para un control) y resistentes al agua y se utilizan en cirugía traumatológica, tumoral y otras.

70. c) Dentro de su composición hay nailon que es siempre inoxidable.

El catgut es de origen animal y procede del intestino de vaca y oveja. Son reabsorbibles, por tanto no hace falta retirarlos una vez cicatrizada la herida. Actualmente, en todos los países de la UE está prohibido su uso, a raíz de la aparición de la "enfermedad de las vacas locas" para evitar posibles contagios en los tejidos humanos. Y no son de nailon.

Preguntas de reserva

1.   c) Los servicios de farmacia hospitalaria no intervienen en la gestión de compras y productos sanitarios.

La respuesta apropiada es la c), ya que entre las competencias de los servicios de farmacia hospitalaria se incluyen la participación y la coordinación de la gestión de compras de productos sanitarios y medicamentos de hospital.

2.   d) Ninguna de las respuestas anteriores es correcta.

La respuesta correcta es la d), ya que el Plan de Gestión de Riesgos es la descripción detallada del sistema de gestión de riesgos.

3.   d) Todas son correctas.

Todas estas sustancias y medicamentos deben quedar reflejadas en dicho libro de contabilidad.

4.   d) El empresario llevará a cabo la evaluación de riesgos y la adopción inicial de medidas preventivas sin que sea obligatorio desarrollar una acción permanente de seguimiento de la actividad preventiva.

La afirmación contenida en la letra d) no es correcta porque el apartado 2 del artículo 14 de la LPRL contempla expresamente que el empresario desarrollará una acción permanente de seguimiento de la actividad preventiva con el fin de perfeccionar de manera continua las actividades de identificación, evaluación y control de los riesgos que no se hayan podido evitar y los niveles de protección existentes, y dispondrá lo necesario para la adopción de las medidas de prevención.

La afirmación contenida en la letra d) no es correcta porque el apartado 2 del artículo 14 de la LPRL contempla expresamente que el empresario desarrollará una acción permanente de seguimiento de la actividad preventiva con el fin de perfeccionar de manera continua las actividades de identificación, evaluación y control de los riesgos que no se hayan podido evitar y los niveles de protección existentes, y dispondrá lo necesario para la adopción de las medidas de prevención.

5.   c) En las empresas en que existan representantes de los trabajadores, la información se facilitará por el empresario a los trabajadores a través de dichos representantes.

Una de las obligaciones que tiene el empresario con los trabajadores es facilitarles información en materia de prevención de riesgos laborales (los riesgos para su seguridad y salud, las medidas preventivas adoptadas, etc.), y esa obligación debe realizarse a través de los representantes legales de los trabajadores cuando la empresa cuenta con dicha representación. Así lo dispone el artículo 18.1. último párrafo, de la LPRL.

SIMULACRO N.º 8

1. En el ámbito de la Administración civil, conforme a lo dispuesto en la Constitución Española:

a) No podrá imponer sanciones.
b) Podrá imponer sanciones que directamente impliquen privación de libertad.
c) Podrá imponer sanciones que subsidiariamente, impliquen privación de libertad.
d) Se prohíben los Tribunales de Honor.

2. Tal y como establece la Constitución Española, la educación tendrá por objeto:

a) La enseñanza básica.
b) La enseñanza obligatoria y gratuita.
c) El pleno desarrollo de la personalidad humana en el respeto a los principios democráticos de convivencia y a los derechos y libertades fundamentales.
d) Una programación general de la enseñanza.

3. La Constitución Española establece que:

a) Los poderes públicos garantizan el derecho que asiste a los padres para que sus hijos reciban la formación ética y moral que esté de acuerdo con sus propias convicciones.
b) Los poderes públicos garantizan el derecho que asiste a los padres para que sus hijos reciban la formación religiosa y moral que esté de acuerdo con sus propias convicciones.
c) Los poderes públicos garantizan el derecho que asiste a los padres para que sus hijos reciban la formación religiosa y ética que esté de acuerdo con sus propias convicciones.
d) Los poderes públicos garantizan el derecho que asiste a los padres para que sus hijos reciban la formación confesional y aconfesional que esté de acuerdo con sus propias convicciones.

4. Tal y como establece la Constitución Española, es obligatoria y gratuita:

a) La enseñanza primaria.
b) La enseñanza básica.
c) La enseñanza universitaria.
d) La enseñanza secundaria.

5. En Sanidad Exterior, España colaborará con otros países y Organismos internacionales:

a) Mediante su participación en cumbres internacionales.
b) Mediante su intervención en foros internacionales estables o temporales.
c) Mediante las relaciones y acuerdos sanitarios internacionales.
d) Mediante convenios de salud de aplicación en cualquier ámbito.

6. Las Comunidades Autónomas ajustarán el ejercicio de sus competencias en materia sanitaria a:

a) Criterios de participación democrática de todos los interesados, así como de los representantes sindicales y de las organizaciones empresariales.
b) Criterios de participación democrática de todos los usuarios, así como de los representantes de los consumidores y de los usuarios.
c) Los representantes sindicales y de las organizaciones empresariales de sus respectivos Servicios de Salud.
d) Los órganos de gestión y control de sus respectivos Servicios de Salud.

7. Con el fin de articular la participación en el ámbito de las Comunidades Autónomas se creará:

a) El Área de Salud de la Comunidad Autónoma.
b) El Consejo de Salud de la Comunidad Autónoma.
c) El órgano de gestión de sus respectivos Servicios de Salud.
d) El órgano de control de sus respectivos Servicios de Salud.

8. ¿Quién elaborará un Plan de Salud que comprenderá todas las acciones sanitarias necesarias para cumplir los objetivos de sus Servicios de Salud?

a) Cada Ayuntamiento.
b) Cada Diputación Provincial.
c) Cada Comunidad Autónoma.
d) El Gobierno.

9. El personal estatutario de los servicios de salud ostenta los siguientes derechos:

a) A recibir prevención eficaz en materia de seguridad y salud en el trabajo, así como sobre riesgos generales en el centro sanitario o derivados del trabajo habitual, y a la información y formación específica en esta materia conforme a lo dispuesto en la Ley 31/1995, de 8 de noviembre, de Prevención de Riesgos Laborales.
b) A la movilidad obligatoria, promoción interna y desarrollo profesional, en la forma en que prevean las disposiciones en cada caso aplicables.
c) A que sea respetada su dignidad e intimidad personal en el trabajo y a ser tratado con corrección, consideración y respeto por sus jefes y superiores, sus compañeros y sus subordinados.
d) A recibir asistencia y protección de las Administraciones Públicas y servicios de salud en el ejercicio del Régimen General de la Seguridad Social.

10. El personal estatutario ostenta, en los términos establecidos en la Constitución y en la legislación específicamente aplicable, el siguiente derecho colectivo:

a) A recibir prevención eficaz en materia de seguridad y salud en el trabajo, así como sobre riesgos generales en el centro sanitario o derivados del trabajo habitual, y a la información y formación específica en esta materia conforme a lo dispuesto en la Ley 31/1995, de 8 de noviembre, de Prevención de Riesgos Laborales.

b) A la movilidad obligatoria, promoción interna y carrera profesional, en la forma en que prevean las disposiciones en cada caso aplicables.

c) A que sea respetada su dignidad e intimidad personal en el trabajo y a ser tratado con educación, consideración y respeto por sus jefes y superiores, sus compañeros y sus subordinados.

d) A la actividad sindical.

11. El personal estatutario de los servicios de salud viene obligado a:

a) Cumplir con obediencia las instrucciones recibidas de sus superiores jerárquicos en relación con las funciones propias de su nombramiento, y colaborar leal y activamente en el trabajo en equipo.

b) Participar y colaborar eficientemente, en el nivel que corresponda en función de su nivel profesional, en la fijación y consecución de los hitos cuantitativos y cualitativos asignados a la institución, centro o unidad en la que preste servicios.

c) Prestar colaboración profesional cuando así sea requerido por las autoridades como consecuencia de la adopción de medidas especiales por razones de urgencia o necesidad.

d) Aconsejar debidamente, de acuerdo con las normas y procedimientos aplicables en cada caso y dentro del ámbito de sus competencias, a los usuarios y pacientes sobre su proceso asistencial y sobre los servicios disponibles.

12. El personal estatutario de los servicios de salud ostenta los siguientes derechos:

a) A recibir prevención eficaz en materia de seguridad y salud en el trabajo, así como sobre riesgos generales en el centro sanitario o derivados del trabajo habitual, y a la información y formación específica en esta materia conforme a lo dispuesto en la Ley 31/1995, de 8 de noviembre, de Prevención de Riesgos Laborales.

b) A la movilidad obligatoria, promoción interna y carrera profesional, en la forma en que prevean las disposiciones en cada caso aplicables.

c) A que sea respetada su dignidad e intimidad personal en el trabajo y a ser tratado con educación, consideración y respeto por sus jefes y superiores, sus compañeros y sus subordinados.

d) A la no discriminación por razón de nacimiento, raza, sexo, religión, opinión, orientación sexual o cualquier otra condición o circunstancia personal o social.

13. Según la definición que de los "equipos de protección individual" (EPI) nos aporta la LPRL, ¿cuál de los siguientes consideras que no es un EPI?

a) La ropa de trabajo.

b) Un casco protector de la cabeza.

c) Una pantalla de protección facial.

d) Unas gafas anti-salpicaduras.

14. ¿Cómo se denomina el Capítulo I de la Ley 31/1995, de 8 de noviembre, de Prevención de Riesgos Laborales?

a) Política en materia de prevención de riesgos para proteger la seguridad y la salud en el trabajo.
b) Servicios de prevención.
c) Objeto, ámbito de aplicación y definiciones.
d) Derechos y obligaciones.

15. Indica cuál es el quinto paso en el proceso de prescripción razonada:

a) Especificar el objetivo terapéutico.
b) Supervisar el tratamiento.
c) Definir el problema del paciente.
d) Dar información, instrucciones y advertencias al paciente.

16. Las funciones del personal técnico de farmacia no incluyen:

a) Dispensar diferentes productos farmacéuticos informando de sus características.
b) Tramitar la facturación de recetas manejando aplicaciones informáticas.
c) Controlar las existencias y la organización de productos farmacéuticos y parafarmacéuticos.
d) Mantener el material, el instrumental, los equipos y la zona de trabajo en óptimas condiciones.

17. Los tipos de medicamentos OTC no incluyen:

a) Preparados vitamínicos y minerales.
b) Antitérmicos y analgésicos.
c) Antidiarreicos.
d) Antibióticos.

18. Respecto a los medicamentos financiados, señala la respuesta incorrecta:

a) La aportación del usuario se efectuará en el momento de la dispensación del medicamento o producto sanitario.
b) La prestación farmacéutica ambulatoria es la que se dispensa al paciente, a través de receta médica, en oficina o servicio de farmacia.
c) El porcentaje de aportación del usuario será un 60 % del PVP para los usuarios y sus beneficiarios cuya renta sea igual o superior a 100.000 euros.
d) El nivel de aportación para mutualistas y clases pasivas de la Mutualidad General de Funcionarios Civiles del Estado, del Instituto Social de las Fuerzas Armadas y la Mutualidad General Judicial será el 40 %.

19. Respecto a los antibióticos, señala la respuesta incorrecta:

a) Los betalactámicos actúan inhibiendo la síntesis de la pared celular.
b) La clase química de los polienos incluyen la eritromicina y la carbomicina.
c) Las tetraciclinas actúan inhibiendo la unión de los aminoacil-t-RNA a los ribosomas.
d) La clase química de los polipéptidos incluye la polimixina G y la bacitracina.

20. Firmar las solicitudes de dictamen y autorización dirigidas al Comité de Ética de la Investigación con medicamentos (CEIm) y a la Agencia Española de Medicamentos y Productos Sanitarios, es competencia de:

a) Promotor.
b) Investigador.
c) Monitor.
d) Todas las respuestas anteriores son correctas.

21. En un ensayo clínico de un fármaco, indica quién debe responsabilizarse de conocer a fondo las propiedades de los medicamentos en investigación:

a) Monitor.
b) Investigador.
c) Promotor.
d) Ninguna de las respuestas anteriores es correcta.

22. Respecto a la administración por vía intramuscular, señala la respuesta incorrecta:

a) Es una vía adecuada cuando no se puede utilizar la vía oral.
b) Se recurre a músculos muy irrigados: región glútea, deltoides o cara externa del muslo.
c) Se suelen administrar complejos vitamínico-minerales y analgésicos.
d) Se requiere la intervención de personal sanitario cualificado.

23. Respecto a la conservación de los medicamentos, señala la respuesta incorrecta:

a) Los medicamentos termolábiles deben conservarse en nevera, entre 2 y 8 grados centígrados.
b) La conservación adecuada de los medicamentos es fundamental para que puedan mantener su actividad farmacológica de la forma esperada.
c) Según la OMS, la vigencia máxima de los medicamentos es de 8 años.
d) Las indicaciones de conservación y mantenimiento de los medicamentos aparecen descritos en el envase y en el prospecto.

24. Cuando se elige la vía subcutánea para administrar un fármaco, las zonas de punción más comunes no incluyen:

a) Parte superior externa de los brazos.
b) Cara posterior de los muslos.

c) Abdomen.
d) Todas las respuestas anteriores son correctas.

25. Los errores más comunes detectados en el uso de opiáceos no incluyen:

a) Confusión con mitoxantrona al prescribir utilizando las siglas MTX.
b) Falta de retirada del parche de fentanilo antes de la aplicación del siguiente.
c) Confusión entre distintas presentaciones de morfina IV y entre presentaciones de morfina de liberación rápida y retardada.
d) Aplicación de varios parches de fentanilo en el lugar donde el paciente refiere dolor.

26. El proceso que intenta prevenir los errores de medicación que ocurren en la transición asistencial y que tienen que ver con la historia farmacoterapéutica del paciente en el medio ambulatorio se conoce como:

a) Criterios de estandarización.
b) Conciliación del tratamiento.
c) Criterios de seguridad.
d) Registro de la administración administrada.

27. Respecto al Código Nacional que asigna la Agencia Española de Medicamentos y Productos Sanitarios a cada medicamento, ¿qué afirmación no es correcta?:

a) Tiene una secuencia de 10 dígitos.
b) Es un elemento de identificación de cada formato de medicamento o de producto sanitario.
c) En los medicamentos el Código Nacional empieza por 6, 7, 8, 9.
d) Todas son correctas.

28. Los símbolos, siglas y leyendas que proporcionan información sobre la dispensación y conservación del medicamento, deben estar situadas:

a) En el ángulo superior izquierdo del embalaje exterior.
b) En la cara principal del embalaje.
c) Al lado o debajo del Código Nacional.
d) Todas son correctas.

29. De las siguientes características de los empaques no es cierto que:

a) Los empaques en bolsa deberán tener un reverso opaco.
b) Los empaques para inyectables debe contemplar las instrucciones.
c) Los empaques en bolsa para sustancias controladas deben permitir que su contenido sea liberado directamente a la mano o boca del paciente.
d) Todas son correctas.

30. Si el producto farmacéutico se reenvasa de forma automática, ¿de qué depende la fecha de caducidad del medicamento reenvasado?

a) De que no se altere el envase original.
b) De que el envasado pueda alterarse.
c) De la temperatura y grado de humedad que sufra la maquina reenvasadora.
d) Las respuestas a) y b) son correctas.

31. Tanto el personal de la AEMPS como los expertos y miembros de sus comités deberán respetar los Códigos de Conducta establecidos por la Red Europea de Autoridades Competentes, por la Agencia Europea de Medicamentos, y por la propia Agencia, no están obligados a:

a) Mantener el anonimato.
b) Regirse por el principio de transparencia.
c) Mantener la confidencialidad de los datos de los expedientes de los productos que se consideren sujetos al secreto industrial.
d) Todas son correctas.

32. De las siguientes competencias de la AEMPS, no lo es:

a) Promover la rehabilitación de medicamentos por interés sanitario.
b) Ilimitar a reservas los requisitos de prescripción y dispensación de los medicamentos.
c) Revocar ensayos clínicos de medicamentos.
d) Autorizar el acceso individualizado a medicamentos en investigación.

33. ¿De qué organismo es competencia el autorizar la importación de medicamentos no autorizados en España para su utilización en el ámbito de los ensayos clínicos?

a) De la Dirección General de Cartera Básica de Servicios del Sistema Nacional de Salud y Farmacia.
b) De la Dirección General de Sanidad.
c) De la Agencia Española del Medicamento y Productos Sanitarios.
d) Ninguna es correcta.

34. ¿Qué organismo emite los certificados necesarios para la autorización por la Aduana de importación o exportación de biocidas de uso clínico y personal?

a) La Dirección General de Sanidad.
b) La Agencia Española del Medicamento y Productos Sanitarios.
c) La Dirección General de Cartera Básica de Servicios del Sistema Nacional de Salud y Farmacia.
d) La Agencia Europea del Medicamento.

35. ¿Qué órgano de la AEMPS vela por la consecución de los objetivos de la Agencia y, en particular, en lo que respecta a los medicamentos veterinarios?

a) El Presidente de la Agencia.

b) El Vicepresidente de la Agencia.

c) El Vocal de la Dirección General de la Función Pública del Ministerio de Política Territorial y Administración Pública.

d) El Vocal de la Dirección General correspondiente del Ministerio de Economía y Hacienda.

36. Dentro de las personas que configuran el Consejo Rector de la AEMPS, no se encuentra:

a) Consejeros de Sanidad de las CC. AA.

b) Vocales de la de la Administración del Estado.

c) Las Mutualidades de funcionarios.

d) Representante de los consumidores.

37. No es una atribución del Consejo Rector de la AEMPS:

a) La aprobación de la propuesta del Contrato de gestión.

b) El control de la gestión del Director de la Agencia.

c) El nombramiento de los vocales sindicales.

d) La aprobación del informe general de actividad.

38. Señala la respuesta correcta. El director de la AEMPS:

a) La honorabilidad debe concurrir en el alto cargo durante el ejercicio de sus funciones.

b) Es nombrado por el Presidente.

c) Es un órgano pluripersonal.

d) No es un órgano ejecutivo.

39. Los Servicios Farmacéuticos del Área de Salud dependen orgánica y funcionalmente de:

a) Dirección de Gestión Farmacéutica.

b) Dirección Médica de Atención Primaria.

c) Subdirección de Servicios extrahospitalarios.

d) Ninguna es correcta.

40. La zona donde se preparan las nutriciones parenterales debe estar provista de una campana cuyo flujo es:

a) Laminar.

b) Vertical.

c) Horizontal.

d) Las respuestas a) y c) son correctas.

41. ¿Qué tipo de preparaciones se realizan en campana con flujo laminar vertical?

a) Citostáticos.
b) Nutriciones enterales.
c) Nutriciones parenterales.
d) Colirios.

42. ¿Cuál es la expresión gráfica de la política de medicamento de un hospital?

a) Catálogo de parafarmacia.
b) Base de datos BOT Plus.
c) Guía farmacoterapéutica.
d) Ninguna es correcta.

43. Los productos farmacéuticos que hay en el mercado nacional están identificados por lo que se conoce como "Código Nacional". ¿Cuál de los siguientes enunciados no es correcto en relación con este código?

a) Los medicamentos deben tenerlo impreso en el ángulo superior derecho de su cartonaje.
b) El código lo asigna el Ministerio de Sanidad.
c) Consiste en un número de 7 cifras.
d) Es un sistema de identificación rápido, para facilitar la gestión de las oficinas de farmacia.

44. Si se sobrepasa la fecha de caducidad de un fármaco, ¿cuál de las propiedades se vería alterada?

a) Terapéuticas.
b) Microbiológicas.
c) Toxicológicas.
d) Todas las anteriores.

45. ¿Cómo se denomina al tipo de *stock* que se define como el número de unidades de productos que llegamos a acumular tras la reposición más importante del año?

a) *Stock* mínimo.
b) *Stock* máximo.
c) *Stock* óptimo.
d) *Stock* medio anual.

46. Partiendo de la fecha de prescripción, ¿qué tiempo de validez tiene una receta médica oficial en soporte papel, para su dispensación en la oficina de farmacia?

a) 48 horas.
b) Siete días naturales.

c) Diez días naturales.
d) Quince días naturales.

47. Con carácter general, ¿cuál es el plazo máximo de duración del tratamiento que puede ser prescrito en una receta?

a) Un mes.
b) Tres meses.
c) Seis meses.
d) Doce meses.

48. La normativa sobre las recetas médicas oficiales del Sistema Nacional de Salud en soporte papel, vienen reguladas en el Real Decreto 1718/2010. ¿Qué RD regula el uso de las prescripciones en la receta médica electrónica?

a) Aún no se ha regulado.
b) Real Decreto 1718/2010.
c) Real Decreto 1719/2010.
d) Real Decreto 1431/2013.

49. ¿Puede usarse la vía intramuscular para administrar quimioterapia?

a) No es recomendable.
b) Sí, pero solo para fármacos que no sean irritantes o vesicantes.
c) No para quimioterapia, pero sí para terapias coadyuvantes.
d) Solo en situaciones de emergencia.

50. ¿Qué tratamientos se realizan en el hospital de día?

a) Tratamiento quimioterápico.
b) Tratamiento de ajuste de analgesia.
c) Transfusiones de sangre o plaquetas.
d) Todos son correctos.

51. ¿Cuál de los siguientes tipos de residuos sanitarios tienen características de peligrosidad por lo que han de ser gestionados como residuos peligrosos?

a) Residuos radioactivos.
b) Residuos de Medicamentos Citotóxicos y Citostáticos.
c) Residuos biosanitarios.
d) Todos los anteriores.

52. A efectos de la Ley 7/2022, de 8 de abril, ¿cómo se denomina a los residuos no depositados en los lugares designados para ello y que acaban abandonados en espacios naturales o urbanos, requiriendo de una operación de limpieza ordinaria o extraordinaria para restablecer su situación inicial?

a) Biorresiduos.
b) Residuos abandonados.

c) Basura incívica.
d) Basura dispersa.

53. Los residuos sanitarios son todos los residuos generados en los centros sanitarios y se clasifican según el tipo específico de residuo. ¿A qué grupo pertenecen los residuos Sangre y hemoderivados en forma líquida?

a) Residuos biosanitarios.
b) Residuos químicos.
c) Residuos humanos.
d) Residuos biosanitarios asimilables a urbanos.

54. Cuando se trabaja dentro de una cabina de flujo laminar, ¿por qué no se recomienda usar mecheros Bunsen?

a) Porque la llama que producen rompe el patrón de flujo laminar.
b) Porque podrían provocarse explosiones.
c) Porque el gas podría afectar a la pureza.
d) Para prevenir la contaminación del material estéril.

55. Al finalizar el trabajo y apagar la cabina de flujo laminar, ¿cuál de las siguientes acciones no debemos realizar?

a) Encender la lámpara ultravioleta.
b) Apagar el ventilador y la lámpara fluorescente.
c) Cerrar la abertura frontal.
d) Debemos realizarlas todas.

56. ¿Cuál será el metabolismo basal de un paciente varón (expresado en Ca) empleando la fórmula predictiva de Harris-Benedict, si este pesa 65 kg, mide 1,9 m y tiene 16 años?

a) 1.562,5.
b) 1.651,3.
c) 1.712,5.
d) 1.801,4.

57. ¿Qué nutriente requiere en mayor proporción a nivel calórico (60 %) un paciente?

a) Proteínas.
b) Grasas.
c) Hidratos de carbono.
d) Vitaminas.

58. ¿Qué compuesto se emplea en NP en pacientes diabéticos y en enfermos en fases posquirúrgicas como alternativa a la glucosa, y teniendo en cuenta de no sobrepasar la dosis recomendada?

a) Fructosa.
b) Galactosa.
c) Glicerol.
d) Sorbitol.

59. Por convenio internacional, ¿cuántas gotas de agua destilada por gramo cuantifica normalmente a la temperatura de 15 ºC un cuentagotas normal, con un error no superior a 0,02 gramos?

a) 20.
b) 64.
c) 81.
d) 52.

60. ¿Qué nombre recibe un sifón cuando se le ha colocado en condiciones de funcionamiento?

a) Cebado.
b) Óptimo.
c) Listo.
d) Lleno.

61. ¿Qué sustancias (antibióticos) de las que se nombra son capaces de romper la pared celular?

a) Penicilina.
b) Gentamicina.
c) Eritromicina.
d) Ninguna de las anteriores.

62. ¿Cuántos tamices de dimensiones concretas hay que tomar para realizar un análisis granulométrico según la Real Farmacopea Española?

a) 3.
b) 7.
c) 11.
d) 25.

63. ¿Qué tipo de filtración lograremos si el tamaño de partícula retenida está entre 0,001y 0,1 µm?

a) Microfiltración.
b) Filtración esterilizante.

c) Ultrafiltración.
d) Filtración clarificante.

64. ¿Qué operación propia respecto a la división de cuerpos sólidos es aquella que consiste en la división que se realiza mediante molinos; siendo su utilización a escala industrial?

a) Molturación.
b) Raspado.
c) Machacado.
d) Frotamiento.

65. ¿Para qué grado de fabricación de medicamentos se empleará una vestimenta donde en la zona apropiada de trabajo (zona limpia), donde debe quedar cubierto el cabello y, en su caso, la barba, deberá llevarse un traje protector general y zapatos o cubrezapatos adecuados; asimismo, deberán tomarse medidas para evitar la entrada en la zona limpia de contaminación procedente del exterior? Grado...

a) A.
b) B.
c) C.
d) D.

66. ¿Dónde están situadas las cabinas de flujo laminar en la Unidad de Farmacotecnia? Estarán situadas en...

a) La zona de vestuarios.
b) El almacén de materias primas.
c) El área no estéril.
d) Las áreas limpias.

67. ¿Con qué nombre se conoce a la fórmula magistral recogida en el Formulario Nacional, por razón de su frecuente uso y utilidad? Fórmula magistral...

a) Empírica.
b) Formulada.
c) Tipificada.
d) Calibrada.

68. ¿En qué personas están indicados los absorbentes de incontinencia urinaria?

a) En aquellas personas con incontinencia urinaria leve.
b) En aquellas personas con incontinencia urinaria moderada.
c) En aquellas personas con incontinencia urinaria grave.
d) En aquellas personas con incontinencia urinaria leve, moderada o grave que presentan pérdidas urinarias, fecales, o ambas.

69. ¿Qué producto sanitario es de un solo uso?

a) Filtros de dializadores.
b) Pinzas hemostáticas.
c) Tijeras.
d) Bisturí.

70. ¿Qué tipo de instrumental quirúrgico es el de diéresis?

a) Es el instrumental quirúrgico de hemostasia.
b) Es el instrumental quirúrgico de corte.
c) Es el instrumental quirúrgico de sutura.
d) Es el instrumental quirúrgico de exploración.

Preguntas de reserva

1. Cuando los trabajadores puedan estar expuestos a un riesgo grave e inminente con ocasión de su trabajo, el empresario estará obligado a:

a) Informar lo antes posible a todos los trabajadores afectados sobre la existencia de dicho riesgo y las medidas adoptadas o que deban adoptarse.
b) Establecer un complemento salarial específico por peligrosidad en el trabajo.
c) Indemnizar a los trabajadores afectados por los daños o perjuicios que se lleguen a producir.
d) Comunicar dicha situación a los representantes legales de los trabajadores.

2. Cuando el empresario no adopte o no permita adoptar las medidas necesarias para garantizar la seguridad y salud de los trabajadores:

a) Cualquier representante legal de los trabajadores podrá decidir la paralización de la actividad de los trabajadores afectados por el riesgo grave e inminente.
b) Los representantes legales de los trabajadores podrán acordar, por mayoría de sus miembros, la paralización de la actividad de los trabajadores afectados por el riesgo grave e inminente.
c) Los representantes legales de los trabajadores deberán comunicar a la Autoridad Laboral la situación de riesgo grave e inminente para que esta adopte en el plazo máximo de veinticuatro horas las medidas oportunas.
d) Los trabajadores afectados deberán presentar demanda por el incumplimiento del empresario ante el Juzgado de lo Social correspondiente.

3. En relación con la oficina de farmacia y la prescripción de medicamentos y productos sanitarios en el Sistema Nacional de Salud, señala la respuesta incorrecta:

a) En el contexto de procesos crónicos, la prescripción de medicamentos incluidos en el sistema de precios de referencia o de agrupaciones homogéneas no incluidas en el mismo, la primera prescripción correspondiente a la instauración del primer tratamiento, se hará por principio activo.

b) En procesos crónicos, cuya prescripción se corresponda con la continuidad del tratamiento, la prescripción habrá de hacerse por principio activo.

c) En procesos agudos, la prescripción se hará por principio activo.

d) Cuando la prescripción se realice por principio activo, el farmacéutico dispensará el fármaco de precio más bajo de su agrupación homogénea.

4. Según la OMS, hay 5 momentos para el lavado de las manos en la atención sanitaria. ¿Cuál de los siguientes enunciados, no es uno de ellos?

a) Después del riesgo de exposición a líquidos corporales.

b) Después del contacto con el entorno del paciente.

c) Después de tocar al paciente.

d) Todos son correctos.

5. ¿Qué tipo de lavado de manos se realiza frotando las manos con jabón antiséptico durante 60 segundos?

a) Lavado de manos rutinario.

b) Lavado de manos especial.

c) Lavado de manos quirúrgico.

d) Lavado de manos higiénico.

Solución al simulacro n.º 8

1. **d) Se prohíben los Tribunales de Honor.**

   Tal y como establecen los artículos 25.3 y 26 de la Constitución Española, al disponer que, *"la Administración civil no podrá imponer sanciones que, directa o subsidiariamente, impliquen privación de libertad",* añadiendo el artículo 26, que *"se prohíben los Tribunales de Honor en el ámbito de la Administración civil y de las organizaciones profesionales".*

2. **c) El pleno desarrollo de la personalidad humana en el respeto a los principios democráticos de convivencia y a los derechos y libertades fundamentales.**

   De acuerdo con lo dispuesto en el artículo 27.2 de la Constitución Española, donde expone que: *"La educación tendrá por objeto el pleno desarrollo de la personalidad humana en el respeto a los principios democráticos de convivencia y a los derechos y libertades fundamentales."*

3. **b) Los poderes públicos garantizan el derecho que asiste a los padres para que sus hijos reciban la formación religiosa y moral que esté de acuerdo con sus propias convicciones.**

   Según dispone el 27.3 de la Constitución Española, al establecer que: *"Los poderes públicos garantizan el derecho que asiste a los padres para que sus hijos reciban la formación religiosa y moral que esté de acuerdo con sus propias convicciones."*

4. **b) La enseñanza básica.**

   Conforme a lo dispuesto en el artículo 27.4 de la Constitución Española: *"La enseñanza básica es obligatoria y gratuita".*

5. **c) Mediante las relaciones y acuerdos sanitarios internacionales.**

   El artículo 39 de la LGS afirma:

   "Mediante las relaciones y acuerdos sanitarios internacionales, España colaborará con otros países y Organismos internacionales: en el control epidemiológico; en la lucha contra las enfermedades transmisibles; en la conservación de un medio ambiente saludable; en la elaboración, perfeccionamiento y puesta en práctica de normativas internacionales; en la investigación biomédica y en todas aquellas acciones que se acuerden por estimarse beneficiosas para las partes en el campo de la salud. Prestará especial atención a la cooperación con las naciones con las que tiene mayores lazos por razones históricas, culturales, geográficas y de relaciones en otras áreas, así como a las acciones de cooperación sanitaria que tengan como finalidad el desarrollo de los pueblos. En el ejercicio de estas funciones, las autoridades sanitarias actuarán en colaboración con el Ministerio de Asuntos Exteriores".

Es evidente que la colaboración formal que regula este precepto y a la que se refiere la pregunta se plasma en la suscripción o firma por parte del Estado Español de Tratados Internacionales, convenios o acuerdos en general de contenido sanitario en relación con las materias que en el artículo reproducido se detallan.

6. a) Criterios de participación democrática de todos los interesados, así como de los representantes sindicales y de las organizaciones empresariales.

Conforme el artículo 53.1 de la Ley 14/1986, de 25 de abril, General de Sanidad, que dispone que:

"1. Las Comunidades Autónomas ajustarán el ejercicio de sus competencias en materia sanitaria a criterios de participación democrática de todos los interesados, así como de los representantes sindicales y de las organizaciones empresariales."

7. b) El Consejo de Salud de la Comunidad Autónoma.

De acuerdo con lo dispuesto en el artículo 53.2 de la Ley 14/1986, de 25 de abril, General de Sanidad, que establece que:

"2. Con el fin de articular la participación en el ámbito de las Comunidades Autónomas, se creará el Consejo de Salud de la Comunidad Autónoma. En cada Área, la Comunidad Autónoma deberá constituir, asimismo, órganos de participación en los servicios sanitarios."

8. c) Cada Comunidad Autónoma.

Conforme a lo dispuesto en el artículo 54 de la Ley 14/1986, de 25 de abril, General de Sanidad, que expone que:

"Cada Comunidad Autónoma elaborará un Plan de Salud que comprenderá todas las acciones sanitarias necesarias para cumplir los objetivos de sus Servicios de Salud. El Plan de Salud de cada Comunidad Autónoma, que se ajustará a los criterios generales de coordinación aprobados por el Gobierno, deberá englobar el conjunto de planes de las diferentes Áreas de Salud."

9. c) A que sea respetada su dignidad e intimidad personal en el trabajo y a ser tratado con corrección, consideración y respeto por sus jefes y superiores, sus compañeros y sus subordinados.

Según el artículo 17.1.f de la Ley 55/2003, de 16 de diciembre, del Estatuto Marco del personal estatutario de los servicios de salud, que establece que:

"1. El personal estatutario de los servicios de salud ostenta los siguientes derechos:

a) A la estabilidad en el empleo y al ejercicio o desempeño efectivo de la profesión o funciones que correspondan a su nombramiento.

b) A la percepción puntual de las retribuciones e indemnizaciones por razón del servicio en cada caso establecidas.

c) A la formación continuada adecuada a la función desempeñada y al reconocimiento de su cualificación profesional en relación con dichas funciones.

d) A recibir protección eficaz en materia de seguridad y salud en el trabajo, así como sobre riesgos generales en el centro sanitario o derivados del trabajo habitual, y a la información y formación específica en esta materia conforme a lo dispuesto en la Ley 31/1995, de 8 de noviembre, de Prevención de Riesgos Laborales.

e) A la movilidad voluntaria, promoción interna y desarrollo profesional, en la forma en que prevean las disposiciones en cada caso aplicables.

f) A que sea respetada su dignidad e intimidad personal en el trabajo y a ser tratado con corrección, consideración y respeto por sus jefes y superiores, sus compañeros y sus subordinados.

g) Al descanso necesario, mediante la limitación de la jornada, las vacaciones periódicas retribuidas y permisos en los términos que se establezcan.

h) A recibir asistencia y protección de las Administraciones públicas y servicios de salud en el ejercicio de su profesión o en el desempeño de sus funciones."

10. d) A la actividad sindical.

Conforme al artículo 18.b) de la Ley 55/2003, de 16 de diciembre, del Estatuto Marco del personal estatutario de los servicios de salud, que dispone que:

"El personal estatutario ostenta, en los términos establecidos en la Constitución y en la legislación específicamente aplicable, los siguientes derechos colectivos:

a) A la libre sindicación.

b) A la actividad sindical.

c) A la huelga, garantizándose en todo caso el mantenimiento de los servicios que resulten esenciales para la atención sanitaria a la población.

d) A la negociación colectiva, representación y participación en la determinación de las condiciones de trabajo.

e) A la reunión.

f) A disponer de servicios de prevención y de órganos representativos en materia de seguridad laboral."

11. c) Prestar colaboración profesional cuando así sea requerido por las autoridades como consecuencia de la adopción de medidas especiales por razones de urgencia o necesidad.

Según el artículo 19. f) de la Ley 55/2003, de 16 de diciembre, del Estatuto Marco del personal estatutario de los servicios de salud, que establece que:

"El personal estatutario de los servicios de salud viene obligado a:

a) Respetar la Constitución, el Estatuto de Autonomía correspondiente y el resto del ordenamiento jurídico.

b) Ejercer la profesión o desarrollar el conjunto de las funciones que correspondan a su nombramiento, plaza o puesto de trabajo con lealtad, eficacia y con observancia de los principios técnicos, científicos, éticos y deontológicos que sean aplicables.

c) Mantener debidamente actualizados los conocimientos y aptitudes necesarios para el correcto ejercicio de la profesión o para el desarrollo de las funciones que correspondan a su nombramiento, a cuyo fin los centros sanitarios facilitarán el desarrollo de actividades de formación continuada.

d) Cumplir con diligencia las instrucciones recibidas de sus superiores jerárquicos en relación con las funciones propias de su nombramiento, y colaborar leal y activamente en el trabajo en equipo.

e) Participar y colaborar eficazmente, en el nivel que corresponda en función de su categoría profesional, en la fijación y consecución de los objetivos cuantitativos y cualitativos asignados a la institución, centro o unidad en la que preste servicios.

f) Prestar colaboración profesional cuando así sea requerido por las autoridades como consecuencia de la adopción de medidas especiales por razones de urgencia o necesidad.

g) Cumplir el régimen de horarios y jornada, atendiendo a la cobertura de las jornadas complementarias que se hayan establecido para garantizar de forma permanente el funcionamiento de las instituciones, centros y servicios.

h) Informar debidamente, de acuerdo con las normas y procedimientos aplicables en cada caso y dentro del ámbito de sus competencias, a los usuarios y pacientes sobre su proceso asistencial y sobre los servicios disponibles.

i) Respetar la dignidad e intimidad personal de los usuarios de los servicios de salud, su libre disposición en las decisiones que le conciernen y el resto de los derechos que les reconocen las disposiciones aplicables, así como a no realizar discriminación alguna por motivos de nacimiento, raza, sexo, religión, opinión o cualquier otra circunstancia personal o social, incluyendo la condición en virtud de la cual los usuarios de los centros e instituciones sanitarias accedan a los mismos.

j) Mantener la debida reserva y confidencialidad de la información y documentación relativa a los centros sanitarios y a los usuarios obtenida, o a la que tenga acceso, en el ejercicio de sus funciones.

k) Utilizar los medios, instrumental e instalaciones de los servicios de salud en beneficio del paciente, con criterios de eficiencia, y evitar su uso ilegítimo en beneficio propio o de terceras personas.

l) Cumplimentar los registros, informes y demás documentación clínica o administrativa establecidos en la correspondiente institución, centro o servicio de salud.

m)Cumplir las normas relativas a la seguridad y salud en el trabajo, así como las disposiciones adoptadas en el centro sanitario en relación con esta materia.

n) Cumplir el régimen sobre incompatibilidades.

ñ) Ser identificados por su nombre y categoría profesional por los usuarios del Sistema Nacional de Salud."

12. d) A la no discriminación por razón de nacimiento, raza, sexo, religión, opinión, orientación sexual o cualquier otra condición o circunstancia personal o social.

Según el artículo 17.1.k) de la Ley 55/2003, de 16 de diciembre, del Estatuto Marco del personal estatutario de los servicios de salud, que establece que:

"1. El personal estatutario de los servicios de salud ostenta los siguientes derechos:

a) A la estabilidad en el empleo y al ejercicio o desempeño efectivo de la profesión o funciones que correspondan a su nombramiento.

b) A la percepción puntual de las retribuciones e indemnizaciones por razón del servicio en cada caso establecidas.

c) A la formación continuada adecuada a la función desempeñada y al reconocimiento de su cualificación profesional en relación con dichas funciones.

d) A recibir protección eficaz en materia de seguridad y salud en el trabajo, así como sobre riesgos generales en el centro sanitario o derivados del trabajo habitual, y a la información y formación específica en esta materia conforme a lo dispuesto en la Ley 31/1995, de 8 de noviembre, de Prevención de Riesgos Laborales.

e) A la movilidad voluntaria, promoción interna y desarrollo profesional, en la forma en que prevean las disposiciones en cada caso aplicables.

f) A que sea respetada su dignidad e intimidad personal en el trabajo y a ser tratado con corrección, consideración y respeto por sus jefes y superiores, sus compañeros y sus subordinados.

g) Al descanso necesario, mediante la limitación de la jornada, las vacaciones periódicas retribuidas y permisos en los términos que se establezcan.

h) A recibir asistencia y protección de las Administraciones públicas y servicios de salud en el ejercicio de su profesión o en el desempeño de sus funciones.

i) Al encuadramiento en el Régimen General de la Seguridad Social, con los derechos y obligaciones que de ello se derivan.

j) A ser informado de las funciones, tareas, cometidos, programación funcional y objetivos asignados a su unidad, centro o institución, y de los sistemas establecidos para la evaluación del cumplimiento de los mismos.

k) A la no discriminación por razón de nacimiento, raza, sexo, religión, opinión, orientación sexual o cualquier otra condición o circunstancia personal o social."

13. a) La ropa de trabajo.

Las normas de prevención de riesgos laborales, sobre todo la propia ley básica, es decir, la LPRL que estamos estudiando, contiene a veces conceptos jurídicos de gran amplitud que, más tarde, deben ser desarrollados por normativa reglamentaria y técnica más específica que fijen con más exactitud sus requerimientos.

Sirva esta reflexión para anticipar que alguna de las definiciones, como la que ahora nos ocupa sobre los EPI están expresadas de forma muy amplia: "Se entenderá por «equipo de protección individual» cualquier equipo destinado a ser llevado o sujetado por el trabajador para que le proteja de uno o varios riesgos que puedan amenazar su seguridad o su salud en el trabajo, así como cualquier complemento o accesorio destinado a tal fin".

Como se puede comprobar, que la definición incluye a cualquier equipo que reúna los siguientes requisitos:

a) Destinado a ser llevado o sujetado por el trabajador.

b) Que tenga la finalidad de proteger de uno o varios riesgos que amenacen la seguridad o salud en el trabajo.

Además, cualquier complemento o accesorio del equipo principal que esté concebido para tal fin, también tiene la calificación de EPI.

Como vemos, la definición está formulada con bastante amplitud y, a priori, podríamos decir que la ropa de trabajo cumple todos esos requisitos porque está destinada a ser llevada por el trabajador y puede servir para proteger de algún riesgo para su salud. Sin embargo, si acudimos al desarrollo reglamentario de la ley en esta materia, mediante el Real Decreto 773/1997, de 30 de mayo, sobre disposiciones mínimas de seguridad y salud relativas a la utilización por los trabajadores de los equipos de protección individual, comprobamos en su artículo 2.2 que excluye de la definición:

a) La ropa de trabajo corriente y los uniformes que no estén específicamente destinados a proteger la salud o la integridad física del trabajador.

b) Los equipos de los servicios de socorro y salvamento.

c) Los equipos de protección individual de los militares, de los policías y de las personas de los servicios de mantenimiento del orden.

d) Los equipos de protección individual de los medios de transporte por carretera.

e) El material de deporte.

f) El material de autodefensa o de disuasión.

g) Los aparatos portátiles para la detección y señalización de los riesgos y de los factores de molestia.

14. c) Objeto, ámbito de aplicación y definiciones.

La Ley 31/1995, de 8 de noviembre, de Prevención de Riesgos Laborales, se compone de 54 artículos divididos en 7 capítulos, siendo el primero de ellos denominado *Objeto, ámbito de aplicación y definiciones*.

15. d) Dar información, instrucciones y advertencias al paciente.

La respuesta apropiada es la d), ya que tras definir el problema del paciente y especificar el objetivo terapéutico, posteriormente se comprobará si el tratamiento prescrito es el adecuado, se iniciará el tratamiento y en quinto lugar se informará y se darán las oportunas advertencias al paciente.

16. a) Dispensar diferentes productos farmacéuticos informando de sus características.

La respuesta apropiada es la a), ya que el personal técnico de farmacia asiste en la dispensación de productos farmacéuticos, mientras que la dispensación propiamente dicha es competencia del farmacéutico.

17. d) Antibióticos.

La respuesta apropiada es la d), ya que estos fármacos no pertenecen al grupo de los OTC, pues estos últimos no requieren prescripción médica, mientras que cualquier antibiótico necesita prescripción para asegurarse un buen uso de ellos, y evitar así las resistencias.

18. d) El nivel de aportación para mutualistas y clases pasivas de la Mutualidad General de Funcionarios Civiles del Estado, del Instituto Social de las Fuerzas Armadas y la Mutualidad General Judicial será el 40 %.

La respuesta apropiada es la d), ya que los mutualistas de las distintas organizaciones mencionadas pagan un 30 %, con independencia de su situación laboral.

19. b) La clase química de los polienos incluyen la eritromicina y la carbomicina.

La respuesta apropiada es la b), ya que el grupo de los polienos incluyen anfotericina, nistatina y cloranfenicol, mientras que la eritromicina pertenece a los macrólidos y la carbomicina a los aminoglucósidos.

20. a) Promotor.

La respuesta apropiada es la a), ya que el promotor en un ensayo clínico se encarga de que este se lleve a cabo de conformidad con el protocolo y los principios de la buena práctica clínica.

21. b) Investigador.

La respuesta apropiada es la b), ya que el investigador es quien dirige y se responsabiliza de la realización práctica del ensayo clínico en un determinado ámbito, por lo cual debe conocer ampliamente las características del medicamento en investigación.

22. c) Se suelen administrar complejos vitamínico-minerales y analgésicos.

La respuesta correcta es la c), ya que tales complejos y los analgésicos normalmente se administran por vía oral; por esta vía suelen administrarse antibióticos (buscando aprovechar la rapidez de esta vía) y hormonas (las cuales de ser administradas por vía oral, sufrirían el proceso digestivo y su estructura se rompería, con lo cual dejarían de ser eficaces).

23. c) Según la OMS, la vigencia máxima de los medicamentos es de 8 años.

La respuesta correcta es la c), ya que la vigencia máxima de un fármaco es de 5 años, no de 8.

24. b) Cara posterior de los muslos.

La respuesta correcta es la b), ya que por vía subcutánea, los fármacos no se administran en la cara posterior de los muslos, al contrario, entre las zonas elegidas se sitúan la cara anterior externa de los músculos.

25. a) Confusión con mitoxantrona al prescribir utilizando las siglas MTX.

La respuesta correcta es la a), ya que este fármaco no pertenece al grupo de los opiáceos, y por tanto, en principio no tendría que almacenarse junto con los fármacos de este grupo.

26. b) Conciliación del tratamiento.

La respuesta correcta es la b), ya que este proceso tiene como finalidad comparar y comprobar la historia farmacoterapéutica del paciente a nivel ambulatorio, con las prescripciones que se realizan en el ingreso o traslado de servicio.

27. a) Es una secuencia de 10 dígitos.

El Código Nacional es una secuencia de 6 dígitos y efectivamente para los productos medicamentosos comienza por 6, 7, 8 o 9.

28. c) Al lado o debajo del Código Nacional.

Deben estar situados en el ángulo superior derecho de las dos caras principales del embalaje exterior y al lado o debajo del Código Nacional.

29. b) Los empaques para inyectables debe contemplar las instrucciones.

La jeringa debe estar lista para administrar su contenido al paciente y no lleva instrucciones de uso, aunque si especificará sus unidades de peso por volumen en su etiqueta.

30. d) Las respuestas a) y b) son correctas.

La nueva fecha de caducidad del producto reenvasado va a depender de que no se altere el envase original de la especialidad, dándole entonces la misma caducidad que indique el fabricante, a excepción de las formas liquidas de administración oral en las que siempre se indica una caducidad máxima de seis meses.

También va a depender de que el envasado pueda alterarse: en este caso se recomienda que la caducidad no sea superior al 25 % del tiempo comprendido entre la fecha de reenvasado y la de caducidad del fabricante siempre que el tiempo máximo de este no sea más de seis meses.

31. a) Mantener el anonimato.

Todo el personal al servicio de la Agencia se regirá en sus actividades por los principios establecidos. No se contempla el anonimato, en cambio todos tienen que mantener la confidencialidad y guardar secreto de las deliberaciones así como, firmar una declaración de intereses al menos una vez al año.

32. b) Ilimitar a reservas los requisitos de prescripción y dispensación de los medicamentos.

Es una de las competencias de la AEMPS limitar o someter a reservas los requisitos de prescripción y dispensación de los medicamentos de uso humano y veterinario, sin perjuicio de las facultades que, en este ámbito, le corresponden a la Dirección General de Farmacia y Productos Sanitarios.

33. c) De la Agencia Española del Medicamento y Productos Sanitarios.

Es competencia de la AEMPS el autorizar, modificar, suspender o revocar los ensayos clínicos de medicamentos de uso humano y veterinario y de productos sanitarios, así como autorizar la importación de medicamentos no autorizados en España para su utilización en el ámbito de los ensayos clínicos.

34. b) La Agencia Española del Medicamento y Productos Sanitarios.

Es la AEMPS la que ejerce las competencias correspondientes sobre la importación, exportación y el comercio intracomunitario de medicamentos y sus materias primas, productos sanitarios, cosméticos, productos de higiene personal, y biocidas de uso clínico y personal, emitiendo, en su caso, los certificados necesarios para la autorización por la Aduana de su importación, exportación o de cualquier otro destino aduanero.

35. b) El Vicepresidente de la Agencia.

La Vicepresidencia de la Agencia será quien velará por la consecución de los objetivos de la Agencia y, en particular, en lo que respecta a los medicamentos veterinarios.

36. a) Consejeros de Sanidad de las CC. AA.

Las comunidades autónomas estarán representadas por tres vocales, que serán nombrados por un periodo de dos años, y con carácter rotatorio por la persona titular del Ministerio de Sanidad, a propuesta del Consejo Interterritorial del Sistema Nacional de Salud.

37. c) El nombramiento de los vocales sindicales.

El representante de los trabajadores será designado por el conjunto de las centrales sindicales más representativas en el ámbito de la propia Administración General del Estado.

38. a) La honorabilidad debe concurrir en el alto cargo durante el ejercicio de sus funciones.

El Director de la Agencia es el órgano unipersonal con carácter ejecutivo de la misma, y responsable de su dirección, gestión y coordinación de actuaciones. Será nombrado por el Consejo Rector, a propuesta de su Presidente, atendiendo a criterios de competencia profesional y experiencia, siendo idóneos quienes reúnen honorabilidad y debida formación y experiencia.

39. b) Dirección Médica de Atención Primaria.

Los Servicios farmacéuticos de Área de Salud en las Comunidades tienen una dependencia orgánica y funcional del Director/a Médico de Atención Primaria.

40. d) Las respuestas a) y c) son correctas.

Las campanas donde se preparan las nutriciones parenterales deben poseer un flujo laminar horizontal de calidad 100, con una capacidad de retención del 99 % de las partículas de 0,3 micras o superior.

41. a) Citostáticos.

La zona de preparación de mezclas de citostáticos debe disponer de una campana de flujo laminar vertical.

42. c) Guía farmacoterapéutica.

La GFT está elaborada por el personal facultativo de algunos servicios hospitalarios y algunos DUE, a través de la Comisión de Farmacia y Terapéutica, que evalúa entre los fármacos que oferta la industria farmacéutica y decide cuáles son los más útiles para las necesidades hospitalarias, teniendo en cuenta con esta elección la eficacia, seguridad, calidad y coste de dichos productos.

43. b) El código lo asigna el Ministerio de Sanidad.

El responsable de asignar el Código Nacional a los productos farmacéuticos, es el Consejo General de Farmacéuticos.

44. d) Todas las anteriores.

Si el producto se ha conservado correctamente, la fecha de caducidad indica el límite hasta el que se pueden garantizar sus especificaciones. A partir de ese momento, se pueden empezar a producir modificaciones de sus propiedades Químicas, Físicas, Toxicológicas, Terapéuticas y Microbiológicas.

45. b) *Stock* máximo.

El *stock* máximo define el número de unidades de productos que llegamos a acumular tras la reposición más importante del año. Puede variar mucho si se trata de productos de reposición diaria o de productos de reposición trimestral o anual. La sumatoria del *stock* máximo de todos los productos nos orientará sobre el espacio necesario en el almacén.

46. c) Diez días naturales.

La receta médica oficial en soporte papel es válida para una dispensación por la oficina de farmacia con un plazo máximo de diez días naturales a partir de la fecha de prescripción o, cuando conste, de la fecha prevista por el prescriptor para su dispensación.

Una vez transcurrido este plazo, no podrán solicitarse ni dispensarse medicamentos ni productos sanitarios con su presentación.

47. b) Tres meses.

Con carácter general, el plazo máximo de duración del tratamiento que puede ser prescrito en una receta es de tres meses. Pero en determinadas situaciones la Dirección General de Farmacia y Productos Sanitarios del Ministerio de Sanidad, mediante resolución, podrá establecer un plazo distinto.

48. b) Real Decreto 1718/2010.

La prescripción y dispensación de medicamentos y productos sanitarios en receta médica electrónica en el Sistema Nacional de Salud, al igual que **la receta médica en soporte papel,** deberá atenerse a los **criterios generales dispuestos en el Real Decreto 1718/2010.**

49. b) Sí, pero solo para fármacos que no sean irritantes o vesicantes.

Quimioterapia intramuscular: No todos los fármacos permiten esta vía ya que son irritantes o vesicantes, y por lo tanto lesionarían los tejidos. Ejemplos: MTX, bleomicina, etc.

50. d) Todos son correctos.

Los tratamientos habitualmente administrados son quimioterápicos, pero también anticuerpos monoclonales, de soporte con hidrataciones o consistentes en ajustes de analgesia, aplicaciones de drenajes de derrames, transfusiones de sangre o plaquetas, biopsias de médula ósea.

51. d) Todos los anteriores.

Tanto los residuos biosanitarios, como los químicos, los de medicamentos citotóxicos y citostáticos y los residuos radioactivos, tienen características de peligrosidad por lo que han de ser gestionados como residuos peligrosos.

52. d) Basura dispersa.

»Basura dispersa«: se conoce con este nombre a los residuos no depositados en los lugares designados para ello y que acaban abandonados en espacios naturales o urbanos, requiriendo de una operación de limpieza ordinaria o extraordinaria para restablecer su situación inicial.

53. a) Residuos biosanitarios.

Residuos biosanitarios: residuos que deben ser gestionados de forma diferenciada por su riesgo de infección.

54. a) Porque la llama que producen rompe el patrón de flujo laminar.

No se permite usar mecheros Bunsen pues la llama que producen rompe el patrón de flujo laminar.

55. d) Debemos realizarlas todas.

Apagado de la cabina: apagar el ventilador y la lámpara fluorescente; cerrar la abertura frontal; encender la lámpara ultravioleta.

56. d) 1.801,4.

Se emplea para ello la fórmula de los varones:

$$66{,}47 + (13{,}75 \times \text{Peso}) + (5 \times \text{Altura}) - (6{,}8 \times \text{Edad})$$

De manera que:

$66{,}47 + (13{,}75 \times 65 \text{ kg}) + (5 \times 190 \text{ cm}) - (6{,}8 \times \text{edad}) = 66{,}47 + 893{,}75 + 950 - 108{,}8 = 1.801{,}42 \, Ca.$

57. c) Hidratos de carbono.

En un paciente las necesidades calóricas se reparten aproximadamente con un 10% de proteínas, un 60% de hidratos de carbono y un 30% de grasas. Luego el mayor requerimiento calórico serán los *hidratos de carbono*.

58. c) Glicerol.

De los mencionados la fructosa y el sorbitol (se convierte en fructosa) no se suelen usar, la galactosa no se usa en NP. Por tanto, el empleado es el *glicerol*, ya que es un derivado de la hidrólisis de los lípidos, puede convertirse en glucosa o glucógeno por neoglucogénesis, y presenta la ventaja de mínima respuesta insulínica, pero no se debe sobrepasar la dosis de 0,74 g/kg/hora para evitar efectos secundarios. Existen preparados de NPP hipocalórica que contienen glicerol como única fuente energética y se utilizan en diabéticos y fases posquirúrgicas.

59. a) 20.

Dentro de los recipientes auxiliares en la oficina de farmacia encontramos el cuentagotas, cucharas y los embudos de decantación. Estos aparatos nos sirven para determinar exactamente la medida de los líquidos. Los cuentagotas sirven solo para añadir, gota a gota, los líquidos indicadores en ensayos y composiciones; y por convenio internacional se llama cuentagotas normal aquel que a la temperatura de 15 ºC vierte *veinte gotas* de agua destilada por gramo, con un error no superior a 0,02 gramos.

60. a) Cebado.

Se dice que un sifón está *cebado* cuando se le ha puesto en condiciones de funcionar. La forma más sencilla de cebarlo es realizar una aspiración o succión en el brazo o rama larga.

61. a) Penicilina.

Las sustancias nombradas en las opciones son todas antibióticas. Pero las que son capaces de romper la pared celular son los antibióticos beta-lactámicos, y una modalidad de estos es la *penicilina*.

62. b) 7.

El tamiz consiste en una malla formada por hilos resistentes que se entrecruzan y van sujetos a un bastidor. La Farmacopea Española especifica los materiales de los cuales pueden estar fabricados estos tamices y dice al respecto que pueden ser de hierro, acero, estaño, crin y seda, pero no niega la posibilidad de que puedan existir otros. También dice especificando la Real Farmacopea Española que se requieren *siete* tamices de dimensiones concretas, para un análisis granulométrico.

63. c) Ultrafiltración.

Si el tamaño de partícula retenida está entre 0,001y 0,1 μm el tipo de filtración empleada es la *ultrafiltración*, donde se retienen moléculas grandes, como proteínas y polímeros de sustancias más simples.

64. a) Molturación.

Se entiende por molturación la operación propia donde se produce la división de cuerpos sólidos que se realiza mediante molinos; su utilización es a escala industrial. Con ella se reducen las partículas de un material sólido mediante la aplicación de fuerzas de impacto, compresión y/o cortado, y si se produjese fuerzas que al aplicarlas superan la resistencia del propio material, este se fractura.

65. d) D.

La vestimenta necesaria para el *grado D* es aquella donde deberá quedar cubierto el cabello y, en su caso, la barba. Deberá llevarse un traje protector general y zapatos o cubrezapatos adecuados. Deberán tomarse medidas para evitar la entrada en la zona limpia de contaminación procedente del exterior.

66. d) Las áreas limpias.

Las cabinas de flujo laminar en la Unidad de Farmacotecnia estarán situadas en *las áreas limpias*, donde son más estrictos los controles.

67. c) Tipificada.

Se define como Fórmula Magistral *Tipificada* a aquella fórmula magistral recogida en el Formulario Nacional, por razón de su frecuente uso y utilidad. Por ejemplo: gotas óticas de ácido acético, jarabe de ipecacuana, colodión con ácido salicílico y ácido láctico, etc.

68. d) En aquellas personas con incontinencia urinaria leve, moderada o grave que presentan pérdidas urinarias, fecales, o ambas.

Los absorbentes de incontinencia urinaria son productos sanitarios de un solo uso, que se ajustan al cuerpo para absorber y retener la orina en su interior con el fin de mantener la piel seca y sin humedad. Están indicados en personas con incontinencia urinaria leve, moderada o grave que presentan pérdidas urinarias, fecales, o ambas. La incontinencia urinaria se define como la incapacidad de aguantar la micción voluntariamente.

69. a) Filtros de dializadores.

El dializador es el elemento principal para realizar una hemodiálisis y pretende suplir la función de los glomérulos, que son las células esenciales del riñón, en su interior en forma de recipiente externo de plástico se encuentra la membrana de diálisis o filtro. Los filtros de dializadores son utillaje sanitario de un solo uso, mientras que el otro instrumental es de varios usos (tijeras, bisturí y pinzas hemostáticas).

70. b) Es el instrumental quirúrgico de corte.

El instrumental quirúrgico de diéresis es un instrumental de corte. Diéresis significa división o separación de tejidos. Con dicho instrumental se realiza la incisión o sección de los tejidos, por lo que se les define como instrumental cortante: tijeras, cuchillos, cizallas, escoplos, gubias, sierra, tenotomos y otros.

Preguntas de reserva

1. a) Informar lo antes posible a todos los trabajadores afectados sobre la existencia de dicho riesgo y las medidas adoptadas o que deban adoptarse.

Es el artículo 21 de la LPRL el que regula el riesgo grave e inminente y en su contenido [apartado 1.a)] dispone una obligación para el empresario consistente en informar lo antes posible a todos los trabajadores afectados acerca de la existencia de dicho riesgo y de las medidas adoptadas o que, en su caso, deban adoptarse en materia de protección. Este deber de información se atribuye al empresario siempre que los trabajadores estén o puedan estar expuestos a un riesgo grave e inminente con ocasión de su trabajo; es decir, el riesgo ha de derivar del desarrollo del trabajo, ha de ser grave (si el riesgo es leve no habría lugar a dicha obligación) y debe ser inminente (susceptible de materializarse en daño con inmediatez).

2. b) Los representantes legales de los trabajadores podrán acordar, por mayoría de sus miembros, la paralización de la actividad de los trabajadores afectados por el riesgo grave e inminente.

Si ante una situación de riesgo grave e inminente para los trabajadores (que estén o puedan estar expuestos), el empresario incumple su obligación de adoptar o no permite adoptar las medidas necesarias para garantizar la seguridad y salud de los trabajadores, el artículo 21.3 de las LPRL permite a los representantes legales de los trabajadores acordar, por mayoría de sus miembros, la paralización de la actividad de los trabajadores afectados por dicho riesgo.

3. **b) En procesos crónicos, cuya prescripción se corresponda con la continuidad del tratamiento, la prescripción habrá de hacerse por principio activo.**

La respuesta apropiada es la b), puesto que en los procesos crónicos en los que la prescripción se corresponda con la continuidad del tratamiento, dicha prescripción puede hacerse por denominación comercial, siempre y cuando esta se encuentre incluida en el sistema de precios de referencia.

4. **d) Todos son correctos.**

Los 5 momentos para el lavado de las manos según la OMS son: antes de tocar al paciente, antes de realizar una tarea limpia/aséptica, después del riesgo de exposición a líquidos corporales, después de tocar al paciente, después del contacto con el entorno del paciente.

5. **b) Lavado de manos especial.**

Lavado de manos especial o antiséptico. Se diferencia del anterior en que precisa de mayor tiempo de dedicación, generalmente se realiza durante un minuto y se hace con jabón antiséptico.

1. Los poderes públicos garantizan, conforme a lo dispuesto en la Constitución Española, el derecho de todos a la educación, mediante:

a) La enseñanza básica.
b) La enseñanza obligatoria y gratuita.
c) El pleno desarrollo de la personalidad humana en el respeto a los principios democráticos de convivencia y a los derechos y libertades fundamentales.
d) Una programación general de la enseñanza.

2. Conforme a lo dispuesto en el artículo 27.6 de la Constitución Española, se reconoce a las personas físicas y jurídicas:

a) La creación de centros docentes, dentro del respeto a los principios constitucionales.
b) La libertad de creación de centros docentes, dentro del respeto a los principios constitucionales.
c) La intervención en el control y gestión de todos los centros sostenidos por la Administración con fondos públicos, en los términos que la ley establezca.
d) La intervención en la gestión de todos los centros sostenidos por la Administración con fondos públicos, en los términos que la ley establezca.

3. El derecho a la protección de la salud:

a) Es un principio rector de la política social y económica.
b) Es un derecho fundamental.
c) Es un derecho-deber de los ciudadanos.
d) No está reconocido constitucionalmente.

4. Los bienes del patrimonio histórico, cultural y artístico sobre los que la CE ordena actuar a los poderes públicos son:

a) Desamortizados.
b) Declarados de interés cultural.
c) Todos.
d) Afectados demanialmente.

5. El Plan de Salud deberá englobar el conjunto de planes de las diferentes Áreas de Salud y se ajustará a los criterios generales de coordinación aprobados por:

a) Cada Ayuntamiento.
b) Cada Diputación Provincial.
c) Cada Comunidad Autónoma.
d) El Gobierno.

6. ¿Quién regulará la organización, funciones, asignación de medios personales y materiales de cada uno de los Servicios de Salud, en el marco de lo establecido en el Capítulo VI del Título III de la Ley 14/1986, de 25 de abril, General de Sanidad?

a) Cada Ayuntamiento, dentro de su ámbito de competencias.
b) Cada Diputación Provincial, dentro de su ámbito de competencias.
c) Cada Comunidad Autónoma, dentro de su ámbito de competencias.
d) El Gobierno, dentro de su ámbito de competencias.

7. Las Comunidades Autónomas delimitarán y constituirán en su territorio demarcaciones denominadas:

a) Distritos Sanitarios.
b) Zonas de Salud.
c) Áreas de Salud.
d) Zonas Básicas de Salud.

8. ¿Cuáles son las estructuras fundamentales del sistema sanitario, responsabilizadas de la gestión unitaria de los centros y establecimientos del Servicio de Salud de la Comunidad Autónoma en su demarcación territorial y de las prestaciones sanitarias y programas sanitarios a desarrollar por ellos?

a) Los Distritos Sanitarios.
b) Las Zonas de Salud.
c) Las Áreas de Salud.
d) Las Zonas Básicas de Salud.

9. Según establece el artículo 20 de la Ley 55/2003, de 16 de diciembre, la condición de personal estatutario fijo no se adquiere por el cumplimiento sucesivo de los siguientes requisitos:

a) Superación de las pruebas de selección.
b) Nombramiento conferido por el órgano competente.
c) Incorporación, previo cumplimiento de los requisitos formales en cada caso establecidos, a una plaza del servicio, institución o centro que corresponda en el plazo determinado en la convocatoria.
d) Incorporación, con posterior cumplimiento de los requisitos formales en cada caso establecidos, a una plaza del servicio, institución o centro que corresponda en el plazo determinado en la convocatoria.

10. ¿Qué ocurre si, a efectos del nombramiento conferido por el órgano competente, no se acredita, una vez superado el proceso selectivo, que se reúnen los requisitos y condiciones exigidas en la convocatoria?

a) Se otorga un plazo máximo de un mes para su acreditación.

b) No podrán ser nombrados y quedarán sin efecto sus actuaciones.

c) No podrán ser nombrados y quedarán suspensas sus actuaciones hasta que sea subsanado.

d) Ninguna es correcta.

11. Señala la respuesta correcta sobre la adquisición de la condición de personal estatutario fijo:

a) La falta de incorporación al servicio, institución o centro dentro del plazo, cuando sea imputable al interesado y no obedezca a causas justificadas, producirá el decaimiento de su derecho a obtener la condición de personal estatutario fijo como consecuencia de ese concreto proceso selectivo.

b) La falta de incorporación al servicio, institución o centro dentro del plazo, cuando sea imputable al interesado aun obedeciendo a causas justificadas, producirá el decaimiento de su derecho a obtener la condición de personal estatutario fijo como consecuencia de ese concreto proceso selectivo.

c) La falta de incorporación al servicio, institución o centro dentro del plazo, cuando sea imputable al interesado y no obedezca a causas justificadas, no producirá el decaimiento de su derecho a obtener la condición de personal estatutario fijo como consecuencia de ese concreto proceso selectivo.

d) La falta de incorporación al servicio, institución o centro dentro del plazo, cuando sea imputable al interesado y no obedezca a causas justificadas, producirá la suspensión de su derecho durante el plazo establecido reglamentariamente para obtener la condición de personal estatutario fijo como consecuencia de ese concreto proceso selectivo.

12. En base al artículo 21 de la Ley 55/2003, no es causa de extinción de la condición de personal estatutario fijo:

a) La pena principal o accesoria de inhabilitación absoluta y, en su caso, la especial para empleo o cargo público o para el ejercicio de la correspondiente profesión.

b) La jubilación.

c) La incapacidad temporal, en los términos previstos en esta ley.

d) La sanción disciplinaria firme de separación del servicio.

13. ¿Cómo define la Ley 31/1995, de 8 de noviembre, a cualquier complemento o accesorio destinado a proteger al trabajador de uno o varios riesgos que puedan amenazar su seguridad o su salud en el trabajo?

a) Equipo de protección ante riesgos.

b) Equipo de protección individual.

c) Equipo individual de seguridad.
d) Equipo de seguridad laboral.

14. ¿Qué dos pautas básicas prevé la Ley de prevención de Riesgos Laborales para alcanzar los objetivos de la política en materia de prevención de riesgos para proteger la seguridad y la salud en el trabajo?

a) La cooperación y asistencia entre las diferentes Administraciones Públicas, y la participación de empresarios y trabajadores en la elaboración de la política preventiva.

b) El riguroso cumplimiento de la Ley de Prevención de Riesgos Laborales, y la observancia de las normas reglamentarias que desarrollen el contenido de dicha ley.

c) El incremento de la normativa que regule la prevención de riesgos laborales a fin de que no existan supuestos sin contemplar, y el adiestramiento de los trabajadores en el uso de los equipos de trabajo.

d) Que todos los objetivos de esta política vayan acompañados de una memoria económica y que se determinen en función del menor coste.

15. Indica qué medicamentos están sujetos a prescripción médica, según la AEMPS:

a) Medicamentos que se utilicen frecuentemente, y de forma muy considerable, en condiciones anormales de utilización.

b) Medicamentos que puedan representar un peligro administrados en condiciones normales, si se utilizan sin control médico.

c) Medicamentos que contengan sustancias que se utilicen frecuentemente en condiciones anormales de uso, y que puedan suponer un peligro para la salud.

d) Todas las respuestas anteriores son correctas.

16. Un medicamento veterinario para ser aprobado por la AEMPS debe cumplir las siguientes condiciones; señala la respuesta incorrecta:

a) Suministrar la información precisa.
b) Ser eficaz en las indicaciones terapéuticas para las que se ofrece.
c) Especificar únicamente el laboratorio fabricante.
d) Alcanzar los requisitos mínimos de calidad que se establezcan.

17. Los preparados urológicos del grupo GO4 incluyen:

a) Fármacos para la hipertrofia benigna de próstata.
b) Antiespasmódicos urinarios.
c) Medicamentos para la disfunción eréctil.
d) Todas las respuestas anteriores son correctas.

18. Respecto a los fármacos simpático-miméticos o adrenérgicos, señala la respuesta correcta:

a) Actúan directamente sobre los receptores colinérgicos.
b) Están indicados en el tratamiento de las bradiarritmias graves.

c) Entre sus efectos adversos provocan taquicardia, broncodilatación y midriasis.

d) Se emplean en el tratamiento de la enfermedad de Parkinson.

19. Dentro del grupo de los psicofármacos no se incluyen:

a) Sales de litio.

b) Antiarrítmicos.

c) Benzodiacepinas.

d) Antidepresivos.

20. En relación con el circuito de medicamentos de ensayo clínico, el apartado de conservación y custodia no incluye:

a) Comprobar la temperatura del envío y si hay desvío, comunicar al monitor.

b) Registrar las caducidades y llevar control de las mismas.

c) Poner en cuarentena o retirar definitivamente aquella medicación que no esté en condiciones.

d) Conocer las condiciones de temperatura exigidas para cada medicamento y ubicar e identificar correctamente el mismo.

21. Señala cuál de los siguientes pasos no está incluido en el circuito de medicamentos de ensayo clínico:

a) Conservación y custodia.

b) Destrucción de medicamentos.

c) Aleatorización.

d) Comercialización.

22. La menor dosis capaz de producir efecto terapéutico se denomina:

a) Dosis mínima eficaz.

b) Dosis letal.

c) Dosis terapéutica.

d) Dosis tóxica.

23. La administración entérica incluye:

a) Vía rectal.

b) Vía intravenosa.

c) Vía oral.

d) Las respuestas a) y c) son correctas.

24. La rama de la farmacología que estudia la influencia de la forma y la formulación de un medicamento sobre los acontecimientos farmacocinéticos y farmacodinámicos se denomina:

a) Farmacoterapéutica.

b) Biofarmacia.

c) Farmacognosia.
d) Farmacotecnia.

25. Las fuentes de información en Farmacovigilancia, incluyen:

a) Bases de datos sanitarias informatizadas.
b) Informaciones procedentes de otras autoridades sanitarias y organismos sanitarios internacionales.
c) Datos relacionados con la fabricación, conservación, venta, distribución, dispensación, prescripción y uso de los medicamentos.
d) Todas las respuestas anteriores son correctas.

26. Indica qué información no se notifica en las tarjetas amarillas:

a) Reacciones adversas graves.
b) Efectos secundarios descritos en el prospecto del medicamento.
c) Sospecha de que una determinada reacción muestra un aumento de incidencia en general.
d) Reacciones adversas inesperadas.

27. Los símbolos y las siglas relacionadas con la dispensación y conservación de los medicamentos deben estar situados en el ángulo superior derecho de las principales caras del embalaje exterior al lado o debajo del Código Nacional salvo las siglas:

a) MTP (medicamento tradicional a base de plantas).
b) ECM (medicamento de especial control médico.
c) DH (medicamento de diagnóstico hospitalario o de prescripción por determinados médicos especialistas).
d) EFG (medicamento genérico).

28. Todos los medicamentos deben llevar un cupón precinto en el embalaje exterior salvo:

a) Los de uso hospitalario.
b) Los genéricos.
c) Los no financiados por el SNS.
d) Todas son correctas.

29. No se utiliza para el reenvasado de medicamentos sólidos:

a) Tarrinas de plástico.
b) Papel de celofán.
c) Papel de opalina.
d) Todas son correctas.

30. Respecto a las reenvasadoras de formas solidas no es correcta la afirmación:

a) Realiza cortes preformados.
b) No permite el reenvasado de forma sin desemblistar.
c) La velocidad de envasado se puede graduar.
d) Gestiona las caducidades.

31. ¿Quién es el encargado en la AEMPS de la aprobación de los objetivos y planes de acciones anuales y plurianuales de la propia Agencia?

a) El Consejo Rector.
b) El Director.
c) El Presidente.
d) El Vicepresidente.

32. No son funciones del Director de la AEMPS:

a) Formular y rendir las cuentas de la Agencia al Tribunal de Cuentas.
b) Aprobar la enajenación de bienes muebles y valores, o la compra de cualquiera de los bienes propios de la Agencia.
c) Cesar al Director de la AEMPS.
d) Coordinar la elaboración de proyectos de disposiciones generales, directrices técnicas, circulares e instrucciones.

33. ¿Quién coordina las relaciones con la Agencia Europea del Medicamento?

a) El Consejo Asesor.
b) El Director.
c) El Consejo Rector.
d) Ninguna es correcta.

34. ¿Cuál de las siguientes unidades no dependen directamente del Director de la AEMPS?

a) La Subsecretaría General.
b) El Departamento de Medicamentos de Uso Humano.
c) El Departamento de Medicamentos Veterinarios.
d) El Departamento de Inspección y Control de Medicamentos.

35. La publicación de las autorizaciones de comercialización de los medicamentos de uso humano y veterinario es responsabilidad de:

a) El Departamento de Medicamentos de Uso Humano.
b) El Departamento de Medicamentos Veterinarios.
c) El Departamento de Inspección y Control de Medicamentos.
d) La Secretaría General.

36. Señala la respuesta incorrecta.

a) El departamento de Medicamentos de Uso Humano establece y publica las Denominaciones Oficiales Españolas (DOE).

b) La edición de los repertorios oficiales de información, las memorias anuales y cualesquiera otras publicaciones de la Agencia son funciones de la Dirección general.

c) La publicación de las autorizaciones de comercialización de los medicamentos de uso humano y veterinario, así como las suspensiones, revocaciones o anulaciones de las mismas, y el seguimiento de las consecuencias jurídicas de estos actos formales es función de la Secretaría General.

d) El departamento de Medicamentos de Uso Humano realiza y promueve estudios de utilización de los medicamentos en España.

37. Clasificar y coordinar la evaluación de los estudios posautorización promovidos por parte de la industria u otros organismos o profesionales sanitarios es función de:

a) Secretaría General Técnica.

b) El departamento de Medicamentos Veterinarios.

c) El Departamento de Productos Sanitarios.

d) El Departamento de Medicamentos de Uso Humano.

38. No es correcto afirmar que el Departamento de Inspección y Control de Medicamentos:

a) Promueve, ejecuta, coordina y supervisa las actividades de liberación de lotes de productos biológicos.

b) Autorizar la importación y exportación y el comercio intracomunitario de medicamentos no registrados, que vayan a ser posteriormente comercializados en un tercer país.

c) Evaluar y gestionar los riesgos derivados de problemas de calidad de los medicamentos autorizados en España.

d) Desarrollar las funciones y responsabilidades estatales de inspección y control en materia de tráfico y uso lícito de estupefacientes y sustancias psicotrópicas.

39. Señala la respuesta incorrecta. Los Servicios Farmacéuticos del Área de Salud:

a) Realizan seguimiento de las alertas farmacéuticas.

b) Emiten informes médicos sobre dosificaciones medicamentosas.

c) Realizan un seguimiento de las actividades corporativas en el espacio sociosanitario.

d) Proponen las actividades a desarrollar en educación sanitaria sobre medicamentos, dirigida a la población de su Área de Salud.

40. ¿Qué documento debe consultarse en el servicio de farmacia cuando se requiere información sobre antibióticos, antisépticos y desinfectantes?

a) Guía farmacoterapéutica.

b) Guía de parafarmacia.

c) Guía de productos hospitalarios.
d) Ninguna es correcta.

41. ¿Cada cuánto tiempo se actualiza la base de datos farmacéutica BOT Plus?

a) Diariamente.
b) Semanalmente.
c) Mensualmente.
d) Anualmente.

42. ¿De cuántos niveles consta el sistema europeo de clasificación anatomo-terapéutica ATC?

a) De 5.
b) De 10.
c) De 20.
d) De 4.

43. ¿Cuál de los siguientes sistemas de valoración de existencias está actualmente en desuso?

a) Método PMP.
b) Método FIFO.
c) Método LIFO.
d) Ninguno de los tres se usa en la actualidad.

44. ¿Cuál es la variable generadora de la degradación del principio activo, que se utiliza generalmente, para realizar los estudios predictivos de estabilidad, al objeto de fijar la fecha de caducidad de un determinado fármaco?

a) La humedad.
b) La temperatura.
c) La luz.
d) La presión atmosférica.

45. ¿Qué tipo de residuos se eliminarán mediante el sistema SIGRE?

a) Residuos de productos químicos.
b) Envases y restos de medicamentos.
c) Objetos punzantes, contaminados con agentes infecciosos.
d) Reactivos, excipientes y materias primas.

46. ¿Cómo se denomina al acto a través del cual la Inspección autoriza, con carácter excepcional, previo a su dispensación y para un paciente concreto, la utilización de unos determinados medicamentos o productos sanitarios que requieren un seguimiento y control sanitario especial ya sea por motivos de seguridad, condiciones especiales de uso o financiación selectiva?

a) Visado.
b) Receta electrónica.
c) Facturación sanitaria.
d) Auditoria prescriptora.

47. ¿Cuál de las siguientes especificaciones no es correcta, en relación con la receta oficial de estupefacientes?

a) Debe incluir la leyenda "Receta Oficial de Estupefacientes", en diagonal y con letras mayúsculas.
b) La prescripción solo podrá realizarla un médico con competencia acreditada.
c) Se entregarán siempre acompañadas de una hoja de información al paciente.
d) Debe tener un sistema de numeración que permita una identificación única.

48. ¿A qué enunciado corresponde esta definición: documento de carácter sanitario, normalizado y obligatorio mediante el cual las oficinas y servicios de farmacia, almacenes de distribución y laboratorios farmacéuticos adquieren las sustancias y medicamentos estupefacientes precisos para el desempeño de la actividad que tienen autorizada?

a) Vale de estupefacientes.
b) Receta oficial de estupefacientes.
c) Orden de dispensación intrahospitalaria de estupefacientes.
d) Libro de contabilidad de estupefacientes.

49. ¿Cuál de los siguientes enunciados es correcto en relación con la quimioterapia oral?

a) Es una vía de administración en desuso.
b) Algunos fármacos pueden ser administrados por esta vía, que es la más cómoda para el paciente.
c) Solo se utiliza si no existe posibilidad de usar ninguna otra.
d) Hay que usarla con prevención porque los citostáticos son muy lesivos para la mucosa gástrica.

50. ¿Cuál es la indicación mayoritaria de la Quimioterapia intraarterial?

a) El tratamiento de las metástasis hepáticas en el cáncer de colon.
b) Analgesia de rescate, en tumores óseos.

c) La administración de plaquetas.
d) La prevención de metástasis.

51. ¿Cuál de estos tipos de cánceres es el más frecuente? Suponiendo más del 80 % del total.

a) Linfomas.
b) Carcinomas.
c) Leucemias.
d) Sarcomas.

52. ¿Cuál de los siguientes enunciados no corresponde con alguno de los tipos de residuos biosanitarios?

a) Residuos sanitarios infecciosos.
b) Residuos anatómicos humanos: tejidos o partes de pequeña entidad.
c) Residuos químicos: termómetros, reactivos, medicamentos...
d) Agujas y material cortante y punzante.

53. ¿Cuál consideras que sería la actuación adecuada, ante el contacto con la piel intacta de un medicamento citostático?

a) Lavar inmediatamente la zona afectada con agua y jabón durante 10 minutos.
b) Lavar inmediatamente la zona afectada con lejía durante 3 minutos.
c) Lavar inmediatamente la zona afectada con antiséptico (povidona yodada, clor-hexidina).
d) Lavar inmediatamente la zona afectada con agua y jabón durante 3 minutos y fro-tar con clorhexidina.

54. ¿Cuál consideras que sería la manera más adecuada de limpiar y desinfectar la superficie de trabajo de una campana de seguridad?

a) Se limpia con agua jabonosa y se desinfecta con tejidos estériles, que no suelten partículas ni fibras, ligeramente humedecidos con alcohol de 70º.
b) Se recomienda utilizar paños estériles y lejía diluida (al 0,1 %).
c) Una vez retirado cualquier líquido o sustancia de la superficie con papel absorben-te, se lavará con agua y jabón y se secará con paños estériles.
d) Será suficiente usar un paño estéril humedecido en agua.

55. ¿Qué tipo de lavado de manos se realiza con jabón antiséptico (habitualmen-te clorhexidina al 4 %) durante al menos dos minutos?

a) Lavado de manos especial.
b) Lavado de manos quirúrgico.
c) Lavado de manos rutinario.
d) Lavado de manos higiénico.

56. ¿Cuántos aminoácidos son esenciales para el ser humano?

a) 20.
b) 15.
c) 10.
d) 8.

57. ¿Cómo se calcula individualmente la cantidad a aportar de minerales en NP?

a) Se calcula teniendo en cuenta el nivel plasmático de los mismos.
b) Se calcula teniendo en cuenta las pérdidas que se ocasionan de estos, tanto fisiológicamente como por patologías.
c) Se calcula de manera estandarizada para todos los pacientes.
d) Se calcula teniendo en cuenta el nivel plasmático de los mismos y las pérdidas que se ocasionan de estos, tanto fisiológicamente como por patologías.

58. ¿Qué sustancia de esta es catiónica?

a) Cloruro.
b) Sulfato.
c) Potasio.
d) Acetato.

59. ¿Qué bacterias crecen entre 0 ºC y 30 ºC con un óptimo de 15 ºC?

a) Las bacterias psicrófilas.
b) Las bacterias mesófilas.
c) Las bacterias termófilas.
d) Las bacterias podófilas.

60. ¿Qué método aplican vapor de agua para destruir microorganismos?

a) Pasteurización.
b) Tindalización.
c) Autoclave (a presión).
d) Son ciertas las respuestas a) y b).

61. ¿Qué medio ocasiona plasmoptisis?

a) Hipotónico.
b) Isotónico.
c) Hipertónico.
d) Ninguno de los anteriores.

62. ¿Qué nombre recibe la dispersión cuando la fase dispersa es un líquido y el medio dispersante también?

a) Emulsión.
b) Suspensión.
c) Decantación.
d) Disolución.

63. ¿Qué nombre recibe la operación que consiste en poner en contacto a la temperatura de ebullición, y por un tiempo más o menos largo (según sea la naturaleza de las sustancias), el producto con el disolvente indicado para favorecer la máxima extracción de los principios activos?

a) Percolación.
b) Diacolación.
c) Decocción.
d) Infusión.

64. ¿A qué vía de administración de medicamentos se suele limitar el uso de emulsión es en el campo de la formulación magistral? A la vía...

a) Tópica.
b) Oral.
c) IM.
d) IV.

65. ¿Cuál es la materia prima más importante en el laboratorio de farmacotecnia para la preparación de fórmulas magistrales, y preparados oficinales?

a) Suero fisiológico.
b) Agua oxigenada.
c) Agua.
d) Solución salina isotónica.

66. ¿Cómo se denomina a la disposición individualizada a la que se adaptan los principios activos y excipientes para constituir un medicamento?

a) Coadyuvante.
b) Adyuvante.
c) Forma farmacéutica.
d) Forma medicamentosa activa.

67. ¿Cuál de estas es una especialidad farmacéutica?

a) Cápsula.
b) Gel.

c) Suspensión oral.
d) Gelocatil.

68. ¿Qué tipo de instrumental quirúrgico es de corte?

a) Tijeras de Junio.
b) Pinzas de Kocher.
c) Tijeras de Metzenbaum.
d) Pinzas de Crile.

69. ¿Qué instrumental es de disección?

a) Escalpelo.
b) Tijeras ginecológicas.
c) Pinzas atraumáticas.
d) Tijeras de Mayo.

70. ¿Qué instrumental es de hemostasia?

a) Pinzas traumáticas (con dientes).
b) Pinzas para torundas.
c) Pinzas de Kelly.
d) Lancetas.

Preguntas de reserva

1. De los siguientes, corresponde la iniciativa de reforma constitucional:

a) A los Partidos Políticos.
b) Al Consejo General del Poder Judicial.
c) Al Presidente del Gobierno.
d) Al Gobierno.

2. Los contenidos y pruebas de los procedimientos de selección, ¿deben incluir la acreditación del conocimiento de la lengua oficial de la respectiva comunidad autónoma?

a) No, la inclusión es potestativa.
b) Sí, en la forma que establezcan las normas autonómicas de aplicación.
c) No, en ningún caso.
d) Sí, previa autorización de los órganos centrales.

3. Los elementos que configuran el uso racional del medicamento, tienen en cuenta factores como la eficiencia, la cual se refiere a:

a) Valor farmacéutico intrínseco para evaluarlo y combatirlo.
b) Reacciones adversas, evaluadas mediante la Farmacovigilancia.
c) Coste-beneficio, que usa la facturación para medirlo y los genéricos para combatirlo.
d) Grado de cumplimiento del tratamiento.

4. La descripción detallada del sistema de farmacovigilancia utilizado por el titular de la autorización de comercialización en relación con uno o varios medicamentos autorizados se conoce como:

a) Error de medicación.
b) Archivo maestro del sistema de farmacovigilancia.
c) Informe periódico de seguridad.
d) Sistema de gestión de riesgos.

5. Dentro de los datos que deben llevar las ampollas de disolvente no se encuentra:

a) Contenido en volumen.
b) Número de lote de fabricación.
c) Nombre del medicamento.
d) Todas son correctas.

Solución al simulacro n. 9

1. **d) Una programación general de la enseñanza.**

   De acuerdo con lo dispuesto en el artículo 27.5 de la Constitución Española donde se establece que: *"Los poderes públicos garantizan el derecho de todos a la educación, mediante una programación general de la enseñanza, con participación efectiva de todos los sectores afectados y la creación de centros docentes."*

2. **b) La libertad de creación de centros docentes, dentro del respeto a los principios constitucionales.**

   Según lo dispuesto en el artículo 27.6 de la Constitución Española, que establece que: *"Se reconoce a las personas físicas y jurídicas la libertad de creación de centros docentes, dentro del respeto a los principios constitucionales."*

3. **a) Es un principio rector de la política social y económica.**

   El art. 43.1 de la CE reconoce el derecho a la protección de la salud, dentro del Capítulo tercero del Título I dedicado a los Principios Rectores de la Política Social y Económica.

   Llama la atención que lo configure como un derecho independiente sin incluirlo en el apartado relativo a la Seguridad Social (art. 41 de la CE), toda vez que la asistencia sanitaria pública siempre se identificó con aquel sistema público, por lo que parece que ya el legislador constituyente quiso diferenciar el régimen asistencial y prestacional de la Seguridad Social con la asistencia sanitaria.

4. **c) Todos.**

   Al igual que pasa con la titularidad, la conservación de los bienes integrantes del patrimonio histórico, cultural y artístico obliga, conforme al art. 46 de la CE, a todos los poderes públicos cualquiera que sea el régimen jurídico de los mismos. Es decir, no necesitan ser declarados, previamente, bienes de interés cultural o cualesquiera otra calificación para que opere la garantía establecida constitucionalmente.

5. **d) El Gobierno.**

   De acuerdo con el artículo 54 de la Ley 14/1986, de 25 de abril, General de Sanidad, que dispone que:

   "Cada Comunidad Autónoma elaborará un Plan de Salud que comprenderá todas las acciones sanitarias necesarias para cumplir los objetivos de sus Servicios de Salud. El

Plan de Salud de cada Comunidad Autónoma, que se ajustará a los criterios generales de coordinación aprobados por el Gobierno, deberá englobar el conjunto de planes de las diferentes Áreas de Salud."

6.   c) Cada Comunidad Autónoma, dentro de su ámbito de competencias.

Según el artículo 55.1 de la Ley 14/1986, de 25 de abril, General de Sanidad, que expone que:

"1. Dentro de su ámbito de competencias, las correspondientes Comunidades Autónomas regularán la organización, funciones, asignación de medios personales y materiales de cada uno de los Servicios de Salud, en el marco de lo establecido en el Capítulo VI de este Título."

7.   c) Áreas de Salud.

Conforme el artículo 56.1 de la Ley 14/1986, de 25 de abril, General de Sanidad, que establece que:

"1. Las Comunidades Autónomas delimitarán y constituirán en su territorio demarcaciones denominadas Áreas de Salud, debiendo tener en cuenta a tal efecto los principios básicos que en esta ley se establecen, para organizar un sistema sanitario coordinado e integral."

8.   c) Las Áreas de Salud.

De acuerdo con lo dispuesto en el artículo 56.2 de la Ley 14/1986, de 25 de abril, General de Sanidad, que dispone que:

"2. Las Áreas de Salud son las estructuras fundamentales del sistema sanitario, responsabilizadas de la gestión unitaria de los centros y establecimientos del Servicio de Salud de la Comunidad Autónoma en su demarcación territorial y de las prestaciones sanitarias y programas sanitarios a desarrollar por ellos."

9.   d) Incorporación, con posterior cumplimiento de los requisitos formales en cada caso establecidos, a una plaza del servicio, institución o centro que corresponda en el plazo determinado en la convocatoria.

El apartado 1 del artículo 20 de la Ley 55/2003, de 16 de diciembre regula la adquisición de la condición de personal estatutario fijo en los términos siguientes:

"1. La condición de personal estatutario fijo se adquiere por el cumplimiento sucesivo de los siguientes requisitos:

a) Superación de las pruebas de selección.

b) Nombramiento conferido por el órgano competente.

c) Incorporación, previo cumplimiento de los requisitos formales en cada caso establecidos, a una plaza del servicio, institución o centro que corresponda en el plazo determinado en la convocatoria".

10. b) No podrán ser nombrados y quedarán sin efecto sus actuaciones.

El apartado 2 del artículo 20 de la Ley 55/2003, de 16 de diciembre indica que no podrán ser nombrados y quedarán sin efecto sus actuaciones, quienes no acrediten, una vez superado el proceso selectivo, que reúnen los requisitos y condiciones exigidos en la convocatoria.

11. a) La falta de incorporación al servicio, institución o centro dentro del plazo, cuando sea imputable al interesado y no obedezca a causas justificadas, producirá el decaimiento de su derecho a obtener la condición de personal estatutario fijo como consecuencia de ese concreto proceso selectivo.

El apartado 3 del artículo 20 de la Ley 55/2003, de 16 de diciembre establece que "la falta de incorporación al servicio, institución o centro dentro del plazo, cuando sea imputable al interesado y no obedezca a causas justificadas, producirá el decaimiento de su derecho a obtener la condición de personal estatutario fijo como consecuencia de ese concreto proceso selectivo".

12. c) La incapacidad temporal, en los términos previstos en esta ley.

El artículo 21 de la Ley 55/2003, de 16 de diciembre regula las causas de extinción de la condición de personal estatutario fijo, siendo las siguientes:

a) La renuncia.

b) La pérdida de la nacionalidad tomada en consideración para el nombramiento.

c) La sanción disciplinaria firme de separación del servicio.

d) La pena principal o accesoria de inhabilitación absoluta y, en su caso, la especial para empleo o cargo público o para el ejercicio de la correspondiente profesión.

e) La jubilación.

f) La incapacidad permanente, en los términos previstos en esta ley.

13. b) Equipo de protección individual.

A tenor del artículo 4 de la Ley 31/1995, de 8 de noviembre, se entenderá por «equipo de protección individual» cualquier equipo destinado a ser llevado o sujetado por el trabajador para que le proteja de uno o varios riesgos que puedan amenazar su seguridad o su salud en el trabajo, así como cualquier complemento o accesorio destinado a tal fin.

14. a) La cooperación y asistencia entre las diferentes Administraciones Públicas, y la participación de empresarios y trabajadores en la elaboración de la política preventiva.

Es el artículo 5 de la LPRL, en su apartado 1, el que tratando la política en materia de prevención de riesgos para proteger la seguridad y la salud en el trabajo, establece que dicha política se lleve a cabo mediante normas reglamentarias y las actuaciones administrativas que correspondan, orientándose a la coordinación de las distintas Administraciones Públicas competentes en materia preventiva a cuyo fin:

a) Las Administraciones Públicas se prestarán cooperación y asistencia técnica para el eficaz ejercicio de sus respectivas competencias.

b) Elaborarán políticas preventivas con la participación de los empresarios y trabajadores a través de sus organizaciones empresariales y sindicales más representativas.

15. d) Todas las respuestas anteriores son correctas.

La respuesta apropiada es la d), ya que todos los fármacos antes mencionados requieren prescripción médica para poder ser dispensados.

16. c) Especificar únicamente el laboratorio fabricante.

La respuesta apropiada es la c), pues un medicamento veterinario además de las características mencionadas debe estar bien identificado en cuanto a composición, fabricante, dosificación.

17. d) Todas las respuestas anteriores son correctas.

La respuesta apropiada es la d), ya que los distintos grupos mencionados se incluyen todos en el apartado de productos urológicos, los cuales se emplean para el tratamiento sintomático de infecciones de las vías urinarias, litiasis renal, incontinencia urinaria, eyaculación precoz, disfunción eréctil e hipertrofia benigna de próstata.

18. c) Entre sus efectos adversos provocan taquicardia, broncodilatación y midriasis.

La respuesta apropiada es la c), ya que estos compuestos actúan sobre los receptores simpáticos, pudiendo ser útiles para combatir diferentes síntomas en función de que actúen estimulando directa o indirectamente los receptores.

19. b) Antiarrítmicos.

La respuesta apropiada es la b), pues los antiarrítmicos no ejercen ningún efecto sobre el sistema nervioso; actúan a nivel cardiovascular.

20. a) Comprobar la temperatura del envío y si hay desvío, comunicar al monitor.

La respuesta apropiada es la a), ya que la comprobación de la temperatura del envío y si hay desvío, actuar en consecuencia, no es competencia de la sección de conservación y custodia, sino de la sección de recepción de muestras.

21. d) Comercialización.

La respuesta apropiada es la d), ya que el circuito de medicamentos de ensayo clínico forma parte de la investigación del nuevo fármaco, y por lo tanto, hasta que dicha investigación haya acabado y el medicamento disponga de las autorizaciones pertinentes, no puede iniciarse su comercialización.

22. a) Dosis mínima eficaz.

La respuesta correcta es la a), ya que la dosis mínima eficaz, es la menor dosis capaz de producir efecto terapéutico.

23. d) Las respuestas a) y c) son correctas.

La respuesta correcta es la d), ya que la administración entérica incluye las vías oral, subcutánea y rectal.

24. b) Biofarmacia.

La respuesta correcta es la b), ya que la biofarmacia es aquella rama que estudia la influencia de la forma y la formulación del medicamento sobre su comportamiento farmacocinético y farmacodinámico.

25. d) Todas las respuestas anteriores son correctas.

La respuesta correcta es la d), ya que la farmacovigilancia se encarga de la seguridad del medicamento, y para ello con cuantos más datos se disponga, el resultado será mejor.

26. b) Efectos secundarios descritos en el prospecto del medicamento.

La respuesta correcta es la b), ya que la finalidad de la farmacovigilancia es detectar todas aquellas reacciones adversas que se producen cuando un fármaco se utiliza en población general, en la que no se tienen en cuenta las peculiaridades que han de reunir los integrantes de un ensayo clínico.

27. d) EFG (medicamento genérico).

Las siglas EFG cuyo significado es que el envase contiene un medicamento genérico equivalente farmacéutico genérico) deben ir al lado del nombre del medicamento.

28. c) Los no financiados por el SNS.

Los no financiados por el SNS sustituyen el cupón precinto por un recuadro con el código de barras del medicamento.

29. a) Tarrinas de plástico.

Las tarrinas de plástico se utilizan para el reenvasado de medicamentos líquidos.

30. b) No permite el reenvasado de forma sin desemblistar.

Estas máquinas permiten reenvasar los medicamentos sin que sea necesario extraer el medicamento solido de su blíster primario.

31. a) El Consejo Rector.

Independientemente de aprobar los objetivos y planes, también aprueba los criterios de medición del cumplimiento de dichos objetivos, así como del grado de eficiencia en la gestión conforme a lo establecido en el Contrato de gestión.

32. c) Cesar al Director de la AEMPS.

El Director será nombrado y también cesado por el Consejo Rector, a propuesta de su presidente.

33. b) El Director.

Entre las funciones de Director de la AEMPS está el coordinar las relaciones con la Agencia Europea de Medicamentos y otras instituciones europeas, con las demás entidades y organismos similares de los Estados miembros de la Unión Europea, terceros países y organismos internacionales, en colaboración con el órgano competente en materia de relaciones internacionales del Ministerio de Sanidad.

34. a) La Subsecretaría General.

La Secretaría General es la que depende directamente del Director de la Agencia.

35. d) La Secretaría General.

La publicación de las autorizaciones de comercialización de los medicamentos de uso humano y veterinario, así como las suspensiones, revocaciones o anulaciones de las mismas, y el seguimiento de las consecuencias jurídicas de estos actos formales, son funciones de la Secretaría General.

36. b) La edición de los repertorios oficiales de información, las memorias anuales y cualesquiera otras publicaciones de la Agencia son funciones de la Dirección general.

Tanto la edición de los repertorios, como memorias y otros documentos de la Agencia, son responsabilidad de la Secretaría General.

37. d) El Departamento de Medicamentos de Uso Humano.

Este Departamento también evalúa los estudios posautorización vinculados a la autorización de los medicamentos y los incluidos en el plan de gestión de riesgos.

38. a) Promueve, ejecuta, coordina y supervisa las actividades de liberación de lotes de productos biológicos.

Es el Departamento de Medicamentos Veterinarios el que promueve, ejecuta, coordina y supervisa las actividades de liberación de lotes de productos biológicos de uso humano, así como el examen de las materias primas, los productos intermedios y otros componentes de los medicamentos durante el proceso de autorización.

39. b) Emiten informes médicos sobre dosificaciones medicamentosas.

Los Servicios Farmacéuticos de Atención Primaria no emiten informes médicos sobre dosis de medicamentos, aunque lo que sí realizan es información y formación sobre procesos de farmacoterapia que incluye aspectos clínicos, de efectividad, seguridad y eficiencia de la utilización de los medicamentos.

40. a) Guía farmacoterapéutica.

En la GFT encontramos las normas para la petición de medicamentos, abreviaturas médicas y farmacéuticas, horarios de dispensación, impresos de petición, medicamentos existentes en el hospital, descripción de los medicamentos y política de antibióticos, antisépticos y desinfectantes, así como programas de Farmacovigilancia y administraciones particulares, diluciones y unidades.

41. b) Semanalmente.

El BOT Plus es un programa informático del CGCOF que debido a la importancia de su contenido se actualiza semanalmente a través de internet.

42. a) 5.

Cada uno de los 5 niveles o categorías se distingue mediante una letra y un número o una serie de letras y números. En este sistema de clasificación, todos los preparados a base de un mismo y único fármaco reciben un código idéntico.

43. c) Método LIFO.

A partir de la publicación del RD 1514/2007, por el que se aprueba el Plan General de Contabilidad, el método LIFO no se incluye entre los métodos para asignación de valor a las existencias.

44. b) La temperatura.

Los estudios predictivos de estabilidad se hacen manejando generalmente la temperatura como variable generadora de la degradación del principio activo.

45. b) Envases y restos de medicamentos.

Si se trata de envases y restos de medicamentos, se dispone de un contenedor del SIGRE (Sistema Integrado de Gestión y Recogida de Envases) que es el sistema de recogida selectiva de envases de medicamentos.

46. a) Visado.

El visado consiste en que la inspección debe revisar la indicación de dicho medicamento por parte del especialista o del médico de cabecera para ver si se ajusta a lo autorizado. La mayor parte de los medicamentos no precisan dicha supervisión, los manda el médico de cabecera y vamos a la farmacia a comprarlos, pero los que precisan visado deben ser autorizados por un inspector para que nos los dé la Seguridad Social.

47. b) La prescripción solo podrá realizarla un médico con competencia acreditada.

La prescripción y dispensación de medicamentos que contengan sustancias estupefacientes se realizará en recetas oficiales sujetas a lo dispuesto en el Real Decreto 1675/2012, de 14 de diciembre. En todos los casos, tanto en el ámbito de la asistencia sanitaria pública como en la que se practique con carácter privado.

La receta oficial de estupefacientes, como documento que avala la dispensación bajo prescripción facultativa, y válido para todo el territorio nacional, se editará en la lengua oficial del Estado y en las respectivas lenguas cooficiales en las comunidades autónomas que dispongan de ella.

48. a) Vale de estupefacientes.

Se define como "Vale de estupefacientes" al documento de carácter sanitario, normalizado y obligatorio mediante el cual las oficinas y servicios de farmacia, almacenes de distribución y laboratorios farmacéuticos adquieren las sustancias y medicamentos estupefacientes precisos para el desempeño de la actividad que tienen autorizada.

49. b) Algunos fármacos pueden ser administrados por esta vía, que es la más cómoda para el paciente.

Quimioterapia oral: algunos fármacos pueden ser administrados por esta vía, que es la más cómoda para el paciente. Se debe informar al paciente de la posología y de la pauta de tratamiento; premedicación, dosis, hora, duración del tratamiento. Puede ser la única vía de administración del tratamiento o combinarse con otras vías.

50. a) El tratamiento de las metástasis hepáticas en el cáncer de colon.

Quimioterapia intraarterial: Es la que se realiza a través de una arteria mediante una punción de forma percutánea o bien previa instauración de un catéter. El objetivo es realizar un tratamiento regional y la indicación mayoritaria es el tratamiento de las metástasis hepáticas en el cáncer de colon mediante la administración de 5FU o bien floxuridina, como tratamientos de elección.

51. b) Carcinomas.

Los carcinomas se originan derivando de células epiteliales y suponen más del 80 % de los cánceres.

52. c) Residuos químicos: termómetros, reactivos, medicamentos...

Los residuos químicos son una entidad propia dentro de los residuos sanitarios y no se incluyen como un subtipo de los residuos biosanitarios.

53. a) Lavar inmediatamente la zona afectada con agua y jabón durante 10 minutos.

Contacto con la piel intacta: lavar inmediatamente la zona afectada con agua y jabón durante 10 minutos. Si la piel está irritada la debe examinar un médico.

54. a) Se limpia con agua jabonosa y se desinfecta con tejidos estériles, que no suelten partículas ni fibras, ligeramente humedecidos con alcohol de 70º.

Se realiza la limpieza con agua jabonosa de la superficie de trabajo, cristales laterales y frontal. Para la desinfección se utilizarán tejidos estériles y de un solo uso, que no cedan partículas ni fibras, ligeramente humedecidos con alcohol de 70º. A continuación, con una gasa estéril se efectuará un arrastre siguiendo el sentido del flujo del aire, y desde las áreas de menor a mayor contaminación. En primer lugar las paredes laterales de arriba abajo y a continuación la superficie de trabajo desde dentro hacia fuera.

55. b) Lavado de manos quirúrgico.

Lavado de manos quirúrgico. Está indicado en el acto quirúrgico y en técnicas que requieren una asepsia extrema. Hay que enjabonarse las manos y antebrazos con jabón antiséptico durante dos minutos. El antiséptico más utilizado es la clorhexidina al 4 % cuyo nombre comercial es el hibiscrub o hibitane.

56. d) 8.

Las proteínas son cadenas de aminoácidos; son 20 aminoácidos los que forman las proteínas, de los cuales *8 son esenciales*, es decir, deben ser administrados con la alimentación, pues nuestro organismo no los puede sintetizar.

57. d) Se calcula teniendo en cuenta el nivel plasmático de los mismos y las pérdidas que se ocasionan de estos, tanto fisiológicamente como por patologías.

Los requerimientos minerales están dados por el balance del paciente. Se presta especial atención a las pérdidas extraordinarias y déficits previos. La cantidad a aportar en la solución de NP se calcula individualmente según *las pérdidas y su nivel plasmático*.

58. c) Potasio.

Como cationes y aniones que se aportan en la NP, encontramos los siguientes: en el caso de cationes: sodio, *potasio*, calcio y magnesio; y respecto a los aniones: cloruro, fosfato, bicarbonato, acetato, sulfato…

59. a) Las bacterias psicrófilas.

Las bacterias se pueden clasificar, según su temperatura óptima de crecimiento, en psicrófilas, mesófilas y termófilas. Aquellas que crecen entre 0 y 30 °C, con un óptimo de 15 °C son las bacterias *psicrófilas*, capaces de contaminar los alimentos refrigerados. Dentro de este grupo destacan las pseudomonas.

60. c) Autoclave (a presión).

De los métodos enunciados el único que emplea vapor de agua para destruir los microorganismos es el *autoclave*. Se emplea el vapor a presión, que es una técnica de esterilización, ya que destruye tanto las formas vegetativas como las esporas; esta técnica es muy usada y muy efectiva. El vapor de agua se aplica en una cámara cerrada con un generador de vapor; cuando se produce este, desplaza al aire que sale por un orificio, que se cierra en el momento que sale el vapor, y posteriormente se consigue la presión deseada (el vapor a una atmósfera de presión corresponde a 121 °C de temperatura que, aplicado durante 15-20 minutos, destruye todas las formas vegetativas y esporuladas.

61. c) Hipertónico.

Cuando el medio externo donde se encuentra la bacteria es *hipertónico* (alto en sales), pasará el agua del interior de la bacteria al medio externo, produciéndose retracción del citoplasma bacteriano; esto se denomina plasmoptisis. La creación de un medio hipertónico se usa para evitar la contaminación y desarrollo bacteriano.

62. a) Emulsión.

Las *emulsiones* son sistemas dispersos heterogéneos con las dos fases en estado líquido. Dicho de otra manera, es una mezcla homogénea, de dos líquidos (fase dispersa y medio dispersante) inmiscibles (que no se mezclan).

63. c) Decocción.

La operación que consiste en poner en contacto a la temperatura de ebullición, y por un tiempo más o menos largo (según cuál sea la naturaleza de las sustancias), el producto con el disolvente indicado para favorecer la máxima extracción de los principios activos es la *decocción*. Ésta supone necesariamente un hervor seguido y esto es lo que la diferencia de la infusión.

64. a) Tópica.

Las emulsiones son sistemas dispersos heterogéneos con las dos fases en estado líquido. El uso de emulsiones es muy frecuente en la administración de medicamentos, por alguna de estas tres vías: oral, parenteral o tópica. No obstante, en el campo de la formulación magistral el empleo de emulsiones se suele limitar a la *vía tópica*.

65. c) Agua.

Una de las materias primas más importantes de la preparación de fórmulas magistrales, y preparados oficinales, tanto desde el punto de vista cualitativo como cuantitativo, es el *agua*. En consecuencia, el farmacéutico deberá velar especialmente para que satisfaga las condiciones de control.

66. c) Forma farmacéutica.

Una *forma farmacéutica* es una disposición individualizada a la que se adaptan los principios activos y excipientes para constituir un medicamento. Es la forma de preparar un medicamento para poder ser administrado. Es el producto resultante del proceso tecnológico que confiere a los medicamentos características adecuadas, tales como; dosificación, eficacia terapéutica y estabilidad en el tiempo.

67. d) Gelocatil.

Son formas farmacéuticas los comprimidos, las cápsulas, los supositorios, etc... Las formas acondicionadas para su dispensación pueden denominarse forma oficinal o especialidad farmacéutica, que es un medicamento preparado en una forma farmacéutica determinada de composición y dosificación definida, acondicionada para la dispensación al paciente e inscrita en el registro de especialidades farmacéuticas. Son especialidades farmacéuticas *Gelocatil*®, analgilasa®, aspirina®, ventolín®, etc.

68. c) Tijeras de Metzenbaum.

Las tijeras de Metzenbaum son unas herramientas alargadas y más finas que las tijeras de Mayo. Las dos ramas provistas de filo terminan en punta. Se utilizan en la disección de tejidos profundos, por tanto, de los expuestos es el único instrumental de corte.

69. c) Pinzas atraumáticas.

Son las pinzas atraumáticas. Son pinzas sin dientes (de ahí su nombre), y están provistas de estrías horizontales en ambas ramas de la pinza, para sujetar mejor el tejido pinzado. Se utilizan para curas y en cirugía en disección.

70. c) Pinzas de Kelly.

Normalmente la herramienta son unas pinzas. Las más utilizadas son las de Kelly, Kocher, Crile, Pean, Mosquito y Allis. Las pinzas de Kelly son unas pinzas hemostáticas con ranuras en sus dos ramas. Presenta un sistema de cremallera para dejarla fija una vez pinzado el vaso sanguíneo. Puede ser recta o curva. Las otras nombradas no lo son.

Preguntas de reserva

1. d) Al Gobierno.

El artículo 166 de la Constitución nos deriva al artículo 87.1 CE que dispone que la iniciativa legislativa corresponde al Gobierno, al Congreso y al Senado, de acuerdo con la Constitución y los Reglamentos de las Cámaras. El artículo 87.2 se refiere a la iniciativa de las Asambleas de las Comunidades Autónomas.

Aquí hay que resaltar que la potestad de iniciativa está otorgada al Gobierno, como órgano colegiado, por lo que la opción c) referida al Presidente del Gobierno ha de quedar descartada.

2. b) Sí, en la forma que establezcan las normas autonómicas de aplicación.

En base al artículo 30.2 de la Ley 55/2003, de 16 de diciembre, del Estatuto Marco del personal estatutario de los servicios de salud.

Efectivamente, los procedimientos de selección, sus contenidos y pruebas se adecuarán a las funciones a desarrollar en las correspondientes plazas incluyendo, en su caso, la acreditación del conocimiento de la lengua oficial de la respectiva comunidad autónoma en la forma que establezcan las normas autonómicas de aplicación.

3. **c) Coste-beneficio, que usa la facturación para medirlo y los genéricos para combatirlo.**

   La respuesta apropiada es la c), la cual hace referencia a la capacidad de un medicamento para producir el efecto terapéutico deseado en condiciones del mundo real

4. **b) Archivo maestro del sistema de farmacovigilancia.**

   La respuesta correcta es la b), pues el "archivo maestro del sistema de farmacovigilancia" es un elemento clave en la gestión de la seguridad de los medicamentos.

5. **c) Nombre del medicamento.**

   Los datos obligatorios en el acondicionamiento primario de ampollas de disolvente son:

   Identificación del contenido, el volumen, número de lote de fabricación, nombre del titular de la autorización de comercialización y cualquier otra información necesaria para la conservación y uso seguro del medicamento.

1. En relación con la vivienda, la CE consagra el derecho:

a) A acceder a la propiedad de una vivienda.
b) De acceso a la propiedad de una vivienda digna y adecuada.
c) De usufructuar una vivienda.
d) De poseer, por cualquier título, una vivienda digna y adecuada.

2. Los titulares del derecho a la vivienda en la CE son:

a) Todos.
b) Los españoles.
c) Los ciudadanos.
d) Los residentes en España.

3. La reserva de un tanto por ciento de suelo público para su dedicación a viviendas sociales responde al mandato constitucional dimanante de/del:

a) Derecho a un medio ambiente adecuado y sostenible.
b) Políticas de intervención económica en el ámbito de la gestión pública del urbanismo.
c) La participación comunitaria en las plusvalías generadas por la acción urbanística de los entes públicos.
d) Evitación de la especulación urbanística.

4. Una de las siguientes afirmaciones no es correcta, según lo dispuesto en la Constitución Española:

a) Podrá establecerse un servicio militar para el cumplimiento de fines de interés general.
b) Podrán regularse los deberes de los ciudadanos en los casos de grave riesgo.
c) Podrán regularse los deberes de los ciudadanos en los supuestos de catástrofe.
d) Podrán regularse los deberes de los ciudadanos en los casos de calamidad pública.

5. Las Áreas de Salud serán dirigidas por un órgano propio, donde deberán participar las Corporaciones Locales en ellas situadas con una representación no inferior al:

a) 25 %, dentro de las directrices y programas generales sanitarios establecidos por la Comunidad Autónoma.
b) 40 %, dentro de las directrices y programas generales sanitarios establecidos por la Comunidad Autónoma.

c) 50 %, dentro de las directrices y programas generales sanitarios establecidos por la Comunidad Autónoma.

d) 60 %, dentro de las directrices y programas generales sanitarios establecidos por la Comunidad Autónoma.

6. Las Áreas de Salud se delimitarán teniendo en cuenta factores:

a) Geográficos, socioeconómicos, democráticos, laborales, epidemiológicos, culturales, climatológicos y de dotación de vías y medios de comunicación, así como las instalaciones sanitarias del Área.

b) Geográficos, psicológicos, democráticos, laborales, epidemiológicos, culturales, climatológicos y de dotación de vías y medios de comunicación, así como las instalaciones sanitarias del Área.

c) Geográficos, socioeconómicos, demográficos, laborales, epidemiológicos, culturales, climatológicos y de dotación de vías y medios de comunicación, así como las instalaciones sanitarias del Área.

d) Geográficos, psicológicos, demográficos, laborales, epidemiológicos, culturales, climatológicos y de dotación de vías y medios de comunicación, así como las instalaciones sanitarias del Área.

7. Como regla general, el Área de Salud extenderá su acción a una población no inferior a:

a) 20.000 habitantes ni superior a 25.000.
b) 50.000 habitantes ni superior a 150.000.
c) 100.000 habitantes ni superior a 200.000.
d) 200.000 habitantes ni superior a 250.000.

8. En todo caso, de acuerdo con lo dispuesto en la Ley 14/1986, de 25 de abril, General de Sanidad, cada provincia tendrá, como mínimo:

a) Un Distrito Sanitario.
b) Una Zona de Salud.
c) Un Área de Salud.
d) Una Zona Básica de Salud.

9. La renuncia a la condición de personal estatutario:

a) Tiene carácter de acto obligatorio.
b) Puede ser solicitada por el interesado en cualquier momento.
c) La renuncia será aceptada en todo caso.
d) No inhabilita para obtener nuevamente dicha condición a través de los procedimientos de selección establecidos.

10. Respecto a los principios básicos que rigen la provisión de plazas del personal estatutario, indica cuál de los siguientes están recogidos también en el art. 78.1 del Estatuto Básico del Empleado Público:

a) Planificación eficiente de las necesidades de recursos y programación periódica de las convocatorias.

b) Movilidad del personal en el conjunto del Sistema Nacional de Salud.

c) Igualdad, mérito, capacidad y publicidad en la selección, promoción y movilidad del personal de los servicios de salud.

d) Coordinación, cooperación y mutua información entre las Administraciones sanitarias públicas.

11. El artículo 29.1 del Estatuto marco del personal estatutario de los servicios de salud recoge los principios básicos por los que se rige la provisión de plazas del personal estatutario. Indica cuál de los siguientes es incorrecto:

a) Planificación eficaz de las necesidades de recursos y programación periódica de las convocatorias.

b) Integración en el régimen organizativo y funcional del servicio de salud y de sus instituciones y centros.

c) Movilidad del personal en el conjunto del Sistema Nacional de Salud.

d) Coordinación, cooperación y mutua información entre las Administraciones sanitarias públicas.

12. Señala la respuesta incorrecta. Entre los principios que rigen la provisión de plazas del personal estatutario se encuentra el principio de participación, a través de la negociación en las correspondientes mesas, de las organizaciones sindicales especialmente en:

a) La determinación de las condiciones y procedimientos de selección, promoción interna y movilidad.

b) El número de las plazas convocadas.

c) La periodicidad de las convocatorias.

d) Las retribuciones de las plazas convocadas.

13. Las actuaciones de las Administraciones Públicas competentes en materia laboral se concretan en las siguientes funciones:

a) La promoción de la prevención sin incluir el asesoramiento técnico.

b) La vigilancia y el control del cumplimiento de la normativa sobre prevención de riesgos, sin incluir la asistencia técnica.

c) La inexistencia de sanciones por el incumplimiento de la normativa de prevención de riesgos laborales, por no existir catálogo de infracciones para ello.

d) Sancionar el incumplimiento de la normativa de prevención de riesgos laborales por los sujetos comprendidos en el ámbito de aplicación de la presente ley.

14. ¿Qué órgano científico-técnico especializado de la Administración General del Estado tiene como misión el análisis y estudio de las condiciones de seguridad y salud en el trabajo, así como la promoción y apoyo a la mejora de las mismas?

a) La Inspección de Trabajo y Seguridad Social.
b) La Comisión Nacional de Seguridad y Salud en el Trabajo.
c) El Instituto Nacional de Seguridad y Salud en el Trabajo (INSST), anteriormente denominado Instituto Nacional de Seguridad e Higiene en el Trabajo (INSHT).
d) El Comité de Seguridad y Salud.

15. En relación con los radiofármacos, indica con qué se corresponde cualquier preparado industrial que deba combinarse con el radionucleido para obtener el radiofármaco final:

a) Precursor.
b) Radiofármaco.
c) Generador.
d) Equipo reactivo.

16. Respecto a la Farmacoepidemiología, señala la respuesta incorrecta:

a) Hace referencia a la realización de estudios farmacoepidemiológicos, los cuales son necesarios para evaluar la seguridad de los medicamentos autorizados e inscritos en condiciones reales de uso.
b) Tiene la finalidad de identificar, cuantificar, evaluar y prevenir los riesgos asociados al uso de medicamentos una vez que se han comercializado.
c) Establecerá las medidas oportunas tendentes a la gestión de los riesgos identificados, incluyendo la formación e información necesarias.
d) En tales estudios colaborarán las autoridades sanitarias de las Comunidades Autónomas, así como los profesionales sanitarios.

17. Indica qué fármacos estarían indicados para paliar los cólicos y los espasmos dolorosos de la musculatura lisa:

a) Antiácidos.
b) Antidiabéticos.
c) Antiespasmódicos.
d) Antieméticos.

18. Dentro de los medicamentos de origen animal no se incluyen:

a) Sueros animales.
b) Alcaloides.
c) Aceites animales.
d) Hormonas.

19. En relación con el acondicionamiento de los medicamentos, señala la respuesta incorrecta:

a) El acondicionamiento permite que el medicamento elaborado llegue al usuario en condiciones óptimas.

b) El prospecto debe redactarse de forma que sea comprensible por el paciente.

c) El etiquetado es la información que consta en el embalaje exterior.

d) El acondicionamiento primario es aquel en el que se encuentra el acondicionamiento secundario.

20. Los inconvenientes de los ensayos clínicos de medicamentos no incluyen:

a) Se realizan en muestras muy reducidas porque su generalización es limitada.

b) Son los más idóneos para poner a prueba la eficacia de un tratamiento.

c) Suelen ser caros y requieren mucho tiempo para su realización.

d) Los límites éticos impiden que muchas preguntas puedan ser susceptibles de empleo en este tipo de estudio para su investigación.

21. Respecto a los ensayos clínicos de medicamentos, señala la respuesta incorrecta:

a) La investigación clínica debe desarrollarse en un entorno que garantice los principios básicos de autonomía del paciente, según la Ley 41/2002.

b) La mayoría de las actividades del Servicio de Farmacia Hospitalaria en relación con los ensayos son comunes con otras áreas de farmacia.

c) La actividad que menos tiempo requiere en el área de los ensayos clínicos es la monitorización.

d) La realización de ensayos clínicos exige de los Servicios de Farmacia Hospitalaria el cumplimiento de determinadas condiciones que aseguren la calidad del circuito.

22. En la administración de un fármaco por vía oral, el proceso por el cual los fragmentos más pequeños se disuelven en los fluidos orgánicos se conoce como:

a) Difusión.

b) Disgregación.

c) Desintegración.

d) Ninguna de las respuestas anteriores es correcta.

23. El proceso por el cual los fármacos son transportados desde su lugar de absorción, hasta el órgano diana se denomina:

a) Distribución.

b) Metabolismo.

c) Excreción.

d) Ninguna de las respuestas anteriores es correcta.

24. Las vías de excreción de un fármaco incluyen:

a) Vía entérica biliar.
b) Excreción salivar.
c) Vía renal.
d) Todas las respuestas anteriores son correctas.

25. La estructura encargada de la supervisión del uso de los medicamentos, especialmente del seguimiento de sus posibles efectos adversos, es:

a) Agencia Española del Medicamento.
b) Agencia Española de Consumo, Seguridad Alimentaria y Nutrición.
c) Agencia de Administración de Alimentos y Medicamentos.
d) Sistema Español de Farmacovigilancia.

26. Entre la información que recoge la tarjeta amarilla no se incluye:

a) Medicamento sospechoso.
b) Enfermedad que padece el paciente que sufre la reacción adversa.
c) Reacción adversa.
d) Persona que notifica.

27. ¿Qué medicamentos llevan en el embalaje exterior el cupón precinto diferenciado CPD?

a) Fórmulas magistrales.
b) De uso hospitalario.
c) Precisan visado.
d) De usos múltiples.

28. Señala la respuesta incorrecta. El prospecto de un medicamento debe ser:

a) Obligatorio.
b) Elaborado a partir de la ficha técnica.
c) Asegurar la comprensión por el usuario.
d) Todas son correctas.

29. Cuando hablamos del etiquetado del reenvasado de formas líquidas, en este, no es necesario incluir:

a) La fecha de envasado.
b) La fecha de caducidad del medicamento a reenvasar.
c) La fecha de caducidad del reenvasado.
d) Todas son correctas.

30. ¿Cuál de los siguientes no es un tipo de reenvasado?

a) Automático.
b) Manual.
c) Electrónico.
d) Todas son correctas.

31. La Comisión de Control de la AEMPS se reunirá al menos:

a) 1 vez al año.
b) Cada 6 meses.
c) Trimestralmente.
d) Mensualmente.

32. ¿Cómo se denominan los órganos complementarios que asesoran y coordinan a la AEMPS?

a) Comités.
b) Agencias.
c) Secretarías.
d) Subdirecciones.

33. ¿Qué organismo se encarga de informar sobre los estudios posautorización, informes periódicos de seguridad y planes de gestión de riesgos?

a) El Comité de Seguridad de Medicamentos de Uso Humano.
b) El Comité de la Farmacopea y el Formulario Nacional.
c) El Comité Técnico de Inspección.
d) El Comité de Productos Sanitarios.

34. De las siguientes afirmaciones sobre el Comité de Seguridad de Medicamentos de Uso Humano, no es correcto señalar:

a) Es un órgano colegiado.
b) Los informes que emiten son vinculantes.
c) Recomiendan la realización de estudios encaminados a evaluar el impacto de las medidas tomadas para minimizar los riesgos de los medicamentos.
d) Todas son correctas.

35. No son funciones del Comité Técnico del Sistema Español de Farmacovigilancia de Medicamentos de Uso Humano:

a) La discusión y debate científico de las señales de reacciones adversas de los medicamentos de uso humano notificadas mediante los sistemas previstos.
b) Garantizar la aplicación de los mismos métodos de trabajo e idénticos criterios de codificación, registro y evaluación de las notificaciones de sospechas de reacciones adversas a medicamentos.

c) Prestar asesoramiento técnico a los representantes españoles en el Comité Europeo de Evaluación de Riesgos en Farmacovigilancia.

d) Todas son correctas.

36. Proponer a la AEMPS la realización de los estudios e investigaciones que estime necesarios para el mejor ejercicio de la Farmacovigilancia de medicamentos veterinarios, es responsabilidad de:

a) Comité de Seguridad de Medicamentos Veterinarios.
b) Comité de Medicamentos Veterinarios.
c) Comité de disponibilidad de Medicamentos Veterinarios.
d) Comité de Productos Sanitarios.

37. ¿Qué organismo es el encargado de promover el estudio, análisis y propuesta de directrices de materias técnicas específicas de fabricación, conservación, distribución y dispensación de medicamentos, productos sanitarios, cosméticos y productos de higiene personal?

a) El Comité de la Farmacopea y el formulario Nacional.
b) El Comité de Disponibilidad de Medicamentos de Uso Humano.
c) El Comité de Coordinación de Estudios Posautorización.
d) El Comité Técnico de Inspección.

38. Entre las funciones del Comité de Productos Sanitarios, no se encuentra:

a) Proponer a la AEMPS la realización de los estudios e investigaciones que estime necesarios en relación con los productos sanitarios.
b) Asesorar a la AEMPS en los aspectos relacionados con la seguridad, la eficacia clínica, el funcionamiento, la calidad, la información y el correcto uso de los productos sanitarios.
c) Informar sobre métodos de ensayo y normas técnicas.
d) Todas son correctas.

39. ¿Qué tipo de actividades desarrolla el Servicio Farmacéutico del Área de Salud respecto al Programa de Revisión y Seguimiento de la Farmacoterapia de Crónicos y Polimedicados (REFAR)?

a) Actividades de seguimiento.
b) Actividades de control.
c) Actividades de subdirección operativa.
d) Actividades de gestión.

40. ¿En qué documento se detallan los procedimientos normalizados tanto de trabajo como de elaboración y control de preparados farmacéuticos y fórmulas magistrales?

a) Guía de prescripción.
b) Catálogo de especialidades.

c) Guía farmacoterapéutica.
d) Formulario Nacional.

41. Señala la respuesta incorrecta. Los procedimientos normalizados de trabajo PNT:

a) Describen las atribuciones, funciones y tareas del personal en cada puesto.
b) Establecen los costes por proceso.
c) Incluyen la recepción del material de acondicionamiento.
d) Contemplan el tipo de indumentaria que se debe utilizar en el laboratorio de formulación.

42. Los PTN o procedimientos normalizados de trabajo, ¿en cuántas categorías se clasifican?

a) En 4.
b) En 5.
c) En 10.
d) En 14.

43. ¿A qué temperatura deben ser conservados los productos considerados termolábiles?

a) En ambiente fresco (10-20 ºC).
b) Refrigerados (2-8 ºC).
c) Congelados (-3ºC).
d) Todas las anteriores.

44. ¿A qué se conoce como productos higroscópicos?

a) Aquellos que se alteran por la acción del agua del medio.
b) Aquellos que para suministrarlos necesitan instrumentos especiales.
c) Aquellos extremadamente sensibles a los cambios de presión.
d) Aquellos que se administran tal como se generan en la naturaleza.

45. ¿Cómo definirías el mobiliario de un almacén de farmacia?

a) Material fungible.
b) Material lábil.
c) Material inventariable.
d) Material no lábil.

46. ¿Qué tipo de paciente crónico se considera paciente polimedicado?

a) Aquel que tome continuamente 2 o más medicamentos, durante un periodo igual o superior a 3 meses.
b) Aquel que tome continuamente 3 o más medicamentos, durante un periodo igual o superior a 3 meses.

c) Aquel que tome continuadamente 5 o más medicamentos, durante un periodo igual o superior a 3 meses.

d) Aquel que tome continuadamente 5 o más medicamentos, durante un periodo igual o superior a 6 meses.

47. ¿Cómo denomina la OMS la magnitud con que el paciente sigue las instrucciones médicas?

a) Adherencia terapéutica.
b) Persistencia terapéutica.
c) Prescripción terapéutica.
d) Intervención terapéutica.

48. ¿Cuál de los siguientes enunciados no corresponde con alguna de las precauciones que se recomienda tomar, para preservar la seguridad del paciente en la dispensación de medicamentos?

a) Administrar el fármaco al paciente correcto.
b) Administrar la dosis correcta y a la hora correcta.
c) Administrar el fármaco a la temperatura correcta.
d) Administrar el fármaco por la vía correcta.

49. ¿Cuál cree que sería la mejor opción, si tenemos que administrar un fármaco fotosensible, que precise ser resguardados de la luz?

a) Es suficiente con realizar la administración en una sala oscura.
b) Proteger el sistema de infusión con papel de aluminio, o dentro de una bolsa oscura.
c) Utilizar equipos de infusión opacos.
d) Aumentar la velocidad de infusión y realizarla al atardecer.

50. Los sistemas para administrar medicamentos por vía intravenosa se pueden clasificar, según la fuerza de impulsión, en controladores y bombas. ¿Qué diferencia hay entre ellos?

a) Los controladores utilizan la fuerza de la gravedad y las bombas ejercen presión positiva.
b) Los controladores son manuales y las bombas eléctricas.
c) Los controladores solo permiten un control aproximado de la velocidad de infusión.
d) Los controladores son más económicos pero tienen menor durabilidad.

51. ¿Cuál consideras que sería la actuación adecuada, ante la punción o lesión de piel con un objeto contaminado de un medicamento citostático?

a) Hacer sangrar la zona afectada, lavar con agua durante 15 minutos y acudir al especialista.
b) Lavar inmediatamente la zona afectada con lejía durante 3 minutos y acudir al especialista.

c) Lavar inmediatamente la zona afectada con antiséptico y acudir al especialista.

d) Hacer sangrar la zona afectada, lavar con clorhexidina y acudir al especialista.

52. ¿Cuál consideras que sería la actitud correcta a seguir, si se produce un pequeño derrame en el interior de la cabina de flujo laminar mientras manipulamos un medicamento citostático?

a) No hay que hacer nada. Las cabinas de flujo laminar están diseñadas para contrarrestar esta eventualidad.

b) Cubrir con gasas húmedas el polvo o cristales esparcidos. Absorber el líquido con papel o gasas. Introducir todo en bolsas de plástico cerradas y echarlas al contenedor. Finalmente lavar la superficie afectada con alcohol de 70º.

c) Terminar la manipulación que se estaba realizando y a continuación realizar una limpieza terminal de la cabina.

d) Alejarse de la cabina. Cambiar el EPI y proceder a limpieza terminal de la cabina desechando todos los productos.

53. La extravasación es una de las complicaciones potencialmente más graves que conlleva la administración intravenosa de fármacos citostáticos, dependiendo de la capacidad agresiva para los tejidos, que tenga el fármaco que estemos administrando. ¿Cómo se clasifican los citostáticos en función de su capacidad de agresión tisular?

a) Irritantes, vesicantes e isquemiantes.

b) No agresivos, irritantes y vesicantes.

c) Vesicantes, isquemiantes y necrotizantes.

d) Inocuos, irritantes y vesicantes.

54. Según las recomendaciones de la *American Society of Health-System Pharmacists* (ASHP) y la *Occupational Safety and Health Administration* (OSHA), ¿cuántas horas debe permanecer en funcionamiento con el ventilador encendido la cabina de flujo laminar?

a) Al menos 6 horas al día.

b) Al menos 12 horas al día.

c) Al menos 1 hora antes y 1 hora después de realizar la tarea.

d) Las 24 horas del día.

55. ¿Qué diferencia hay entre una "sala blanca" en situación de reposo o en situación de funcionamiento?

a) La situación "en reposo" es aquella en que la instalación está completa, pero no en funcionamiento.

b) En ambas situaciones la instalación está completa y en funcionamiento, pero cuando no está presente el personal, se habla de situación de reposo.

c) Se habla de situación de reposo cuando no se está trabajando en la sala con ninguna sustancia.

d) Todas son correctas.

56. ¿De quién es la responsabilidad de validar la composición de cada unidad de nutrientes en las fórmulas de NP?

a) Del médico.
b) Del/de la enfermero/a.
c) Del farmacéutico.
d) Del Técnico de farmacia.

57. ¿Qué tipo de nutrición enteral se administra a pacientes inconscientes?

a) A través de enterostomías.
b) Por sonda nasogástrica.
c) Por vía oral.
d) Ninguna de las anteriores.

58. ¿Qué tipo de sonda nasogástrica es la más empleada en nutrición enteral?

a) Sonda de Foucher.
b) Sonda de Cantor.
c) Sonda de Levin.
d) Sonda de Miller-Abbott.

59. ¿Qué método de esterilización consideras en "frío"?

a) Congelación.
b) Hibernación.
c) Radioesterilización gamma.
d) Uperización.

60. ¿Qué método de descontaminación térmica consiste en someter directamente a la llama de un mechero el material que se vaya a esterilizar?

a) Incineración.
b) Ebullición.
c) Tindalización.
d) Flameado.

61. ¿Qué germicidas son aquellos agentes desinfectantes, que no eliminan las formas de resistencia como las esporas bacterianas y algunos virus, pero sí todo lo demás?

a) Germicidas de alto poder.
b) de poder intermedio.

c) Germicidas de bajo poder.
d) Germicidas de muy bajo poder.

62. ¿Cuál es la fase interna de una emulsión acuo-oleosa (A/O)?

a) Silicónica.
b) Oleosa.
c) Acuosa.
d) Ninguna de las anteriores.

63. El número atómico de un elemento coincide con:

a) El número de electrones de la corteza de un átomo ionizado.
b) El número de protones existentes en el núcleo de un átomo ionizado o no.
c) El número de neutrones existentes en el núcleo de un átomo ionizado.
d) El número de neutrones existentes en el núcleo de un átomo no ionizado.

64. ¿Qué reacciones químicas son aquellas donde los elementos experimentan un cambio en su número de oxidación, según sean el número de electrones ganados o perdidos en la misma? Reacciones…

a) De síntesis.
b) Ácido/ base.
c) De precipitación.
d) Redox.

65. ¿Qué medicamentos de estos son formas farmacéuticas líquidas?

a) Polvos.
b) Sellos.
c) Emulsiones.
d) Geles.

66. ¿Qué tipo de medicamentos son las formas farmacéuticas líquidas compuestas por dos líquidos inmiscibles en la que una de las fases está inmersa en el seno de la otra en forma de pequeñas gotículas?

a) Suspensiones.
b) Colirios.
c) Emulsiones.
d) Lociones.

67. ¿Cuál es la sustancia isotónica por excelencia utilizada para elaborar colirios?

a) Agua oxigenada.
b) Agua destilada.

c) Agua esterilizada.
d) Suero salino o suero fisiológico.

68. ¿Qué instrumental es de talla o campo?

a) Pinzas de mosquito.
b) Agujas quirúrgicas rectas.
c) Pinzas de Doyen.
d) Pinzas de Pean.

69. ¿Qué instrumental es de sutura?

a) Pinzas de mosquito.
b) Aguja de Reverdin.
c) Pinzas de Allis.
d) Refractores o valvas.

70. ¿A qué instrumental nos referimos con un catéter corto y flexible con conexión Luer-Lock, en cuyo interior contiene una aguja, que actúa como guía interna permitiendo al catéter introducirse preferiblemente en un vaso sanguíneo o cavidad del organismo?

a) A catéter venoso central.
b) A Equipo Goteo Intrafix Primeline.
c) A bránula intravenosa (abbocath).
d) A los catéteres cono-luer.

Preguntas de reserva

1. Por regla general, un proyecto de reforma constitucional requerirá para su aprobación:

a) Mayoría absoluta de cada una de las Cámaras.
b) Mayoría absoluta del Congreso de los Diputados.
c) Mayoría de tres quintos de cada una de las Cámaras.
d) Mayoría de dos tercios de cada una de las Cámaras.

2. Las formas de administración sistémica no incluyen:

a) Formas orales.
b) Formas inyectables.

c) Formas vaginales.
d) Formas sublinguales.

3. ¿Qué sujetos NO quedan vinculados por las convocatorias y sus bases?

a) Los tribunales encargados de juzgar las pruebas.
b) Los participantes en las pruebas.
c) La Administración.
d) La Administración de Justicia.

4. Entre las características de las reacciones de hipersensibilidad no se incluyen:

a) La sintomatología desaparece cuando se suprime la medicación.
b) Existen fármacos que desencadenan hipersensibilidad con más frecuencia.
c) La alergia puede ser a un medicamento concreto o a un grupo.
d) Tienen lugar cuando el paciente recibe más dosis de la que necesita.

5. ¿Cuál de los siguientes estupefacientes necesita prescripción y dispensación en Receta Oficial de Estupefaciente si supera la dosificación establecida?

a) Codeína.
b) Acetil-cisteína.
c) Dopamina.
d) Dobutamina.

Solución al simulacro n.º 10

1. **d) De poseer, por cualquier título, una vivienda digna y adecuada.**

   El art. 47 de la CE consagra, aunque no en el capítulo adecuado, según la mayoría de la doctrina, el derecho a disfrutar de una vivienda digna y adecuada.

   El Código Civil dice que la posesión es la tenencia o disfrute de una cosa. Por tanto, lo reconocido constitucionalmente, como uno de los principios rectores de la política social y económica es esa posesión, cualquiera que sea el título que la legitime.

2. **b) Los españoles.**

   El derecho a la vivienda está reconocido a todos los españoles en el art. 47 de la CE.

   En la STC 23/11/1984, se argumenta la imposibilidad de aplicar el principio de igualdad (art. 14 CE) a los extranjeros, siendo este destinado exclusivamente a los ciudadanos españoles, reconociendo, sin embargo, que los extranjeros gozan, en tanto que individuos, de los derechos fundamentales de la persona. De esta manera, el Tribunal ha operado una tripartición de los derechos reconocidos por la Constitución: en primer lugar, los derechos reconocidos a los extranjeros en condición de paridad con los ciudadanos en cuanto derechos fundamentales del individuo; en segundo lugar, los derechos reconocidos exclusivamente a los ciudadanos en cuanto relacionados a la esfera política; en tercer lugar, aquellos derechos que pueden ser reconocidos a los extranjeros según dispongan las leyes y los tratados y que admiten una diferencia de trato con los españoles en cuanto a su ejercicio. Siguiendo esta tripartición, la cual ha sido respetada en su sustancia también por la jurisprudencia constitucional sucesiva, el derecho a la vivienda pertenece a los derechos del tercer grupo.

3. **c) La participación comunitaria en las plusvalías generadas por la acción urbanística de los entes públicos.**

   El art. 47, párrafo 2.º, de la CE impone a los entes públicos participación de la comunidad en las plusvalías que genere la acción urbanística por ellos generada.

   Esta participación comunitaria en las plusvalías que genere, por ejemplo, la venta del suelo, se da en la repercusión de un porcentaje del suelo vendido para que sea dedicado a viviendas sociales.

   Así lo disponen los arts. 18.1.b) y 38.2 del Real Decreto Legislativo 7/2015, de 30 de octubre, por el que se aprueba el texto refundido de la Ley de Suelo y Rehabilitación Urbana.

Más gráfico resulta de la Exposición de Motivos de la Ley 13/2005, de 11 de noviembre, de medidas para la vivienda protegida y el suelo de Andalucía, concretando la participación de la comunidad en las plusvalías generadas por la acción urbanística mediante la cesión de suelo correspondiente al diez por ciento del aprovechamiento ya urbanizado.

4. a) Podrá establecerse un servicio militar para el cumplimiento de fines de interés general.

Según el artículo 30 de la Constitución Española:

"1. Los españoles tienen el derecho y el deber de defender a España.

2. La ley fijará las obligaciones militares de los españoles y regulará, con las debidas garantías, la objeción de conciencia, así como las demás causas de exención del servicio militar obligatorio, pudiendo imponer, en su caso, una prestación social sustitutoria.

3. Podrá establecerse un servicio civil para el cumplimiento de fines de interés general.

4. Mediante ley podrán regularse los deberes de los ciudadanos en los casos de grave riesgo, catástrofe o calamidad pública."

5. b) 40 %, dentro de las directrices y programas generales sanitarios establecidos por la Comunidad Autónoma.

Conforme a lo dispuesto en el artículo 56.3 de la Ley 14/1986, de 25 de abril, General de Sanidad, que expone que:

"3. Las Áreas de Salud serán dirigidas por un órgano propio, donde deberán participar las Corporaciones Locales en ellas situadas con una representación no inferior al 40 %, dentro de las directrices y programas generales sanitarios establecidos por la Comunidad Autónoma."

6. c) Geográficos, socioeconómicos, demográficos, laborales, epidemiológicos, culturales, climatológicos y de dotación de vías y medios de comunicación, así como las instalaciones sanitarias del Área.

De acuerdo con el artículo 56.4 de la Ley 14/1986, de 25 de abril, General de Sanidad, que establece que:

"4. Las Áreas de Salud se delimitarán teniendo en cuenta factores geográficos, socioeconómicos, demográficos, laborales, epidemiológicos, culturales, climatológicos y de dotación de vías y medios de comunicación, así como las instalaciones sanitarias del Área. Aunque puedan variar la extensión territorial y el contingente de población comprendida en las mismas, deberán quedar delimitadas de manera que puedan cumplirse desde ellas los objetivos que en esta ley se señalan."

7. d) 200.000 habitantes ni superior a 250.000.

Según el artículo 56.5 de la Ley 14/1986, de 25 de abril, General de Sanidad, que expone que:

"5. Como regla general, y sin perjuicio de las excepciones a que hubiera lugar, atendidos los factores expresados en el apartado anterior, el Área de Salud extenderá su acción a una población no inferior a 200.000 habitantes ni superior a 250.000. Se exceptúan de la regla anterior las Comunidades Autónomas de Baleares y Canarias y las ciudades de Ceuta y Melilla, que podrán acomodarse a sus específicas peculiaridades. En todo caso, cada provincia tendrá, como mínimo, un Área."

8. c) Un Área de Salud.

Conforme el artículo 56.5 de la Ley 14/1986, de 25 de abril, General de Sanidad, que dispone que:

"5. Como regla general, y sin perjuicio de las excepciones a que hubiera lugar, atendidos los factores expresados en el apartado anterior, el Área de Salud extenderá su acción a una población no inferior a 200.000 habitantes ni superior a 250.000. Se exceptúan de la regla anterior las Comunidades Autónomas de Baleares y Canarias y las ciudades de Ceuta y Melilla, que podrán acomodarse a sus específicas peculiaridades.

En todo caso, cada provincia tendrá, como mínimo, un Área."

9. d) No inhabilita para obtener nuevamente dicha condición a través de los procedimientos de selección establecidos.

El artículo 22 de la Ley 55/2003, de 16 de diciembre establece la renuncia a la condición de personal estatutario, en los términos siguientes:

Artículo 22. Renuncia.

"1. La renuncia a la condición de personal estatutario tiene el carácter de acto voluntario y deberá ser solicitada por el interesado con una antelación mínima de 15 días a la fecha en que se desee hacer efectiva. La renuncia será aceptada en dicho plazo, salvo que el interesado esté sujeto a expediente disciplinario o haya sido dictado contra el auto de procesamiento o de apertura de juicio oral por la presunta comisión de un delito en el ejercicio de sus funciones.

2. La renuncia a la condición de personal estatutario no inhabilita para obtener nuevamente dicha condición a través de los procedimientos de selección establecidos".

10. c) Igualdad, mérito, capacidad y publicidad en la selección, promoción y movilidad del personal de los servicios de salud.

En base al artículo 29.1.a) de la Ley 55/2003, de 16 de diciembre, del Estatuto Marco del personal estatutario de los servicios de salud, en relación con el artículo 78.1 del Real Decreto Legislativo 5/2015, de 30 de octubre, por el que se aprueba el texto refundido de la Ley del Estatuto Básico del Empleado Público.

Efectivamente, el art. 78.1 del Real Decreto Legislativo 5/2015, de 30 de octubre, por el que se aprueba el texto refundido de la Ley del Estatuto Básico del Empleado Público, dispone lo siguiente: «Las Administraciones Públicas proveerán los puestos de trabajo mediante procedimientos basados en los principios de igualdad, mérito, capacidad y publicidad». Cabe apuntar que el personal estatutario de los Servicios de Salud se regirá por la legislación específica dictada por el Estado y por las comunidades autónomas en el ámbito de sus respectivas competencias y por lo previsto en el Estatuto Básico del Empleado Público, a excepción del Capítulo II del Título III, salvo el artículo 20, y los artículos 22.3, 24 y 84 (art. 2.3 TREBEB).

En lo que respecta a la Ley 55/2003, de 16 de diciembre, del Estatuto Marco del personal estatutario de los servicios de salud, su artículo 29.1, prevé que la provisión de plazas del personal estatutario se regirá por toda una serie de principios básicos, entre los que se encuentran los principios de igualdad, mérito, capacidad y publicidad en la selección, promoción y movilidad del personal de los servicios de salud.

11. a) Planificación eficaz de las necesidades de recursos y programación periódica de las convocatorias.

En base al artículo 29.1.a) de la Ley 55/2003, de 16 de diciembre, del Estatuto Marco del personal estatutario de los servicios de salud.

Efectivamente, el citado precepto recoge, entre otros, el principio de planificación eficiente de las necesidades de recursos y programación periódica de las convocatorias.

A través de la eficacia se mide el grado de consecución de los objetivos fijados por una organización. Si estos objetivos se han alcanzado se dice que la organización ha actuado con eficacia. El principio de eficacia, como criterio de actuación, no tiene en consideración los costes o los beneficios que suponen la consecución de los objetivos en las organizaciones, aspectos que sí se incorporan en el principio de eficiencia.

12. d) Las retribuciones de las plazas convocadas.

En base al artículo 29.1.f) de la Ley 55/2003, de 16 de diciembre, del Estatuto Marco del personal estatutario de los servicios de salud.

Esta letra reconoce, como principio básico por el que se rige la provisión de plazas del personal estatutario, el principio de participación, a través de la negociación en las correspondientes mesas, de las organizaciones sindicales especialmente en la determinación de las condiciones y procedimientos de selección, promoción interna y movilidad, del número de las plazas convocadas y de la periodicidad de las convocatorias.

13. d) Sancionar el incumplimiento de la normativa de prevención de riesgos laborales por los sujetos comprendidos en el ámbito de aplicación de la presente ley.

El artículo 7 de la LPRL, sobre las actuaciones de las Administraciones Públicas competentes en materia laboral, contempla el desarrollo de diferentes funciones: de promoción de la prevención, de asesoramiento técnico, de vigilancia y control y de sanción de las infracciones que se cometan en esta materia. En este contexto se especifica como función específica en la letra c) del apartado 1 de este precepto: c) sancionando el incumplimiento de la normativa de prevención de riesgos laborales por los sujetos comprendidos en el ámbito de aplicación de la presente ley.

14. c) El Instituto Nacional de Seguridad y Salud en el Trabajo (INSST), anteriormente denominado Instituto Nacional de Seguridad e Higiene en el Trabajo (INSHT).

El artículo 8 de la LPRL define al Instituto Nacional de Seguridad e Higiene en el Trabajo (actualmente denominado Instituto Nacional de Seguridad y Salud en el Trabajo – INSST–) como el órgano científico-técnico especializado de la Administración General del Estado que tiene como misión el análisis y estudio de las condiciones de seguridad y salud en el trabajo, así como la promoción y apoyo a la mejora de las mismas. Para ello establecerá la cooperación necesaria con los órganos de las Comunidades Autónomas con competencias en esta materia. El artículo 8 expone cuáles son las funciones de dicho organismo.

15. d) Equipo reactivo.

La respuesta apropiada es la d), pues considerando los distintos tipos de radiofármacos, la definición anterior se corresponde con este tipo de radiofármaco

16. b) Tiene la finalidad de identificar, cuantificar, evaluar y prevenir los riesgos asociados al uso de medicamentos una vez que se han comercializado.

La respuesta apropiada es la b), pues la Farmacovigilancia es la que se encarga de hacer un seguimiento del medicamento comercializado en base a las notificaciones que le llegan por parte de pacientes y sanitarios; la realización de estudios para comprobar la seguridad del medicamento es competencia de la Farmacoepidemiología, en tanto que se hacen estudios poblacionales.

17. c) Antiespasmódicos.

La respuesta apropiada es la c), puesto que los antiespasmódicos actúan reduciendo el peristaltismo intestinal, y por lo tanto tienen utilidad en el alivio de cólicos y espasmos dolorosos.

18. b) Alcaloides.

La respuesta apropiada es la b), ya que los alcaloides incluyen un grupo de compuestos, por lo general muy tóxicos, obtenidos de la planta *Papaver somniferum*.

19. d) El acondicionamiento primario es aquel en el que se encuentra el acondicionamiento secundario.

La respuesta apropiada es la d), pues el acondicionamiento primario es el que se encuentra en contacto directo con el medicamento, mientras que el secundario es el acondicionamiento que va dentro del primario; a modo de ejemplo, un acondicionamiento primario sería un blíster y como ejemplo de acondicionamiento secundario sería la caja de cartón.

20. b) Son los más idóneos para poner a prueba la eficacia de un tratamiento.

La respuesta apropiada es la b), ya que el enunciado de ese apartado no se corresponde con un inconveniente de los ensayos clínicos, sino con una ventaja.

21. c) La actividad que menos tiempo requiere en el área de los ensayos clínicos es la monitorización.

La respuesta apropiada es la c), ya que una de las actividades que mayor tiempo requiere en el área de los ensayos clínicos es la monitorización, puesto que los monitores suelen acudir al Servicio de Farmacia Hospitalaria para comprobar la medicación, las prescripciones y dispensaciones de los pacientes.

22. d) Ninguna de las respuestas anteriores es correcta.

La respuesta correcta es la d), ya que la disolución es el proceso por el cual los fragmentos más pequeños se disuelven en los fluidos orgánicos.

23. a) Distribución.

La respuesta correcta es la a), ya que la distribución es un proceso en base al cual el fármaco pasa desde su lugar de absorción hasta el órgano diana.

24. d) Todas las respuestas anteriores son correctas.

La respuesta correcta es la d), ya que un fármaco puede ser eliminado por vía renal, entérico-biliar, salivar y leche materna.

25. d) Sistema Español de Farmacovigilancia.

La respuesta correcta es la d), ya que el organismo encargado del seguimiento de los posibles efectos adversos de los fármacos es el denominado Sistema Español de Farmacovigilancia, el cual estructuralmente está bajo la Agencia Española de Medicamentos y Productos Sanitarios.

26. b) Enfermedad que padece el paciente que sufre la reacción adversa.

La respuesta correcta es la b), pues uno de los datos que incluye esta tarjeta tiene que ver con el paciente, pero solo incluyen iniciales, edad, sexo y peso.

27. c) Precisan visado.

Los medicamentos cuya dispensación precisa un visado de inspección o validación sanitaria que acredita la prescripción original del médico llevan el CPD y consiste en un recuadro abierto por debajo en la parte superior del precinto.

28. a) Obligatorio.

Es obligatoria la inserción del prospecto en el embalaje de todos los medicamentos, salvo que toda la información exigida quepa en el embalaje exterior o, si no tiene embalaje exterior, en el acondicionamiento primario.

29. b) La fecha de caducidad del medicamento a reenvasar.

El etiquetado puede realizarse de forma manual o mecanizada, y en él debe constar: el nombre del fármaco, concentración, volumen envasado (mg/ml, g/ml), fecha de envasado y caducidad.

30. d) Todas son correctas.

Para el proceso de reenvasado se pueden usar equipos manuales, semiautomáticos, automáticos o electrónicos.

31. c) Trimestralmente.

La Comisión de Control se reunirá al menos, una vez al trimestre.

32. a) Comités.

Como órganos de asesoramiento y coordinación, la Agencia y su Consejo Rector contarán con un grupo de Comités Técnicos, además de una Red de Expertos Externos.

33. a) El Comité de Seguridad de Medicamentos de Uso Humano.

El Comité de Seguridad de Medicamentos de Uso Humano, con carácter facultativo y, a solicitud del Director de la Agencia, informará sobre los estudios posautorización, informes periódicos de seguridad y planes de gestión de riesgos, así como de los medicamentos que deben de estar sujetos a especial control médico por razones de seguridad.

34. b) Los informes que emiten son vinculantes.

Los informes emitidos por el Comité de Seguridad de Medicamentos de Uso Humano serán preceptivos en los supuestos en que así se establezca, pero en ningún caso tendrán carácter vinculante.

35. c) Prestar asesoramiento técnico a los representantes españoles en el Comité Europeo de Evaluación de Riesgos en Farmacovigilancia.

Este asesoramiento lo realiza el Comité de Seguridad de Medicamentos de Uso Humano.

36. a) Comité de Seguridad de Medicamentos Veterinarios.

Es este Comité el responsable de proponer la realización de estudios para la mejor farmacovilgilancia de medicamentos veterinarios.

37. d) El Comité Técnico de Inspección.

De forma general el Comité Técnico de Inspección es el órgano coordinador en materia de Inspección y control de medicamentos, productos sanitarios, cosméticos y productos de higiene personal, y el encargado de garantizar la homogeneidad de criterios y actuaciones de los Servicios de inspección y control de la Agencia y de los órganos competentes de las CC. AA.

38. d) Todas son correctas.

Todas las expuestas son funciones del Comité de Productos.

39. c) Actividades de subdirección operativa.

Con independencia de otras actividades, la Subdirección operativa de REFAR es de gran importancia para todo lo concerniente a la farmacoterapia de pacientes crónicos y/o polimedicados.

40. d) Formulario Nacional.

El Formulario Nacional contiene, en forma de monografías, las fórmulas magistrales tipificadas y los preparados oficinales reconocidos como medicamentos, sus categorías, indicaciones y materias primas que intervienen en su composición y preparación, así como las normas de correcta preparación y control de los mismos.

41. b) Establecen los costes por proceso.

Los costes no forman parte de los PTN o procedimientos normalizados de trabajo.

42. a) 4.

Los PNT se clasifican en procedimientos generales, elaboración de formas farmacéuticas, operaciones farmacéuticas y control del producto.

43. d) Todas las anteriores.

Los productos termolábiles se alteran por acción del calor, por lo que necesitan acondicionamiento de la temperatura. Este acondicionamiento puede ir desde el ambiente fresco (10-20 ºC) a refrigeración (2-8 ºC) o congelación.

44. a) Aquellos que se alteran por la acción del agua del medio.

Productos higroscópicos: se alteran por acción de agua del medio. Están protegidos por embalajes especiales y sistemas de mantenimiento en seco.

45. c) Material inventariable.

Material Inventariable: son materiales de poco uso y de elevada consistencia, son reparables y tienen un tiempo de vida largo, además de ser más costosos. Dentro de estos materiales encontramos mobiliario, equipos, etc.

46. d) Aquel que tome continuadamente 5 o más medicamentos, durante un periodo igual o superior a 6 meses.

Se considera como un paciente polimedicado a aquel que, teniendo una enfermedad crónica, esté tomando 5 o más medicamentos, de forma continuada, durante un periodo igual o superior a 6 meses.

47. a) Adherencia terapéutica.

La OMS define la adherencia terapéutica como la magnitud con que el paciente sigue las instrucciones médicas, pero quizás la ya clásica definición de Haynes y Sackett sea más completa al definirlo como la medida en que la conducta del paciente en relación con la toma de medicación, el seguimiento de una dieta o la modificación de su estilo de vida coinciden con las indicaciones dadas por su médico.

48. c) Administrar el fármaco a la temperatura correcta.

Los errores en la administración de fármacos son considerados como un problema de seguridad clínica de pacientes. Las principales precauciones que debemos tomar antes de administrar un fármaco son:

administrar el fármaco correcto; administrar el fármaco al paciente correcto; administrar la dosis correcta; administrar el fármaco por la vía correcta; administrar el fármaco a la hora correcta.

49. c) Utilizar equipos de infusión opacos.

Hay diferentes tipos de equipos que se acoplan a las bombas de infusión, según sea necesario. En caso de fármacos fotosensibles y que precisen ser resguardados de la luz, en infusiones largas se deben utilizar equipos opacos.

50. a) Los controladores utilizan la fuerza de la gravedad y las bombas ejercen presión positiva.

Los sistemas para administrar medicamentos por vía intravenosa se pueden clasificar, según la fuerza de impulsión, en controladores (fuerza de gravedad) y bombas (gracias a la utilización de fuentes de energía artificial ejercen una presión positiva, superando la presión venosa).

51. a) Hacer sangrar la zona afectada, lavar con agua durante 15 minutos y acudir al especialista.

Punción o lesión de piel: hacer sangrar la zona afectada, lavar la zona afectada con agua durante 15 minutos y acudir al especialista.

52. b) Cubrir con gasas húmedas el polvo o cristales esparcidos. Absorber el líquido con papel o gasas. Introducir todo en bolsas de plástico cerradas y echarlas al contenedor. Finalmente lavar la superficie afectada con alcohol de 70º.

Si es un pequeño derrame hay que mantener el flujo de aire vertical, cubrir con gasas húmedas el polvo o cristales esparcidos. Si el derrame es de un citostático líquido absorber con un papel o gasas secas. Con la ayuda de las gasas hay que introducir en bolsas de plástico, cerradas y echarlas al contenedor. Finalmente debe lavarse la superficie afectada con alcohol de 70º.

53. b) No agresivos, irritantes y vesicantes.

Los agentes citostáticos tienen distinta capacidad agresiva para los tejidos. Los citostáticos se pueden clasificar, así, en función de su capacidad agresiva tisular en:

– No agresivos: agentes que usualmente no causan problemas cuando se extravasan.

– Irritantes: causan irritación local sin progresar a necrosis o ulceración tisular, aunque pueden producir sensación de quemazón, dolor o irritación en el sitio donde se ha producido la extravasación o a lo largo de la vena.

– Vesicantes: frecuentemente asociados a necrosis y/o ulceración una vez extravasados.

54. d) Las 24 horas del día.

La *American Society of Health-System Pharmacists* (ASHP) y la *Occupational Safety and Health Administration* (OSHA) recomiendan que la cabina permanezca en funcionamiento con el ventilador encendido las 24 horas del día.

55. b) En ambas situaciones la instalación está completa y en funcionamiento, pero cuando no está presente el personal, se habla de situación de reposo.

– La situación "en reposo" es aquella en que la instalación está completa con el equipo de producción instalado y en funcionamiento pero sin que esté presente el personal.

– La situación "en funcionamiento" es aquella en que la instalación está funcionando de la forma definida de trabajo con el número de personas definidas trabajando.

Los estados "en funcionamiento" y "en reposo" deben estar definidos en cada sala limpia o zona de salas limpias.

56. c) Del farmacéutico.

Las fórmulas de NP debe cubrir los requerimientos individuales del paciente, garantizando que las cantidades y concentraciones de los componentes son las idóneas teniendo en cuenta el tipo de paciente (pediátrico, niño, adulto o anciano) y su estado clínico. Y la responsabilidad de validar la composición de cada unidad de nutrientes es del *farmacéutico*, quien deberá tener en cuenta los rangos habituales de aporte y requerimientos, así como en situaciones especiales.

57. b) Por sonda nasogástrica.

La nutrición enteral se puede administrar de tres formas diferentes: por vía oral, por sonda nasogástrica (alimentación forzada) y a través de enterostomías. La nutrición enteral *por sonda nasogástrica* se utiliza en pacientes mentales que se niegan a comer, parálisis faríngeas, *pacientes inconscientes*, hemorragia gastrointestinal aguda, intervenciones quirúrgicas de la orofaringe…

58. c) Sonda de Levin.

La *sonda de Levin* es la más empleada, pero tiene el inconveniente de ser de una sola vía, por lo que en el caso de que se coloque conectada a un sistema de aspiración puede llegar a lesionar la mucosa. Presenta múltiples orificios en su extremo distal. Las hay de distinto calibre.

59. c) Radioesterilización gamma.

Los rayos gamma están producidos por la desintegración de los isótopos radiactivos. Son muy penetrantes y ejercen una acción completamente letal para todo tipo de células. Al igual que los rayos X, se utilizan en la esterilización de materiales termolábiles y para aquellos de gran volumen, por su alta penetrabilidad. La esterilización de útiles termolábiles se denomina "en frío", ya que no produce calor y se logra el efecto deseado sobre el material (*radioesterilización gamma*).

60. d) Flameado.

Los sistemas o métodos físicos de aplicación de calor directo en la descontaminación física son el flameado y la incineración. Aquel que consiste en someter directamente a la llama de un mechero el material que se vaya a esterilizar es el *flameado*. Se emplea con agujas o punzones, asas e hilos de siembra (platino), espátulas, pinzas, bocas de tubos de ensayo, cuellos de matraces, etc.

61. b) de poder intermedio.

Los agentes germicidas son sustancias químicas con capacidad bactericida o bacteriostática. La mayoría de ellos no tienen poder esterilizante y se utilizan como desinfectantes. Existe un numeroso grupo de productos germicidas con distinto *grado de efectividad*, clasificándose según este criterio en tres grandes grupos, los de alto poder, los de poder intermedio y los de bajo poder. Los agentes desinfectantes que no eliminan las formas de resistencia como las esporas bacterianas y algunos virus, pero sí todo lo demás son *los desinfectante de poder intermedio*. Son de gran utilidad para desinfección de material de escaso riesgo y superficies de trabajo. Algunos de los más conocidos son las soluciones de yodo, compuestos clorados y el agua oxigenada (H_2O_2).

62. c) Acuosa.

La fase interna de una emulsión acuo-oleosa (A/O) es la fase *acuosa*, y la externa la oleosa.

63. b) El número de protones existentes en el núcleo de un átomo ionizado o no.

El número atómico de un elemento o átomo es el *número de protones en el núcleo de un átomo*. Y también coincide con su posición en el Sistema Periódico de elementos químicos.

64. d) Redox.

Las reacciones *redox* son aquellas en las que se transfieren electrones de una sustancia a otra, experimentando así el elemento un cambio en su número de oxidación.

65. c) Emulsiones.

Los polvos y los sellos son formas farmacéuticas sólidas; los geles semi sólidas y la única líquida son las *emulsiones*.

66. c) Emulsiones.

Las formas farmacéuticas líquidas compuestas por dos líquidos inmiscibles en la que una de las fases está inmersa en el seno de la otra en forma de pequeñas gotículas son las *emulsiones*. Las otras nombradas son formas líquidas fundamentadas en otras elaboraciones.

67. d) Suero salino o suero fisiológico.

La sustancia isotónica por excelencia utilizada en la elaboración de colirios es el NaCl al 0,9 %, también llamado *suero salino o suero fisiológico*.

68. c) Pinzas de Doyen.

De las nombradas las únicas pinzas de talla o campo quirúrgico son las pinzas de Doyen (las otras no poseen esta función). Se usan para fijar los paños de campo a los bordes de la herida.

69. b) Aguja de Reverdin.

Dentro del instrumental de sutura o de síntesis está la aguja de Reverdin, que se caracteriza porque lleva un mango incorporado. Y se emplea para suturar y coser los planos seccionados en la cirugía. Los otros instrumentos o herramientas nombrados en las respuestas no se emplean en síntesis.

70. c) A bránula intravenosa (abbocath).

Nos referimos a la bránula intravenosa (abbocath®), ya que esta es un catéter (generalmente intravenoso) corto y flexible con conexión Luer-Lock, en cuyo interior contiene una aguja, que actúa como guía interna permitiendo al catéter introducirse preferiblemente en un vaso sanguíneo o cavidad del organismo. Presenta diferentes calibres y medidas de longitud: 18 G x 51 mm; 20 G x 32 mm; 22G x 32 mm. Ojo, el grosor del catéter aumenta a medida que su numeración de calibre disminuye. El color de la conexión es diferente según el calibre del catéter.

Preguntas de reserva

1. c) Mayoría de tres quintos de cada una de las Cámaras.

Conforme al artículo 167.1 CE, los proyectos de reforma constitucional deberán ser aprobados por una mayoría de tres quintos de cada una de las Cámaras.

2. c) Formas vaginales.

La respuesta apropiada es la c), ya que las formas vaginales se consideran formas locales, pues el fármaco solo actúa en el lugar donde se administra; en este caso, en la vagina.

3. d) La Administración de Justicia.

En base al artículo 30.3 de la Ley 55/2003, de 16 de diciembre, del Estatuto Marco del personal estatutario de los servicios de salud.

Establece el citado precepto que las convocatorias y sus bases vinculan a la Administración, a los tribunales encargados de juzgar las pruebas y a quienes participen en las mismas.

Las convocatorias y sus bases, una vez publicadas, solamente podrán ser modificadas con sujeción estricta a las normas de la Ley 39/2015, de 1 de octubre, del Procedimiento Administrativo Común de las Administraciones Públicas.

4. d) Tienen lugar cuando el paciente recibe más dosis de la que necesita.

La respuesta correcta es la d), ya que las reacciones de hipersensibilidad no guardan relación con la dosis de fármaco.

5. a) Codeína.

La codeína solo necesita prescripción y dispensación en Receta Oficial de Estupefacientes cuando supera las dosificaciones o no cumple las condiciones de combinación expresadas en la Lista III de estupefacientes, en cuyo caso también se contabilizan en Libro Oficial de Contabilidad de Estupefacientes.

Cómo acceder al Curso

Manual del Técnico/a en Farmacia
Simulacros de examen comentados

El uso de los códigos **es exclusivo de los compradores de los productos de Editorial MAD**. Cada producto posee un código único y de un solo uso. Es personal e intransferible y da acceso a servicios y contenidos adicionales. Editorial MAD se reserva el derecho de hacer cuantas comprobaciones sean necesarias para identificar al legítimo poseedor del código y dejar de dar servicio a quien haga uso fraudulento del mismo, además de emprender cuantas acciones legales estime oportunas según la legislación vigente.

Deberás acceder a:

mad.es/registro-campus

Si una vez aceptadas las condiciones de uso del Campus decides hacer uso del mismo, necesitarás del siguiente código de acceso junto con los códigos del resto de títulos que se exigen (si fuera el caso):

ZLRMYHIVW5